赵守盈　◎编著

结构方程分析模型
——从入门到精通

暨南大学出版社
JINAN UNIVERSITY PRESS
中国·广州

图书在版编目（CIP）数据

矩结构分析模型：从入门到精通/赵守盈编著．—广州：暨南大学出版社，2010.10
ISBN 978-7-81135-661-8

Ⅰ.①矩⋯ Ⅱ.①赵⋯ Ⅲ.①统计模型 Ⅳ.①C81

中国版本图书馆 CIP 数据核字(2010) 第 193854 号

出版发行：暨南大学出版社

地 址：	中国广州暨南大学
电 话：	总编室（8620）85221601
	营销部（8620）85225284　85228291　85228292（邮购）
传 真：	（8620）85221583（办公室）　 85223774（营销部）
邮 编：	510630
网 址：	http://www.jnupress.com　http://press.jnu.edu.cn

排 版：	广州市天河星辰文化发展部照排中心
印 刷：	广东省农垦总局印刷厂

开 本：	787mm×1092mm　1/16
印 张：	16
字 数：	380 千
版 次：	2010 年 10 月第 1 版
印 次：	2010 年 10 月第 1 次

定 价：	36.00 元

（暨大版图书如有印装质量问题，请与出版社总编室联系调换）

目　录

前　言

2002 年，笔者在北京师范大学攻读博士学位时，正赶上刘红云老师讲授协方差结构模型课程。虽然是在一个大教室里，但仍然容纳不下那些前去听课的学生，所以每次上课之前都必须提前去占位置。尽管在刚开始接触这方面的知识时，还听不大懂，但从听课的人对这方面的知识所表现出来的极大兴趣，笔者认识到学好这一知识的必要性。后来笔者到贵州师范大学给心理学专业的硕士研究生上课，经常会有很多学生问到关于这方面的问题，尽管能够回答学生提出的大部分问题，但还是感觉自己在这方面的知识非常欠缺。作为一名老师，笔者觉得在这一方面做一些钻研，给学生提供更多的帮助是自己的责任。所以这些年来一直没有停止阅读这方面的书籍，也会抓住一切机会向有关专家求教。值得庆幸的是，后来认识了香港中文大学的侯杰泰教授，他是这一领域的权威专家，两次到我校做结构方程专题学术讲座，让笔者收获颇多。侯教授做学问的严谨与执著，做人的谦逊与坦诚深深感染了笔者，笔者也觉得应该在这方面做些力所能及的事。此外，笔者又有幸在 2006 年得到国家留学基金委的资助，得以到英国曼彻斯特大学访学半年，笔者在那里找到了这方面的一些较为系统的英文资料，经过几年的钻研，结合自己在平常教学与科研工作中的一些感悟，整理出这本书。目的是帮助社会科学领域的广大学生和科研工作人员了解和使用协方差结构模型。无独有偶，有一次去广州参加会议，笔者与暨南大学出版社张仲玲女士偶遇，她答应帮助出版此书，这更增强了笔者的信心。然而，由于平常除忙于教学、科研工作外，还要处理学院事务，使本书的出版拖延了 3 年多的时间，好在到目前为止关于 AMOS 的书还没见几本。

本书强调了 AMOS 从入门到精通，既可作为入门读物适合那些对协方差模型了解不多的读者，也可作为参考读物适合那些在这方面较为熟悉的研究人员。前面的内容介绍了一些最基本的概念以及 AMOS 的最基本的应用实例；后面的内容则对多组样本分析和复合模型技术作了详细介绍，尤其是对其他书上还很少提及的 AMOS 对缺失数据的处理和 Bootstrapping 技术的应用作了介绍。另外，书中还对 Amos Basic 的运用作了较多的分析与讨论。相信这些内容对于那些具有一定基础的读者更深入地认识 AMOS 的原理和使用是有所助益的。

本书以 Amos 4.0 为基础，虽然现在已经有了 Amos 7.0 及更高版本，书中也简要介绍了较高版本的一些知识，但是笔者记得当初学开车时，是用手动档的车来考试，很是吃力，但等到开自动档的车时就感觉特别轻松了。因此，本书从 Amos 4.0 讲起，从基础入手，那么，在使用高版本的 AMOS 软件时就会得心应手了。况且，高版本的 AMOS 和低版本的 AMOS 相较而言，变化并不是很大，只是使用起来更为便捷了。本书编写过程中的这一做法相信对读者会更有好处。

尽管这些年来一直把学习作为自己的责任，但由于自己天资愚钝，虽倾力而为，却自知水平不及，所以书中不当之处一定还有很多，真诚希望广大读者及朋友指正。

赵守盈

2010 年 8 月

第一章　SEM 简介

AMOS 是 Analysis of Moment Structures（矩结构分析模型）的简称，是用于结构方程模型（Structure Equation Modeling，SEM），也称协方差结构模型（analysis of covariance structures）的统计分析软件。

结构方程模型（SEM）是一种非常实用的统计建模技术，现已成为心理学、管理学、经济学、社会学、政治科学、市场营销学和教育科学等领域通用的一种研究工具。它利用方程求解，却没有很严格的假定限制条件，同时允许自变量和因变量存在测量误差。它不仅对变量间不同类型的因果关系进行同时性评估，而且能够严格检查和比较两个或多个样本之间的近似性与差异性，还可证明一个模型的结构以及检验测验的信度等。

第一节　SEM 的发展

SEM（结构方程模型）是因素分析（factor analysis）与通径分析（path analysis）两种统计技术的结合体。Kaplan 指出，SEM 的历史根源来自于两个重要的统计学门类：心理统计学和生物与经济统计学。

一、心理统计学根源

因为因素分析法能够处理人类行为研究当中最棘手的潜在结构（latent construct）问题，所以，近几十年来在社会与行为科学领域，因素分析已成为一种受到广泛重视的统计技术。早在 1869 年，Galton 就注意到人的许多心理特征是无法直接测量的，只能通过观察人的外在行为来对潜在的心理结构作出推测。1904 年，Spearman 开始讨论心理特质潜在结构的具体问题，这为因素分析技术甚至是结构方程模型的发展开启了第一扇窗口。

Spearman 为因子分析技术的创始人。他认为人类智力测验得分之间的相互关系，可以被视为是这些分数背后一个潜在的共同因素（common factor）的影响结果，这个一般性智力因素（general ability）影响了所有心智能力测量指标的分数。

20 世纪 30 年代以后，芝加哥大学的 Thurston 教授与他的同事对用单一因素来说明智力的结构与关系提出质疑，认为在复杂的智力测量结果背后，应该存在着不同且独立的一组共同因素，并进一步发展出了同时估计多重因素的因素分析法。可以说，这是因素分析技术中最关键的一项突破。另外，Thurstone 还把 Spearman 的"四差标准"（tetrad difference criterion）运用于相关系数大小的等级分析，用以决定公共因子的数目，从而把矩阵方法紧密地结合到因素分析之中，大大地促进了因素分析法的发展。Thurstone 还提出了"最简结构"（simple structure）的概念和方法。后来，最简结构原则成了因素分析技术最根本的一项原则。

在 1950 年到 1970 年之间，心理学界掀起了一股因素分析的研究热潮，使得因素分析在原理与技术层面都取得了快速发展。Jöreskog 与 Lawle 开发出极大似然估计的因素分析技术，为检验因素分析所得因子结构的有效性铺平了道路，人们可以对因子模型的正确性做出客观的评价。这一时期在心理学研究中因素分析也得到了广泛的应用，J. P. Guilford 的三维智力结构理论、Cattell 的人格因素理论都是在因素分析技术的支持下发展起来的。

因素分析法又被称为探索性因子分析（Exploratory Factor Analysis，EFA）。这是因为，在对变量群进行分析之前，研究者并不知道它们潜在的因子结构，进行因素分析的目标就是找出一群有相互关系的变量群背后潜在的最简化结构。20 世纪 50 年代之后，一批学者（如 Anderson and Rubin，Jöreskog 等）又将因素分析技术扩展到验证性因子分析（Confirmatory Factor Analysis，CFA），使得研究者可以更进一步地检验用不同样本与不同方法所得因子结构的有效性。目前，验证性因子分析已经在心理学各个领域成为最强有力的研究手段之一，它既是心理学理论发展方面的重要工具，又促使研究者细致、认真地考虑研究的理论构思与变量结构，使研究更为严密且富有理论与实际意义。

目前，不论是探索性因素分析还是验证性因素分析，在社会与行为科学的量化研究中都占有相当重要的地位，因为它们是处理潜在特质与抽象概念最为有效的一种统计方法。

二、生物与经济统计学根源

SEM 的另一个源头是"路径分析"（path analysis），这是源自于生物统计学家发展的理论与技术。挪威生物统计学家 Sewell Wright 提出了将一组变量之间的共变关系转换成一组模型化参数的方法，并将这一模型用路径图的形式表现出来，以回归方程式来估计变量之间的假设性函数关系。这种方法不仅可以估计变量之间的直接预测关系，而且可以估计变量之间的间接效应。在此基础上，Wright 发展出路径分析模型，并应用于骨骼的测量研究。

在经济学领域中，量化研究一向备受重视。从 17 世纪开始，经济学家就已经应用数学模型去解释与预测经济学的各种现象。Haavelmo 在 1943 年利用一系列的联立方程来探讨经济变量之间的相互关系。联立方程分析的发展及其在经济学研究中的应用，对于当时的经济统计学来说是一项突破，这也引起了经济学家的高度重视。后来一些研究者将其与极大似然估计结合起来，发展出一种重要的假设检验方法。联立方程分析技术虽然可以用来探讨复杂变量的关系，对于总体经济现象的解释有重要的实用价值，但也存在着诸如无法针对特定的经济现象进行精确有效的时间序列性预测等这样一些局限性。尽管如此，这一技术的基本原理还是具有重要的开创性价值的。

三、SEM 的出现

因素分析从众多变量的交互相关中找出起决定作用的基本因素，这些基本因素也称为公因子，实际上就是我们无法直接测量的潜在变量（latent factors）。这些相互关联的观测变量就是预测这些潜在变量的标志（indicators）。对这些标志变量进行观察总是包含了大量的测量误差，而因子分析不仅可对潜在变量设立多元标志，还可处理测量误差。并且因子分析把一组观测变量化为少数几个因子后，可以进一步将原始观测变量的信息转换成这些因子值，然后用这些因子代替原来的观测变量进行其他的统计分析。

路径分析是一种探索系统因果关系的统计方法，其主要功能是研究变量之间关系的不同形式，比回归分析的功能更强。它可以将一个变量对另一个变量的总效应分解为直接作用和各种形式的间接作用，使整个模型系统中变量的因果关系更为清晰、具体。路径分析的着眼点主要在变量之间作用系数的分解上，不仅能够对简单的回归系数进行分解，而且可以对简单相关系数进行分解。在研究方法论上，变量之间是否存在相关和偏相关常常被作为检验因果关系的必要条件之一。因此，路径分析对相关系数的分解更具一般方法论的意义。

SEM 是因素分析技术与路径分析技术相整合的产物。因素分析代表的是潜在变量研究模式，路径分析代表的是回归—因果模式。这两种统计模型经过整合就形成了结构方程模型（SEM）。按照 Jöreskog 最初的设想，SEM 中最重要的概念由两部分组成，第一部分是测量模型（measurement model），反映了观测变量与潜在变量之间的关系，其构成的数学模型是验证性因素分析；第二部分是结构关系的假设检验，即结构模型（structure model），透过结构模型使潜在变量之间的关系可以通过路径分析的概念来讨论。当观测变量没有测量误差时，SEM 对于结构关系的假设检验就完全等同于经济统计学中的联立方程模型分析。

四、近年来的发展

近年来，SEM 在基本原理方面取得了重要发展，SEM 除了可以应用到非正态的资料分析中，包括二分变量、顺序或类别变量等，对于特定的问题，如非随机性缺失值的处理等也提出了相应的策略。此外，关于 SEM 在多重样本研究、纵向研究等领域的应用也取得了较大的发展。

Breckler 于 1990 年检索发现，从 1977 年到 1987 年在人格与社会心理学的相关期刊中，曾应用到 SEM 的论文有 72 篇，Hulland, Chow & Lam 于 1996 年做了另一项检索，发现 1980 年到 1994 年间在消费行为研究领域应用 SEM 的论文有 186 篇。另外，Maccallum & Austin 在 2000 年再次做了检索，发现 1993 年到 1997 年间有 500 篇关于 SEM 的应用论文发表在 16 种心理学主要期刊上。2007 年 1 月 17 日，在中国期刊网查阅到标题中含 SEM 的学术论文有 606 篇。这些数据表明 SEM 正被广泛应用于我国各领域的研究中。

[拓展阅读]

矩的知识

在我国，矩是木工用来画直角的工具，"没有规矩不成方圆"中的"矩"就是这种意思。

与数量相关联的矩（moments）最早出现在物理学中，指的是作用于杠杆上的力与力的作用点到支点（旋转轴）之间距离的乘积。

后来，数学领域也出现了矩的概念，指反映某一随机变量总体分布特点的期望值。一个随机变量 X 关于常数 n 的 k 阶矩记为：$E\left[X-n^k\right]$。这样，如果 n 为 0，那么随机变量 X 的一阶矩就是其平均值，如果 n 为随机变量 X 的平均值，那二阶矩就是其方差，也是一个二阶中心矩。一阶矩提供了均值信息，二阶中心矩提供了随机变量的离散程度信息，三阶矩提供了随机变量分布形状的信息，如果三阶矩为正值，变量为正偏态分布，三阶矩为负值，变量为负偏态分布。

由两个随机变量的乘积组成的随机变量的一阶矩为这两个变量的协方差，提供了这两个随机变量关联程度的信息，如果矩的值为 0，表明这两个变量没有关联，如果矩的值越大，表明这两个随机变量的关联程度就越大。

第二节　SEM 的原理与特点

SEM 主要是利用一定的统计手段，对复杂的理论模型加以处理，并根据模型与数据关系的一致性程度，对理论模型作出适当评价，从而达到证实或证伪研究者事先假设的理论模型的目的。SEM 实际上是广义线性模型（General Linear Models，GLM）的扩展。路径分析、因素分析、多元方差分析以及多元回归分析等都是 SEM 的特例。

一、SEM 的基本原理

（一）假设检验

SEM 主要是一种验证性（confirmatory）技术，而不是一种探测性技术。研究人员从一定的理论模型或研究设想出发，以 SEM 来描述各种研究变量之间的关系，并以实证性资料对模型加以检验，以评价提出的理论观点或设想的正确性。在这一过程中，既包括对整个模型合理性的假设检验，也包括对个别变量间关系参数的估计与假设检验。

一旦建立了 SEM，就可以根据观测变量的方差、协方差进行参数估计。SEM 的估计过程完全不同于传统的统计方法。SEM 分析追求的目标是尽量缩小样本的方差、协方差与依据假设模型估计的方差、协方差之间的差异，不是以每个观察样本元素的因变量预测值与观测值之间的差异，而是将观测的方差、协方差（observed variances/covariances）与预测的方差、协方差（predicted variances/covariances）之间的差别作为残差（residuals）。SEM 的基本假设是，观测变量的方差、协方差矩阵是一套参数的函数。固定参数值和自由参数的估计值将被代入结构方程，然后推导出一个方差、协方差矩阵 Σ〔称为引申的方差、协方差矩阵（implied moments）〕，使矩阵 Σ 中的每一个元素都尽可能地接近于样本中观测变量的方差、协方差矩阵 S 中的相应元素。如果设定模型正确，Σ 将非常近似于 S。它的估计过程采用特殊的拟合函数使 Σ 与 S 之间的差异最小化。对于模型是否恰当所作的评价就是以反映 Σ 与 S 之间的差异大小的统计指标为依据。

不同的 SEM 软件估计引申方差、协方差矩阵的方法不同。常用的方法有极大似然估计法（Maximum Lilkelihood，ML）和广义最小二乘法（Generalized Least Squares，GLS）。

AMOS软件估计引申方差、协方差矩阵的默认方法为极大似然估计法，备选方法有非加权最小二乘法（Unweighted Least Squares，ULS）、自由尺度最小二乘法（Scale-Free Least Squares，S – FLS）以及渐进自由分布法（asymptotically distribution-free）。图 1 – 1 为 AMOS 的估计方法设置窗口，如果在运用 AMOS 时需要选择特定的估计方法即可打开这一窗口对估计方法作出选择。

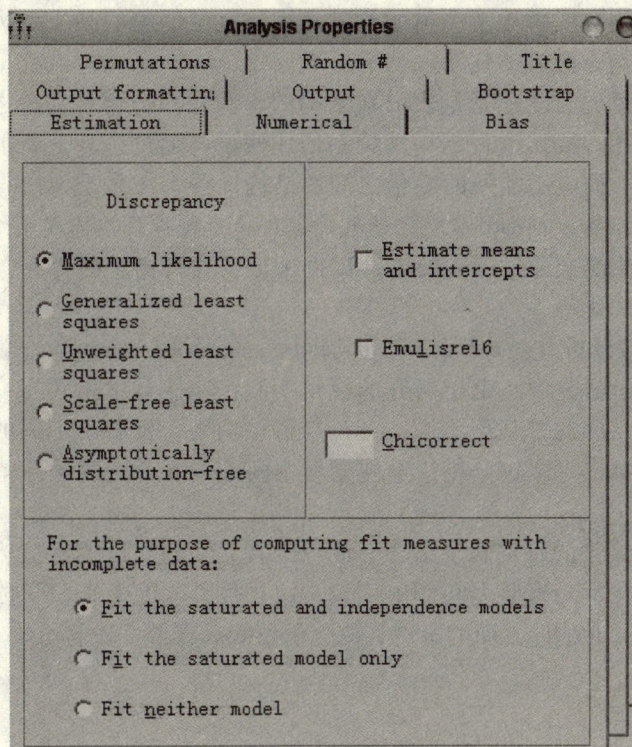

图 1 – 1　AMOS 的估计方法设置窗口

　　与其他分析方法一样，用 SEM 进行假设检验的前提也是首先要根据已有的理论和研究资料对所提出假设的合理性做全面分析。也就是说，应该考虑所提出的假设是否是基于强有力的理论基础，或是经过严谨的推理过程而得出的某一研究假设，这样才能有效地提升研究的检验效能，并得出理想的研究结果。

　　（二）结构验证（structure confirmatory）

　　在社会及行为科学研究中，探讨的问题往往涉及一组变量之间的关系。SEM 就是用联立方程的形式来描述一组变量之间的关系假设。例如，一项对于学业成就的研究，最常用的解释变量为智力，不过，研究者还可能会考虑到除了智力因素外，学生先前的学习经验（*Exp.*）也会影响他们的学业成就（GPA），而先前学习经验的影响还可能通过成就动机（*Ach.*）的中介作用间接影响学业成就。根据这种设想，可以将所研究变量之间的关系用下面的方程式来表示：

$$GPA = a \times IQ + b \times Exp. + c \times Ach. + e_1$$

$$Ach. = d \times Exp. + e_2$$

上述两个方程式说明了 GPA 与 IQ、GPA 与 Exp. 以及 GPA 与 Ach. 三组变量之间的共变关系，而且陈述了智商、学习经验、成就动机对学业成就影响作用的途径，即变量之间的结构性关系。当然，这只是一个简单的例子，在实际研究中，还可能涉及更多的变量，变量之间的作用关系也更加复杂。不过，用 SEM 可以将变量之间的复杂关系表达得非常清晰。在心理学领域，测验内在结构的验证是心理测验编制过程中的一项重要工作，往往要对测验的结构效度做非常严格的检验之后才能保证测验结果的可靠性。在处理这一问题上，SEM 有许多独到的优势。

不管是因果关系的验证还是量表内在结构的检验，都必须对变量之间的假设性关系作清晰而科学的陈述，根据这种结构性关系形成假设再通过统计分析加以检验。在社会与行为科学领域中，研究所涉及的变量之间的结构性关系大多是无法直接观察与测量的抽象命题［或称为结构（construct）］，这些命题往往是根据理论思辨或经验反思而得出的构想，在研究过程中必须通过严谨的统计数据来证明这种概念的存在，SEM 在处理这一问题上也有其独到的优势。

（三）模型比较分析（modeling analysis and comparison）

在社会行为科学研究中，由于研究的视角不同，往往会对相同的一组变量之间的关系提出不同的观点。因此，基于不同的理论与假设前提，发展出不同的备择模型，通过实证资料对不同模型进行比较分析，发现变量之间最客观合理的关系是研究的主要内容之一。

SEM 可以将一系列的研究假设结合形成一个有意义的假设模型，然后通过统计分析对模型进行验证，在不同模型之间作出比较，这在很大程度上克服了传统的路径分析用多组回归等式进行同时估计方面的限制，使分析技术具有了更强的功效。

二、SEM 的特点

Jöreskog & Sövbom 曾指出，SEM 的应用可以分为三个层次。第一层次是单纯的验证（comfirmatiory），即针对单一的先验假设建立模型，通过对模型适合性的评价来检验假设是否成立，这一层次的研究可以称为验证型研究。第二层次为模型的产生（model generation），其程序是先设定一个起始模型，再与实际观察资料进行比较，进行必要的修正以得到最佳拟合的模型，这一层次的研究可以称为产生型研究。第三层次是备择模型的比较，确定哪一个模型最能反映真实资料，这一层次的研究称为模型比较分析研究。

相对于相关、回归分析、路径分析等研究变量间关系的统计方法来说，SEM 从两个方面完善了这些常用方法的不足：第一，克服了探索性因素分析假设限制过多的缺点，对变量之间关系结构的探讨更富弹性；第二，在考虑测量误差的前提下建立变量间的因果关系。区分了观测（外显）变量和潜在（内隐）变量，进而通过观测外在表现推测潜在概念，不仅可以探讨变量间直接影响、间接影响和总效应以及表达中介变量作用，而且用潜在变量代替路径分析中的单一外显变量，并考虑变量的测量误差，使研究结果更精确。概括地讲，SEM 具有以下特点。

（一）SEM 具有理论导向性

SEM 分析最重要的一个特性就是理论导向性，也就是说，研究者所建立的模型都是基于一定理论基础的。在 SEM 分析过程中，从变量内容的界定、变量之间关系假设的提出、参数的设定、模型的修正都必须有清楚的理论概念或逻辑作为依据，它是检验某一先期提出的理论模型合理性的一种统计分析技术，所以通常被视为验证性统计方法。从统计学原理的角度来说，SEM 必须同时遵循多项传统统计分析的基本假设，如线性关系、正态分布等。

SEM 中的因子分析与传统的因子分析方法之间存在一定的区别。SEM 所使用的因素模型有相当严格的限制，研究者对于潜在变量的内容与性质，在测量之初必须有非常明确的认识。也就是说，这些潜在变量是在具体的理论基础上提出的，并且对潜在变量、观察变量以及特异变量之间的关系有了清楚的理论构想。例如，研究者认为智力为一个潜在变量，那么在测量之初依据有关智力的理论对智力的内容与性质就有了较为全面的认识，并且对智力因子结构及测量的方法提出了一定的假设。SEM 分析就是对这一先期提出的因素结构的正确性进行检验。除了在编制测量工具时可以利用 SEM 因子分析来检验其结构的有效性，对于理论架构的检验也可以用这一方法。因此，在 SEM 中因子分析又被称为验证性因子分析。

（二）灵活性

SEM 可以说是多种不同统计技术与研究方法的综合体，它不是指某一种特定的统计方法，而是一套用以分析协方差结构的技术的整合。SEM 的另一个特点是灵活性，它对数据特点及结果解释的限制更为宽泛，克服了传统分析技术限制条件过分严格的不足。例如，结果解释常常受数据本身制约，要体现理论构想比较困难，有些数学前提假设不利于建构心理学理论。就传统的探索性因子来说，数据必须满足以下条件：①所有潜在因素要么都相关，要么都不相关；②所有的潜在因素都直接影响所有观测变量；③特异性误差之间均无相关；④所有潜在因素与所有特异性误差间不相关。这些限制条件过分绝对，使得传统的因子分析方法应用不够灵活，结果的解释也不够客观（因为在分析之前因素的数量以及因素之间的关系都是未知的，理论的导向性差），但 SEM 在这方面的限制就宽泛得多，这使得 SEM 更加符合实际、结构更为清晰，应用更为灵活。例如，对于因子分析来说，①可以假定潜在因素哪些是相关的，哪些是不相关的；②能确定哪个观察变量受哪个特定潜在变量的影响，而不是受所有潜在变量影响；③可指定哪些特异性误差之间是相关的，而不是假定所有特异误差不相关等。另外，SEM 根据先前的理论和已有知识来形成变量之间的相互关系模型，使得模型的建立与修正更具逻辑性。

SEM 以协方差分析为核心，同时也可处理平均数估计以及平均数差异检验等问题。在 SEM 中，协方差分析具有两种功能：一是描述性功能，通过协变量之间的关系考察多个连续变量之间的相关程度；二是验证性功能，通过比较依据理论逻辑分析建立的模型所导出协方差矩阵与观察数据所产生的协方差矩阵之间的差异来检验理论模型反应的构想是否成立。除了这种协方差分析功能之外，SEM 还可以处理变量的集中倾向及平均数差异检验等问题。传统上，均值差异检验是以 t 检验或方差分析实现的。由于 SEM 可以对截距进行估计，使得 SEM 可以将平均数差异的比较纳入分析模型中，同时若配合潜在变量的概念，还可以估计潜在变量的均值，这使得 SEM 的应用范围更广、更灵活。

（三）同时处理测量与分析问题

SEM 将观察变量（外显变量）和潜在变量（内隐变量）加以区分，通过观测外在表现推测潜在概念，利用外显变量的模型化分析来估计不可直接观察的潜在变量，不仅可以估计测量过程中的误差，还可以评估测量的信度与效度。这样，在探讨变量关系的同时，把测量过程产生的误差包含于分析过程之中，把测量信度的概念整合到路径分析等统计推断决策过程。这成为 SEM 的又一个突出特点。

（四）适用大样本分析

由于 SEM 主要用于处理多变量之间的复杂关系，因此，SEM 分析所使用的样本规模越大越好。当样本规模小于 100 时，SEM 分析结果将不稳定。一般而言，大于 200 的样本才可以称得上是中型样本，若要得到稳定的分析结果，样本容量应该大于 200。

（五）重视多重统计指标的运用

SEM 虽然集多种不同统计技术于一身，但对统计显著性的依赖程度却远不及一般统计分析。这是因为 SEM 所处理的是整个模型的比较，所以所参考的指标不是以单一的参数为主要参考量，而是整合性的系数，同时 SEM 发展出多种不同的统计评估指标，从而可以从不同的角度进行分析。而且，由于 SEM 适用于大样本分析，又以卡方统计量作为显著性的核心指标，大样本分析情况下卡方统计量会被严重扭曲，为此 SEM 不以单一参数为主要标准，而是以整合性的系数作为模型评价的参考量，并发展出不同的统计评估指标，使使用者可以从不同的角度进行分析和评价。

三、SEM 的新应用

SEM 在早期的应用主要体现在两个方面：一是对中介关系和直接关系的检验；二是验证性因素分析。但近年来，SEM 又有了一些新的应用，主要包括：

（一）多重样本分析

采用 SEM 可以估计变量间的关系模型在两个或多个总体中有无显著差异。同样，可以检验 SEM 在不同的总体或样本中是否相同。在此过程中，主要是先固定某些路径的估计值，使它们在不同样本中相等，从而检验个别路径或一系列路径在不同样本中有无差异。多重样本分析还可以检验在某个样本中不能识别的模型，在另一个或多个样本中是否能够识别。此外，多重样本分析还可作为交叉证实模型的一种极好工具。

（二）交互作用效应的检验

心理学研究中常常对变量间的交互作用十分关注，对于实验研究中多因素设计来说，因素间的交互作用更是不容忽视。但是，在观察研究中探测交互作用比实验研究的难度更大，原因在于检验交互作用的主要途径是采用一个新变量，该变量是两个连续变量的组合。交互作用的二级检验能力通常低于各个独立的连续预测值所表示的主效应检验能力，因为组合项的信度将明显低于各个主效应项的信度。Kenny 认为，应用 SEM，研究者可以把组合项定义为一个潜在变量，并为其设置多个指标，同时对测量误差加以控制，这就可以解决组合项检验能力信度低的问题。虽然 Kenny 和 Judd 的方法是切实可行的，但其复杂性却限制了许多研究者对它的应用。近年来有研究者又提出了一些更为简单的变式，这些简单的变式可以为研究者提供更多的选择余地。

（三）均数差异检验

以往 SEM 主要用于探讨变量间的相关或协方差关系，但近年来人们对 SEM 在估计平均数差异（类似于多元方差分析）方面的应用作了进一步探讨并取得了较大进展。与 SEM 把路径系数指定为参数估计值相似，研究者不仅可以把观察变量的均值作为待估参数，而且还可以把潜在变量平均数作为待估参数，这是传统统计方法难以实现的。从技术上讲，就是把潜在概念的方差分成两个部分：平均数和离均差。在此分析中，除了要输入外显变量或观测变量间的协方差，还要输入平均数。如果要比较两组或多组（如实验组和控制组）平均数，则可以把模型与各个组相拟合（类似于前面所述的多重样本分析），其中指定平均数为潜在概念。这时，就可以比较两个模型，一个模型中的平均数在各个组保持不变，而另一个模型的平均数却是可以变化的。对这两个嵌套模型的比较结果将表明这些平均数是否有显著差异。虽然多元方差分析有时比 SEM 优越，但在多数情况下，SEM 对平均数差异的分析将比多元方差分析更有经验和概念上的优势。首先，SEM 考虑到潜在变量的平均数。在大多数情况下，用潜在变量能更好地代表所感兴趣的概念。其次，SEM 考虑到所要估计的各个测量误差。而在传统方差分析中，外显变量的线性组合则混淆了所有的测量误差。通过考虑测量误差，SEM 为自变量和因变量的关系所提供的参数值更为准确。最后，SEM 允许研究者用模型去解释自变量对因变量的变化或影响机制。因此，SEM 比协方差分析在解释实验干预的影响时所提供的信息更多。

（四）纵向设计

横向设计对因果方向的确定主要取决于理论，而不是经验。即使在已经确定了因果方向的情况下，有的研究者也指出，横向设计所得出的总影响、直接影响和间接影响的估计值都含有一定的偏差。虽然纵向设计也不会自动为横向设计所存在的问题提供答案，但它却能为变量的相互影响机制提供更有力的经验证据。利用 SEM 建立纵向数据模型，其最普遍的看法已贯穿于自回归模型。自回归模型的实质是任何时间点的分数源自于以前时间点的分数。例如，纵向数据的 SEM 将含有时间 1 的每个概念到时间 2 相应概念的路径。对时间 2 任何概念的影响都可以看作是以时间 1 的概念为条件的。目前，与自回归模型取向不同的另外一种处理纵向数据的技术—层次模型（HLM）也成为 SEM 的一种特殊形式。自回归模型集中于理解两个时间点之间的变化，而技术—层次模型（HLM）则集中于理解诸如每一个个体在整个观察期间的变化或成长速率等参数。多水平模式目前已受到相当大的关注，因为它们为探索变化的新方法提供了理论优势和实践优势。

四、SEM 的局限性

与任何统计程序一样，SEM 也存在一定的局限性。其具体表现为：①在 SEM 应用早期，由于其自身的相对复杂性和不完善性，使研究者未能准确把握其内涵，因而出现了误用，并把统计结果作为确定因果关系方向的证据，这显然是本末倒置的。又由于 SEM 对模型的接受没有统一标准，所以在有等价模型的情况下，研究者很难拒绝某些模型，这也给模型选择带来了困难。②影响 SEM 解释能力的主要问题是指定误差，但 SEM 目前还不能对指定误差加以检验。如果模型未能正确指定概念间的路径或者没有指定所有的关键概念，就可能会引起指定误差。当模型含有指定误差时，该模型可能与样本数据拟合很好，但此样本所在的总体可能拟合得并不好。这时，如果用样本特征来推论总体，就会犯以偏概全的错误。③SEM 对样本容量的要求较高，也要求模式必须满足识别条件，并且它不能处理真正的分类变量。

总之，虽然 SEM 的优点是主要的，但其局限性也不容忽视，还有待进一步发展和完善。

第三节　SEM 检验指标

参数估计结果的顺利得出（即模型得以成功识别）和模型合理性的检验是 SEM 应用中非常重要的两个基本问题。模型合理性检验的目的就是要通过客观的模型检验指标来评价研究者所提出的假设模型是否能够得到实际观察资料的支持，即依据理论构想所建立的假设模型是否具有实证性意义。

一、卡方检验方法

（一）卡方检验

对模型合理性加以检验，或者说对理论模型与经验数据的一致性加以验证，需要有一些科学的指标。其中最常用的评价指标是卡方统计量。在 SEM 分析中，卡方值是由拟合函数得来的统计量，反映的是 SEM 假设模型的导出矩结构与观察矩结构的差异程度的平方。其导出公式如下：

$$T = (N-1) F_{min}$$

T 代表的是模型拟合度的检定值，也可将其视为卡方值；N 为样本数；F_{min} 表示以各种不同参数估计方法（极大似然估计法 ML，广义最小二乘估计法 GLS 等）得出的拟合函数的最小估计值，这一数值也反映了最佳化的参数统计量（假设模型与观察资料差异的最小值）。在符合卡方分布的条件下，可以对 T 值做卡方检验来检验其显著性。当 T 值达到显著水平时，代表模型拟合度不佳；反之，当 T 值未达到显著水平时，代表模型拟合度良好。

虽然以卡方分布来做模型拟合度检验符合抽样理论的基本思想，但以此方法做统计决策却有诸多限制，直接以卡方检验来决定 SEM 模型的合理性常常受到质疑，这是因为：

首先，卡方统计量依赖于所用的估计方法（即 ML，GLS，ADF，ML-SCALED，GLS-SCALED），因此，有几种估计方法就应该有几种不同的卡方统计量。

其次，传统卡方检验的虚无假设与 SEM 拟合度卡方检验的假设不同。多数传统卡方检验的虚无假设多是平均数没有差异，并希望检验结果达到显著；而在 SEM 拟合度卡方检验中，其虚无假设通常是假定某些参数值为 0，并希望不能拒绝虚无假设，即卡方统计量不显著。

再次，卡方统计量本身并不在模型路径的基础上评价拟合度。该统计量是以所删除的路径为基础的。例如，过度识别模型来源于恰好识别模型，只是删除了某些路径。恰好识别模型能完全再生所输入的数据（即与数据完全拟合），但过度识别模型将受到更多的限制（即路径更少），因此，通常不能与数据完全拟合。恰好识别模型的自由度为 0（自由度等于输入值个数与参数估计值个数之差），过度识别模型的自由度等于从恰好识别模型中删除的路径条数。因此，卡方统计量表示恰好识别模型的完全拟合相对于过度识别模型的拟合度差异。其实际含义具有双重性：一方面，卡方统计量检验删除的路径是否等于0。从这个意义上说，它反映了模型解释观察数据的准确性。另一方面，由于卡方统计量估计的只是在删除路径基础上的拟合度，因此对模型路径的重要性评价，还需要考虑其他指标（如路径系数）。

最后，卡方统计量对样本有很大的依赖性。无论模型优劣，随着样本数的增大，卡方值会自然增大。但在样本很小的时候，模型估计得到的统计数分布则会偏离卡方分布，若以卡方分布进行显著性检验，则会出现很大的误差。

基于以上问题，研究者又为 SEM 的合理性检验提出了很多替代性的拟合指标。下面将会针对一些常用的拟合指标作简要介绍。

（二）卡方自由度比

以卡方检验评价模型的拟合度时，自由度越大的模型越处于不利的地位，如果有两个模型同时进行 SEM 分析，得到不显著的卡方值时，自由度越大的模型越有可能更真实地反映实际的观察资料，这就是 SEM 中常见的简约原则。因此，如果利用卡方值检验模型的拟合度，除了考虑卡方值的大小，还应该同时考虑自由度大小的影响。因此，在 SEM 分析中，可以用卡方自由度比作为模型拟合度的检验指标。这一指标的值越小表示模型拟合度越高，反之则表示模型拟合度越差。一般而言，卡方自由度比小于2时，表示模型拟合度比较理想。

```
Summary of models
-----------------

             Model   NPAR      CMIN    DF           P    CMIN/DF
             -----   ----      ----    --    --------    -------
           Model A     22    34.775     6       0.000      5.796
           Model B     23    17.063     5       0.004      3.413
           Model C     24     2.797     4       0.592      0.699
           Model D     23     3.976     5       0.553      0.795
           Model E     22    55.094     6       0.000      9.182
   Saturated model     28     0.000     0
Independence model      8  2794.410    20       0.000    139.721
```

图 1 - 2　AMOS 分析结果报告

图 1 - 2 为 AMOS 分析结果报告。其中 NPAR 为估计参数个数。从图中可以看出，独立模型是最简单的模型，其估计参数个数最少，自由度最大；饱和模型最复杂，估计参数个数最多，自由度最小；CMIN 为卡方值；DF 为自由度；CMIN/DF 为卡方自由度比。

二、模型拟合优度指数

（一）GFI 与 AGFI

GFI（Goodness of Fit Index）又称为拟合优度指数。其意义类似于回归分析中的可决系数（R^2），表示依据理论所建立的假设模型可以解释观察资料的变异数（方差）的比例，其计算公式如下：

$$GFI = \frac{tr\ (\hat{\sigma}W\hat{\sigma})}{tr\ (s'Ws)}$$

11

公式中，分子是理论假设模型的协方差所导出的加权变异数的和，分母是依据样本实际观察资料的协方差所导出的加权变异数的和。由于模型导出值会小于实际观测值，所以 GFI 是一个小于 1 的比值，该值越接近 1，表示模型拟合程度就越高。反之，GFI 的值越小，表示模型拟合度就越差。

AGFI（Adjusted Good of Fit Index）又称为调整拟合优度指数。该指标类似回归分析的调整后可解释变异量（adjusted R^2）。在计算 AGFI 时，将自由度纳入考虑后所计算出来的模型拟合指数。参数越多，AGFI 的值越大，就越有利于得到拟合程度高的模型，其计算公式如下：

$$AGFI = \frac{1 - GFI}{1 - \dfrac{\text{估计参数个数}}{\text{观察资料数}}}$$

当取标准化值时，AGFI 的值介于 0 和 1 之间，越接近 1 表示模型拟合度越高，越接近 0，表示模型拟合度越差。一般认为，AGFI 的值大于 0.90 时才可以认为模型拟合程度较为理想。

（二）PGFI

PGFI（Parsimony Goodness of Fit Index）又称为精简拟合优度指数，这一指标反映出模型中估计参数的多寡，其计算公式如下：

$$PGFI = \left(1 - \frac{\text{估计参数个数}}{\text{观察资料数}}\right) \times GFI$$

从公式中可以看出，这一指标可以反映出 SEM 假设模型的精简程度，其值越接近 1，表明模型的待估参数越少，模型就越简单。一般情况下，这一指标的值会远远小于 GFI，除非估计参数的数目远远小于观察资料数。研究者指出，一个良好的模型，PGFI 指数应在 0.5 以上。

（三）NFI 与 NNFI

这两个指标反映的是假设模型与独立模型（模型中所有观察变量之间均没有任何共变假设的模型，即观察变量之间的协方差均为 0）之间的差异程度。SEM 中，独立模型可以看作是拟合程度最不理想的一种模型，反映了所有的观察变量之间没有任何关联，其自由度最大，以独立模型导出的卡方值（χ^2_{indep}）是所有可能模型中卡方值的最大值。其他所有的模型都是这一模型的嵌套模型，卡方值都比这一模型低。NFI 的计算公式如下：

$$NFI = \frac{\chi^2_{indep} - \chi^2_{test}}{\chi^2_{indep}}$$

χ^2_{test} 表示假设模型的卡方值。从公式中可以看出，NFI 可以看成是某一个假设模型的卡方值与独立模型卡方值之间的差异量，反映出某一个假设模型相对于拟合程度最不理想的独立模型来说的拟合程度的改善程度。研究发现，当样本较小而自由度较大时，对于一个拟合程度理想的假设模型来说，以 NFI 来检验其拟合度会出现低估现象，针对这一问题，研究者又提出了 NNFI 指数。NNFI 考虑了自由度的影响，类似于 AGFI 对 GFI 的调整。NNFI 的计算公式如下：

$$NNFI = \frac{\chi^2_{indep} - \frac{df_{indep}}{df_{test}}\chi^2_{test}}{\chi^2_{indep} - df_{indep}}$$

NNFI 在一定程度上弥补了 NFI 的不足，但自身也有一些局限性，如其取值有时会超出 0～1 的范围，波动性比较大。另外，与其他指标相比，NNFI 往往较小。也就是说，当其他指标显示模型的拟合程度比较理想时，如果使用这一指标则会得到模型拟合不理想的矛盾结论。

```
                    DELTA1   RHO1   DELTA2   RHO2
         Model       NFI      RFI     IFI     TLI     CFI
                    ------   ------  ------  ------  ------
         Model A    0.988    0.959   0.990   0.965   0.990
         Model B    0.994    0.976   0.996   0.983   0.996
         Model C    0.999    0.995   1.000   1.002   1.000
         Model D    0.999    0.994   1.000   1.001   1.000
         Model E    0.980    0.934   0.982   0.941   0.982
    Saturated model 1.000            1.000           1.000
  Independence model 0.000   0.000   0.000   0.000   0.000
```

图 1-3 AMOS 分析结果报告

图 1-3 为 AMOS 分析结果报告，其中 DELTA1 NFI 就是 NFI 的估计值。在上图中除了 NFI 以外还给出了 CFI，RFI，IFI 以及 TLI 的值（见后文中的解释）。

（四）PNFI

PNFI（Parsimony NFI）也称精简 NFI，是对 NFI 做精简调整（parsimony adjustment）得出的。其计算公式如下：

$$PNFI = NFI \times \frac{d}{d_b}$$

公式中 d 为假设模型的自由度，d_b 为参照模型（baseline model）的自由度。其性质与 PGFI 相似。

（五）FMIN

FMIN 为用不同方法所得拟合函数估计值的最小值，这一数值越小，表明模型拟合度越高。在 AMOS 的分析结果中，除了给出 FMIN 的估计值外，同时还报告 FMIN 在 90% 置信水平下的估计范围（即 LO 90 和 HI 90，如图 1-4 所示）。当这一范围包括 0 时，表示模型拟合度理想。

```
         Model       FMIN       F0      LO 90    HI 90
                    --------  --------  -------  -------
         Model A     0.165     0.136    0.066    0.243
         Model B     0.081     0.057    0.015    0.136
         Model C     0.013     0.000    0.000    0.031
         Model D     0.019     0.000    0.000    0.036
         Model E     0.261     0.233    0.137    0.363
    Saturated model  0.000     0.000    0.000    0.000
  Independence model 13.244   13.149   12.343   13.989
```

图 1-4 FMIN 在 90% 置信水平下的估计范围

另外，在图1-4中，还包括一个 FO 指标。它是被检验的假设模型的卡方值减去自由度再除以样本数的函数值：

$$\hat{F}_0 = \sqrt{\frac{\chi^2_{test} - \mathrm{d}f_{test}}{N}}$$

当模型越近完美拟合时，FO 的值就越接近于 0。

三、其他模型品质评价指标

以卡方检验为理论基础的模型拟合优度指标最基本的依据是假设模型所导出的引申矩与观察样本矩之间的差异大小。虽然以卡方检验为理论基础的模型拟合优度是评价一个模型优劣的主要参考指标，但其缺陷也是显而易见的。依据观察资料所导出的矩阵（样本矩）是否真正代表了变量之间的真实关系呢？如果观察资料本身的测量品质不良（信效度不高）就可能影响观察矩阵的内容。这样，以卡方检验为理论基础的模型拟合优度指标的价值也就大打折扣了。在这种情况下，研究者又发展出了其他的一些模型评价指标。这些指标不再关心虚无假设是否成立，而是直接估计假设模型与由抽样理论导出的卡方值的差异程度。

（一）NCP

NCP（Non-Centrality Parameter）又称非集中性参数，是反映模型拟合劣度的一个指标，其原理类似于离散变量的测量。NCP 的值越大，表示模型越不理想。当 NCP 为 0 时，代表模型具有完美的拟合度。在 AMOS 的分析结果中，除了报告 NCP 值以外，同时还报告 NCP 在 90% 置信水平下的估计范围（即 LO 90 和 HI 90，如图1-5所示）。当这一范围包括 0 时，表示模型拟合度理想。

```
            Model          NCP          LO 90        HI 90
            --------      --------      --------     --------
            Model A        28.775        13.842       51.208
            Model B        12.063         3.092       28.598
            Model C         0.000         0.000        6.589
            Model D         0.000         0.000        7.638
            Model E        49.094        28.972       76.681
      Saturated model       0.000         0.000        0.000
   Independence model    2774.410      2604.415     2951.716
```

图1-5　NCP 在 90% 置信水平下的估计范围

（二）CFI 和 PCFI

CFI（Comparative Fit Index）又称比较拟合指数，反映假设模型与独立模型之间的差异程度，与 NFI 的性质相近。由于独立模型是最不理想的模型，任何模型一定较独立模型的拟合度好，因此，CFI 值越接于 1 模型就越理想，一般以 0.95 为界值。这一指标在小样本的 SEM 分析中是一个相对稳定的模型拟合优度指数。

PCFI（Parsimony CFI）也称精简 CFI，是对 CFI 做精简调整（parsimony adjustment）得出的，其计算公式如下：

$$PCFI = CFI \times \frac{d}{d_b}$$

公式中 d 为假设模型的自由度，d_b 为参照模型（baseline model）的自由度。其性质与 PGFI 和 PNFI 相似。

从上面的公式可以看出，PCFI 将模型的自由度引入了计算公式，因为模型的自由度是模型复杂程度的标志，自由度越大，表明要估计的参数越少，模型也就越简单。在所有的模型中，饱和模型是最复杂的模型，其自由度为 0，独立模型为最简单的模型，其自由度最大。因为 CFI 和 PCFI 的计算都涉及了模型的自由度，所以有人将其称为精简性指标。另外，类似的指标还有 RFI，IFI 和 TLI。

RFI（Relative Fit Index）称为相对拟合指数，这一指标越接近于 1，表示模型越理想。

IFI（Incremental Fit Index）也称 DELTA2 IFI。其值越接近于 1，表示模型越理想。IFI 的计算公式如下：

$$IFI = A_2 = \frac{\hat{C}_b - \hat{C}_{test}}{\hat{C}_b - \mathrm{d}f_{test}}$$

TLI（Tucker – Lewis Coefficient Index），Bentler 和 Bonett 于 1990 年将 Tucker – Lewis 系数引入结构方程模型领域，作为评价模型品质的一个指标。这一指标的取值介于 0～1 之间，值越接近于 1，表示模型越理想。

（三）PRATIO

PRATIO（parsimony ratio）又称精简比指数，是指假设模型约束条件的数目与独立模型约束条件的数目之比。其计算公式如下：

$$PRATIO = \frac{d}{d_b}$$

公式中 d 为假设模型的自由度，d_b 为参照模型（baseline model），也就是独立模型的自由度。这一指标也反映了假设模型的简单程度。前面已经提到，一个模型的约束条件越多，其自由度就越大，待估参数就越少。独立模型是最简单的模型，其约束条件最多，自由度最大。PRATIO 的值越小，说明模型越复杂，其值越接近于 1，说明模型越简单。关于模型拟合检验的精简调整指标前面已经提到了 PGFI，PNFI 以及 PCFI。

（四）RMSEA

RMSEA（Root Mean Square Error of Approximation）又称为平均近似平方误根系数，也有人将其称为近似误差指数。近年来，人们对这一指标非常重视，其最大的优势在于可以在一定程度上摆脱其他大多模型拟合检验指标受样本大小与观察变量分布特点的影响。但最近也有研究指出 RMSEA 在小样本时取值易偏高，也就是说在小样本时仅凭这一指标往往会对模型的拟合程度作出偏低的估计。RMSEA 的计算公式如下：

$$RMSEA = \sqrt{\frac{\hat{F}_0}{\mathrm{d}f_{test}}}$$

$\hat{F}_0$ 为假设模型的卡方值减去自由度再除以样本数的函数值，即为

$$\hat{F}_0 = \sqrt{\frac{\chi^2_{test} - \mathrm{d}f_{test}}{N}}$$

从上面的公式可以看出，RMSEA 既考虑了假设模型自由度的影响，也考虑了样本容量的影响。也就是说，RMSEA 不受样本数大小与模型复杂度的影响。当模型接近完美拟合时，$\hat{F}_0$ 的值越接近 0，RMSEA 的值越小，表示模型拟合程度就越好。研究者建议RMSEA低于 0.06 时，即可视为模型拟合程度较高。

在 AMOS 的分析结果中，除了给出 RMSEA 的值之外，还同时报告 RMSEA 在 90% 置信水平下的估计范围（即 LO 90 和 HI 90，如图 1-6 所示）。当这一范围包括 0 时，表示模型拟合度理想。

```
        Model       RMSEA      LO 90       HI 90      PCLOSE
        -----------  ---------  ---------   ---------  ---------
        Model A      0.151      0.105       0.201      0.000
        Model B      0.107      0.054       0.165      0.040
        Model C      0.000      0.000       0.088      0.786
        Model D      0.000      0.000       0.085      0.780
        Model E      0.197      0.151       0.246      0.000
 Independence model  0.811      0.786       0.836      0.000
```

图 1-6 RMSEA 在 90% 置信水平下的估计范围

需要注意的是，与 CFI 和 NFI 不同，RMSEA 不是将假设模型与独立模型作比较，而是与完美拟合的饱和模型比较得出的差异统计量。

另外，在图 1-6 中，还有一个指标为 PCLOSE，这一指标称为近似拟合概率，反映的是总体 RMSEA 小于或等于 0.05 的显著水平。

（五）ECVI 与 AIC

ECVI（Expected Cross-Validation Index）和 AIC（Akaike Information Criterion）属于交互验证性的模型优度评价指标。ECVI 指数反映了在同一总体中多次抽样所得样本基础上得出的同一假设模型拟合度的期望值。这一指数的值越小，说明模型拟合度的波动性越小，该假设模型的拟合度也就越好。有研究指出，在样本数很小但自由度很大（模型很复杂）时，ECVI 指数更能反映模型的合理性。在 AMOS 的分析结果中，除了给出 ECVI 的值之外，同时还报告 ECVI 在 90% 置信水平下的估计范围（即 LO 90 和 HI 90，如图 1-7 所示）。当这一范围包括 0 时，表示模型拟合度理想。

```
        Model       ECVI       LO 90       HI 90      MECVI
        -----------  ---------  ---------   ---------  ---------
        Model A       0.373      0.303       0.480      0.384
        Model B       0.299      0.256       0.377      0.310
        Model C       0.241      0.246       0.278      0.252
        Model D       0.237      0.242       0.278      0.248
        Model E       0.470      0.374       0.600      0.480
   Saturated model    0.265      0.265       0.265      0.279
 Independence model  13.319     12.514      14.160     13.323
```

图 1-7 ECVI 在 90% 置信水平下的估计范围

另外，AIC 和 CAIC（Consistent Akaike Information Criterion）也是与 ECVI 性质相似的模型拟合优度检验指标。一般而言，ECVI，AIC 和 CAIC 的值越小表示模型越简单。如果一个假设模型的交互验证指数较小而且拟合优度较高，表明模型较佳。

对于 AMOS 来说，在分析结果中还会给出与以上 AIC 性质相类似的其他指标，如 BCC 和 MECVI 等。相对于 AIC 来说，BCC 对模型自由度或模型复杂性给予更高的重视。MECVI 与 BCC 的性质基本相同，唯一的区别是它们所使用的度量单位不同。

（六）RMR 与 SRMR

这两个指标称为残差指数，也是卡方的函数。RMR（Root Mean Square Residual）称为残差均方根指数，SRMR（Standardized Root Mean Square Residual）称为标准化残差均方根指数。

前面所介绍的模型拟合优度指标都是从总体上反映整个模型品质，但一个模型的品质往往会受到其他微观因素的影响。例如，在 SEM 模型中，可能有某一个测量模型的结构存在严重缺陷，观察变量的测量误差非常大，这个部分的估计可能导致整个模型的不良拟合。因此，从微观的层面上通过对残差进行分析也可以对模型品质的评价提供有价值的信息。RMR 与 SRMR 就是两个残差指数。RMR 是以与观察变量相同的尺度表示的残差统计量；SRMR 是将残差量转换成标准分数后得出的残差统计量。RMR 的计算公式如下：

$$RMR = \sqrt{2 \sum_{i=1}^{q} \sum_{j=1}^{i} \frac{(S_{ij} - \hat{\sigma}_{ij})}{q(q+1)}}$$

$S_{ij} - \hat{\sigma}_{ij}$ 表示样本矩与依据假设模型得出的方差、协方差估计值之间的差异。RMR 和 SRMR 的值越小，表明假设模型的参数估计值与观察资料的样本矩之间的差异越小。研究者建议当 SRMR 的值低于 0.08 时，表示模型的拟合程度较好，也就是说，这些指标可以作为模型选择的依据。值得注意的是，这些指标的取值都不是在 0 ~ 1 范围内，所以只适合进行模型间的比较，而不能作为模型品质是否理想的绝对指标。

图 1 – 8 是 AMOS 分析结果中给出的关于 RMR 的结果，从中可以看出依据 RMR 的结果除了饱和模型外，模型 D 为最佳模型。

Model	RMR	GFI	AGFI	PGFI
Model A: No Autocorr	0.284	0.975	0.913	0.279
Model B: Most Genera	0.757	0.998	0.990	0.238
Model C: Time-Invari	0.749	0.997	0.993	0.380
Model D: A and C Com	0.263	0.975	0.941	0.418
Saturated model	0.000	1.000		
Independence model	12.342	0.494	0.292	0.353

图 1 – 8 AMOS 分析结果

四、模型品质评价指标的分类

上面所介绍的模型拟合优度指标都是 AMOS 软件分析结果中报告的指标。近年来，关于这些指标的研究也取得了一些新进展，为了使读者对这些指标具有更为清晰的理解，下面介绍一下对这些模型的分类。

将众多的指数按其功能分类，有助于对指数的理解和合理使用。1988 年，Marsh 等人最早提出了指数分类的雏形，后来又出现了许多不同的分类方法，分类的依据各有侧重。Marsh，Hau 和 Grayson 将指数分成 3 大类：一类是绝对指数（absolute index 或 stand-alone index）；一类是相对指数（relative index），也称为增值指数（incremental index）或比较指数（comparative index）；还有一类是省俭指数也称精简指数，（parsimony index）

指数虽多，但除了 RMR，SRMR，GFI，AGFI 和 PGFI 外，其他都是统计量卡方的函数。绝对指数（如 GFI，SRMR 和 RMSEA）衡量了根据理论建立的假设模型（theory model）与样本数据的拟合程度，它只是基于理论模型本身，不与其他模型相比较。相对指数则将理论模型与虚模型（null model）进行比较，它衡量了相对于虚模型的卡方值而言，假设模型的卡方值减少的比率。精简性指数是由前两类指数派生出来的一类指数，某个指数对应的精简性指数是用精简比（假设模型的自由度/参照模型的自由度）乘以该指数。如 NFI 的精简指数为：

$$PNFI = NFI \times \frac{d}{d_b}$$

公式中 d 为假设模型的自由度，d_b 为参照模型的自由度。

第二章　AMOS 简介

AMOS 是 Analysis of Moment Structures（矩结构模型）的简称，是用于结构方程模型（structural equation modeling），也称协方差结构模型（analysis of covariance structures）的统计分析软件。作为最新用于协方差结构分析的软件，AMOS 有 Amos Graphics 和 Amos Basic 两套程序，其操作比 LISREL 更为方便易学。另外，AMOS 并不是一个专门性软件，除了进行协方差分析以外，还适用于一般统计软件所能完成的几乎所有常见的工作。

本章向读者介绍 AMOS 的一些基本知识，包括 AMOS 的窗口结构、Amos Graphics 的操作、Amos Basic 的操作以及如何用 Visual Basic 编写 AMOS 程序等。

一、AMOS 的估计方法

AMOS 提供了以下估计方程的方法：最大似然法、加权最小二乘法、广义最小二乘法、布朗渐进分布自由标准和自由量表最小二乘法。

在对缺失值的处理上，AMOS 并不采用建立在 ad-hoc 方法基础上的常用的 list wise，pair wise 和 mean imputation 等方法来处理，而是采用建立在最大似然估计基础上的 state-of-the-art 来估计。这个软件可同时处理来自几个群体的数据，也可以估计外源变量的平均数和回归方程的截距。

AMOS 提供了诸如标准误和置信区间、将就估计、样本平均数、方差、协方差和相关等基本统计方法，也提供了像百分比截距、偏相关百分比截距和模型检验中的 bollen 和 stine 自助法。

二、AMOS 的总体介绍

随着 AMOS 应用的不断推广，其在诸多学科中的影响迅速扩大，AMOS 自身也在不断发展，从最初作为 SPSS 软件的一个附属模块，到独立发行，现已经升级到 7.0 版本。为了使读者从最基本的知识入门，本书将主要以 4.0 版本为主介绍 AMOS。在掌握了 4.0 版本之后，就会很容易地掌握高级版本的使用，此外，书中也会介绍 4.0 版本与高级版本之间的一些主要差别。

AMOS 分 Amos Graphics 和 Amos Basic 两个部分。Amos Graphics 是通过点击菜单的方式完成模型设定，而 Amos Basic 是通过编写类似 Visual Basic 的简单程序语句来设定模型。AMOS 支持中文输入。AMOS 是一个程序组，包括以下窗口：

（1）Amos Basic：Amos 4.0 的程序设定模型窗口。

（2）Amos Graphics：Amos 4.0 的路径图设定模型窗口。

（3）Graphics Automation Demo：为一般的绘图并作提供宏。

（4）View Data 窗口：指定数据文件路径，可观察数据。

（5）View Path Diagrams 窗口：可以显示一个目录下的每个模型所设定的小图片，点击每个小图片，就可以看到每个模型的详细资料。

（6）View Table 窗口：数据结果的表格化呈现，在这个窗口中，可以把结构进行新的格式编排。

（7）View Text 窗口：提供分析结果的文本文件。

三、AMOS 程序的启动

（1）双击 Amos Graphics 或 Amos Basic，两者都可以在桌面设置快捷方式。

（2）双击任何一个 *.amw 文件。

（3）在 View Path Diagrams 窗口中双击任何一个路径图。

第一节　运行 Amos Graphics 程序

一、内容简介及目的

在学习统计的过程中，让很多人感到头疼的是一些基本的统计概念很难理解，而且还需要背诵大量公式，计算工作也很复杂。从本章开始，将向读者介绍如何应用 AMOS 软件来分析数据，本节重点介绍如何应用 Amos Graphics 程序。

本章的目的是帮助读者理解如何运行 Amos Graphics 程序，主要内容包括 AMOS 的基本功能以及如何应用 AMOS 分析数据。需要提醒读者注意的是，应用 AMOS 建立的模型既可以调用 Excel 格式的数据文件，也可以调用 SPSS 格式以及其他格式的数据文件。

二、运行 Amos Graphics 程序的先期准备

运行 Amos Graphics 程序之前，必须先在电脑上安装 AMOS 软件，并且用户也需要掌握一些基本的计算机操作。例如，点击菜单；选择下拉菜单中的项目；鼠标的基本操作，等等。

下面用一个较为典型的例子来帮助读者对 AMOS 产生最直观的认识。

三、数据

这里借用 Hamilton 于 1990 年的研究中的 3 组测查数据，包括：①SAT（学业成就测验均分）；②Income（人均收入）；③Education（平均教育水平）。安装 AMOS 软件后，即可以通过路径 Start→Program Files→Amos 4.0→Tutorial 找到这一数据文件，其文件格式为 Excel 文件，文件名为 Hamilton.xls，工作表名为 Hamilton，图 2-1 为测验数据的一部分：

SAT	Income	Education
899	14.345	12.7
896	16.37	12.6
897	13.537	12.5
889	12.552	12.5
823	11.441	12.2
857	12.757	12.7
860	11.799	12.4
890	10.683	12.5
889	14.112	12.5
888	14.573	12.6
925	13.144	12.6
869	15.281	12.5
896	14.121	12.5
827	10.758	12.2
908	11.583	12.7
885	12.343	12.4
887	12.729	12.3
790	10.075	12.1
868	12.636	12.4
904	10.689	12.6
888	13.065	12.4

图 2-1　测验数据

为了探讨 SAT（学业成就）、Income（人均收入）以及 Education（教育水平）3 个变量之间的关系，建立如图 2－2 所示的假设模型。

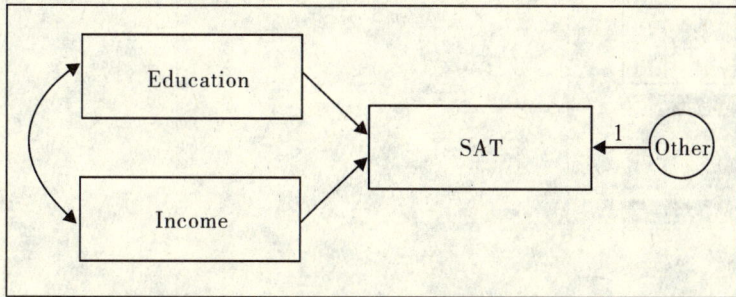

图2－2　回归模型

从图 2－2 可以看出这是一个回归模型，表达了两个自变量 Education 和 Income 对因变量 SAT 的预测关系。由于这两个自变量对因变量的预测关系有可能存在误差，所以设计了一个潜在变量 Other，这一潜在变量也称为特异性因子，包含了影响 SAT 得分的随机变量和系统误差。

路径图中的单向箭头代表回归系数，"1"代表 Other 预测 SAT 的回归系数，这是附加的限制条件。为模型附加限制条件的目的是使模型可以识别，这是应用 AMOS 分析数据的重要特点。具体来说，因为 Other 包含了 Education 和 Income 之外影响 SAT 的所有因素，因此，这一潜在变量的测量单位是未知的，将其回归路径限定为1，也就意味着为其指定了测量单位。需要注意的是，用 Amos Graphics 分析数据之前，除了要建立路径图模型，还必须建立 AMOS 可以调用的数据文件，这里使用的数据文件为 Excel 文件，前面已经作了说明。

四、打开 Amos Graphics 程序

运行 Amos Graphics 程序有 5 种方法：

（1）直接双击桌面上的 Amos Graphics 快捷方式；

（2）在 Windows 的任务栏中，按以下路径操作：Start →所有程序→Amos 4.0→Amos Graphics，即可运行 Amos Graphics 程序；

（3）双击用 Amos Graphics 建立的以 ∗. amw 为扩展名的路径图文件；

（4）在 Windows 中，按以下路径操作：Start→所有程序→Amos 4.0→View Path Diaphics，然后双击界面中出现的路径图；

（5）如果所安装的 AMOS 程序是 SPSS 版本，在 SPSS 中，依次点击菜单 Statistics→Amos，可以运行 Amos Graphics 程序。

Amos Graphics 程序运行之后，点击 File→New 菜单，打开一个空白路径图绘制窗口，如图 2－3 所示：

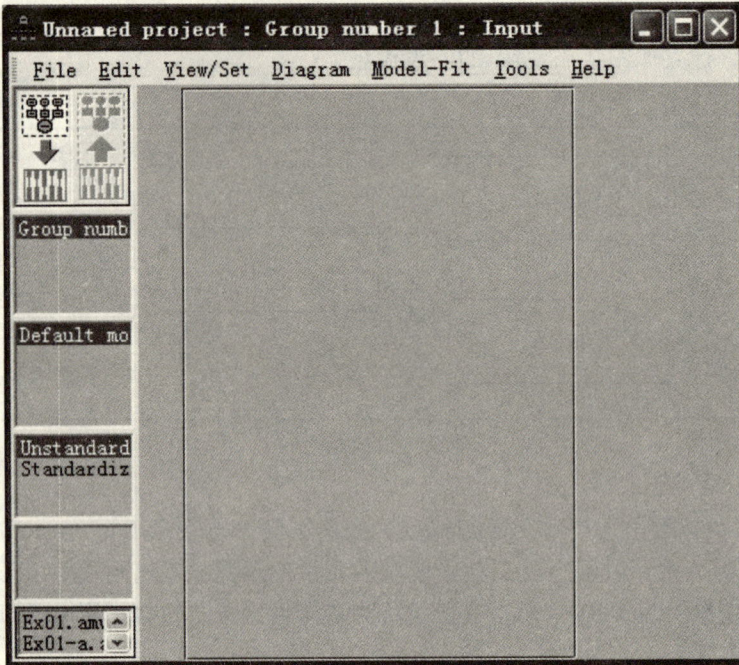

图 2 - 3　空白路径图绘制窗口

　　图 2－3 中很大的矩形框表示一张画图纸，可以依据打印的格式设置图纸的大小。此例中，打印的格式为 portrait mode，因此，矩形框的长大于宽。如果将打印的格式设为 landscape printing，那么矩形框的宽大于长。

　　除了 Amos Graphics 的主窗口，界面中还包括工具栏窗口，工具栏中的按钮（如图2－4所示）为运行程序的快捷方式。

　　运行 Amos Graphics 程序时，可以直接点击工具栏中的按钮，也可以在菜单中选择相应的命令选项。

　　图 2－4 所示的只是 AMOS 系统默认的工具选项，AMOS 还可以设定更多的快捷方式，用户可以根据需要自选定义工具栏。

五、界定模型和绘制模型图
（一）绘制变量图标

　　首先，在画图区画出 3 个表示观察变量的矩形框。点击工具栏中的 Draw Observed Variables 按钮（　），或者点击 Diagram 菜单，并选择下拉菜单中的 Draw Observed，如图 2－5 所示：

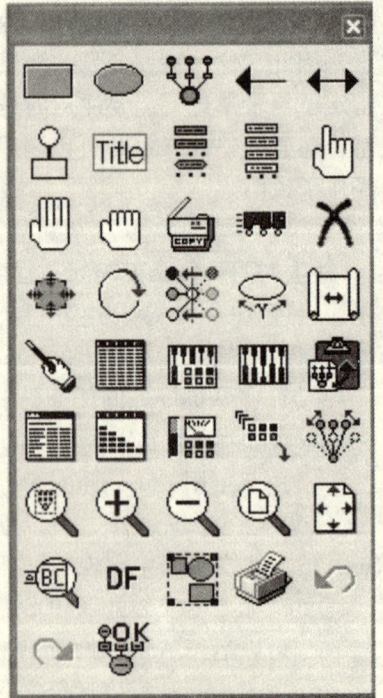

图 2 - 4　工具栏窗口

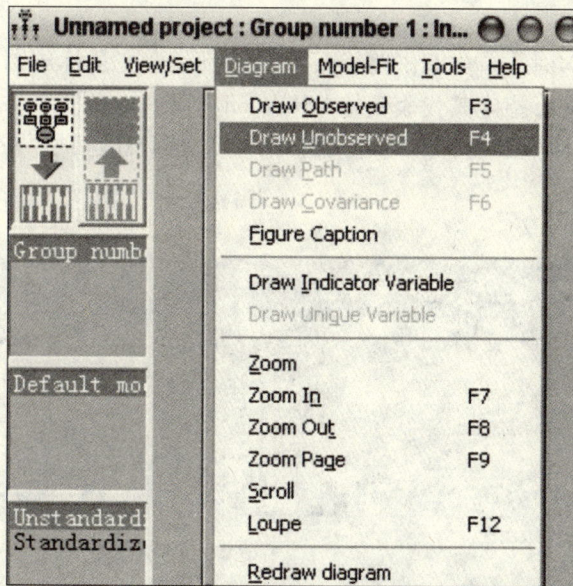

图 2－5　工具栏窗口

点击工具栏中的 Draw Observed Variables 图标激活按钮，此时按钮周围的区域变亮，接着移动鼠标到相应的绘图区域，按下左键，拖动鼠标绘制表示 Education 变量的矩形框，然后松开左键，画图区就出现了矩形框。在绘制的过程中，不需要过多地考虑矩形框的实际大小或者位置，下面将介绍如何调整矩形框的大小和位置。应用同样的方法，绘制出表示 Income 和 SAT 变量的矩形框。

其次，绘制表示 other 变量的椭圆。绘制椭圆与绘制矩形框的方法相同，只是选择的工具按钮是 Draw Unobserved Variables（ ⬭ ），或者点击 Diagram 菜单，并选择下拉菜单中的 Draw Unobserved。当椭圆画好之后，如图 2－6 所示：

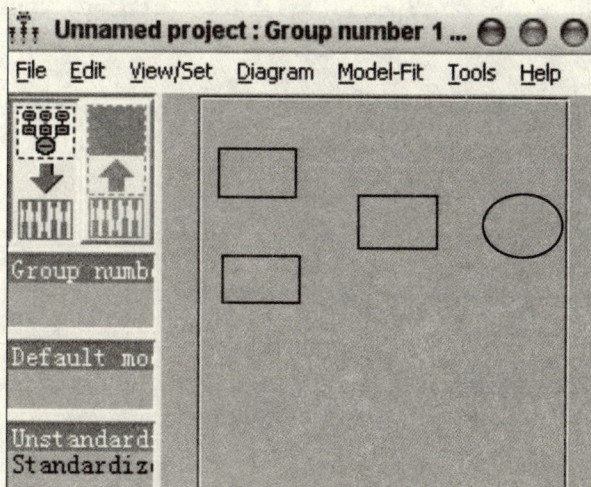

图 2－6　绘制变量

（二）添加变量名

为变量添加变量名时，首先双击路径图中的任何一个变量标志图形。例如，此例中，双击左侧上面的矩形框，指定其代表变量 Education。双击矩形框后将弹出如图 2-7 所示的 Object Properties 对话框（目标属性定义窗口），点击 Text 选项，在 Variable Name 下面的框内填写 Education。

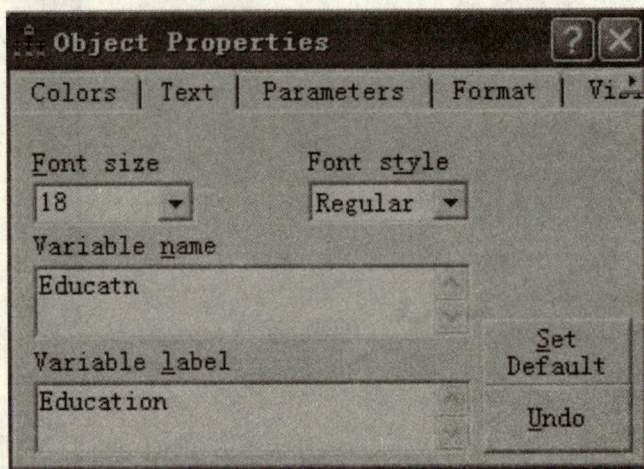

图 2-7　目标属性定义窗口

这时，路径图中的第一个矩形框内就出现了字符 Education，依次点击另外两个矩形框，以同样的方法，可以添加 Income 和 SAT 变量名。

注：如果输入 SPSS 格式的数据文件，那么变量名最多为 8 个字符，所以为路径图添加的变量名为 Educatn，而不是 Education。本例中，输入的是 Excel 格式的数据文件，所以不需要修改变量名。不过，高级版本的 SPSS 已经不再将变更名的长度限制在 8 个字符以内了，所以如果使用高级版本的 SPSS 建立数据文件，就不用考虑这些限制了。

变量名添加完成之后，点击 Object Properties 对话框（目标属性定义窗口）右上角的 X（　）关闭窗口，这时路径模型如图 2-8 所示：

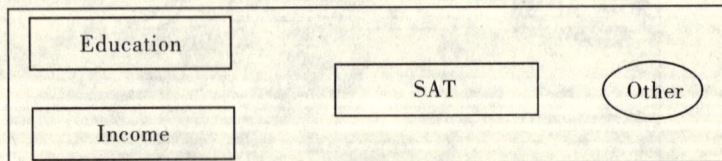

图 2-8　路径模型

（三）绘制箭头

点击工具栏中的 Draw Paths 按钮（ ← ），然后移动鼠标到绘图区，此时鼠标下方呈现此图标（ ← ），表明已经激活此按钮。当指向某一个目标对象时，目标对象的颜色发生变化，按住左键，从表示 Education 变量的矩形框开始拖动鼠标，到表示 SAT 变量的矩形框结束，松开鼠标，这时 Education 变量和 SAT 变量之间就出现了单向箭头。以同样的方法，画出从 Income 指向 SAT 和从 Other 指向 SAT 的单箭头连线。

绘制双向箭头的方法与绘制单向箭头的方法相同，只是选择的工具按钮不同。点击工具栏中的 Draw Covariances 按钮（ ←→ ），然后把鼠标移到表示 Income 变量的矩形框的左边，按住左键，拖动鼠标到表示 Education 变量的矩形框的左边，松开鼠标，两个变量之间就出现了双向箭头。需要注意的是，最好是从下往上画双向箭头，因为双向箭头的弧呈顺时针方向，如果双向箭头的方向错误，也可以调整箭头。后面的章节将介绍如何调整路径图。

路径添加完成之后，模型如图 2-9 所示：

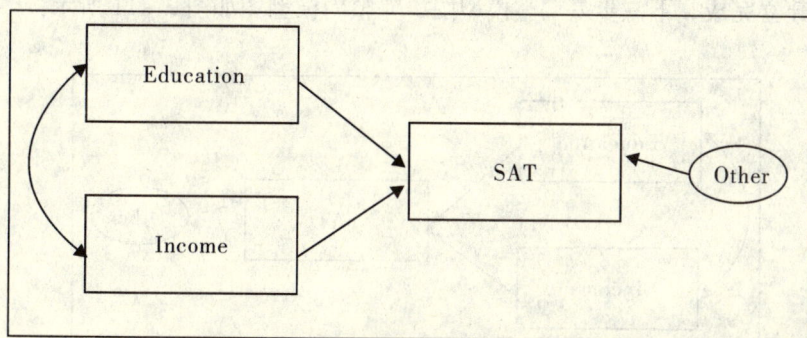

图 2-9　路径添加完成之后的模型

（四）给参数添加限制条件

为了使得 AMOS 可以识别回归模型，需要定义潜在变量 Other 的尺度，可以指定Other的方差或者 Other 到 SAT 的路径系数为固定值（正值）。如果指定路径系数为固定值，可按以下步骤操作：双击 Other 和 SAT 之间的单向箭头，弹出 Object Properties 对话框（目标属性定义窗口），点击 Parameters 选项，Regression Weight 下面的框内键入 "1"，如图 2-10所示：

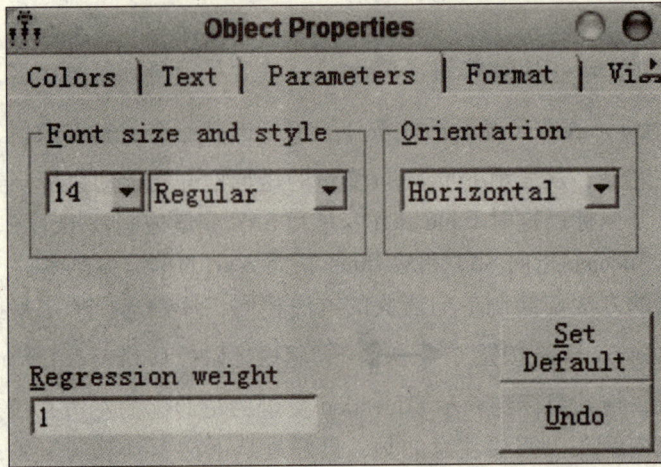

图 2 - 10　目标属性定义窗口

点击 Object Properties 对话框（目标属性定义窗口）右上角的 X（ ），关闭窗口。此时，模型建立完成，下一步是调整模型图。完整的模型图如图 2 - 11 所示：

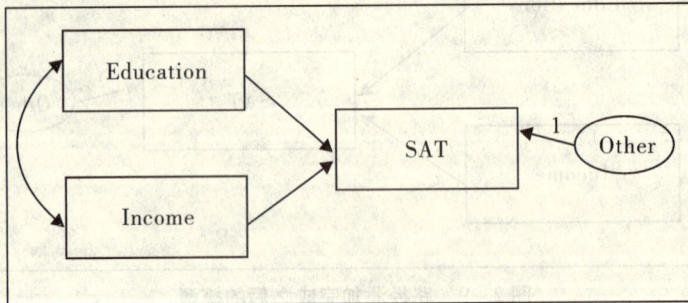

图 2 - 11　完整的模型图

（五）路径图的调整

可以通过移动目标对象或者调整大小和形状来调整路径图，这些调整不会影响路径图的界定。移动目标对象的方法如下：点击工具栏中的 Move 按钮（ ），鼠标下边显示左图的形状，表示此按钮被激活，然后把鼠标指向所要移动的对象，按下左键，拖动鼠标，把对象拖到合适的位置，松开鼠标。Amos Graphics 将会自动调整路径图中的箭头。

改变目标对象的大小和形状的方法如下：点击工具栏中 Change the Shape of Objects 按钮（ ），鼠标的下面出现此形状（ ），表明此按钮被激活，然后把鼠标指向所要调整的对象，按下左键，然后拖动鼠标，把路径图调整到合适的大小之后，再松开左键。

另外，按以上的操作方法，Change the Shape of Objects 可以调整双向箭头的弧的方向。当然，如果在建立模型时出现错误，可以用 Erase，Undo 和 Redo 3 种工具撤销操作。

点击 Erase 按钮（ ），然后单击所要删除的对象，擦除错误的图形。

26

点击 Undo 按钮（🔙），可以撤销最后一步操作，连续点击此按钮，可以撤销前面的操作。

如果想要恢复撤销的内容，可以点击 Redo 按钮（🔜）。

调整路径图的尺寸、形状、位置等时，不管操作如何谨慎，都不会得到完美的路径图。例如，如果要使 Education 和 Income 两个变量的矩形框完全相同，手动调整是很难做到的。AMOS 提供了其他工具，可以通过目标复制、粘贴的方式完成这一任务，这里不作详细介绍。

（六）建立数据文件

在运用 AMOS 分析数据之前，需要先建立 AMOS 能够调用的数据文件。Amos Graphics 支持以多种格式存储的数据，包括 ASCII 数据（以 . txt 为扩展名的文件）、SPSS 数据库（以 . sav 为扩展名的文件）、Excel 数据文件（以 . xls 为扩展名的文件）和 FoxBase 文件（以 . dbf 为扩展名的文件）等。本节所引用例子中的数据是以 Excel 建立的数据文件，数据文件名为 Hamiltoon. xls，存放的路径为 C：\ 开始 \ 所有程序 \ Amos 4.0 \ Tutorial。

（七）为模型指定要调用的数据文件

运行 Amos Graphics 完成上面所介绍的模型建立与设定工作后，接下来的工作是为模型指定要调用的数据文件，这样才能进行参数估计和模型检验等分析工作。在 Amos Graphics 操作窗口上面的命令工具条中（窗口左上角）点击 File 命令，在下拉命令菜单中依次选中 Data Files，这时会弹出如下窗口：

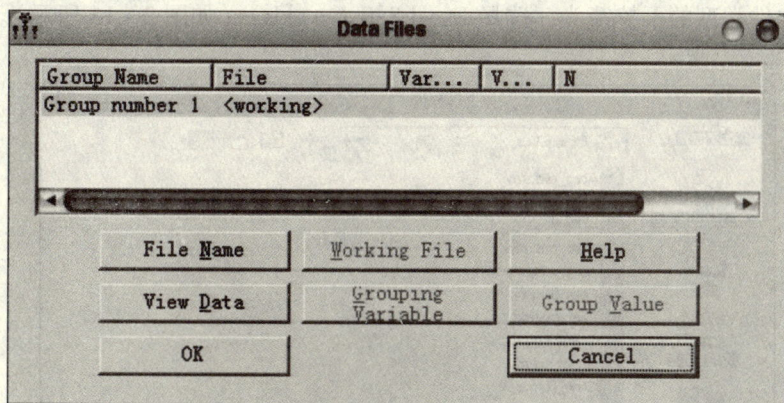

图 2 - 12　Data Files 窗口

点击 File Name 按钮，弹出图 2 - 13 所示的数据文件选择窗口。窗口下面的文件类型右面的框中显示的是 *. sav，即 SPSS 格式的数据文件，所在窗口内显示的全为 SPSS 格式的数据文件：

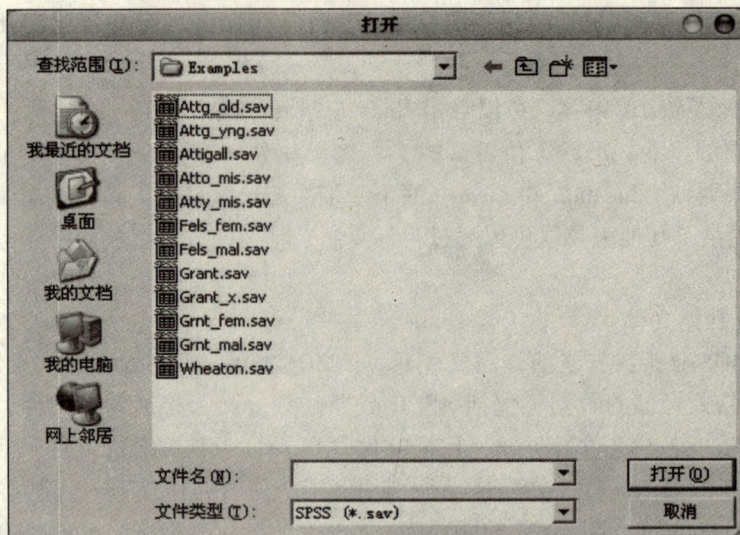

图 2 – 13　SPSS 格式的数据文件

在这里，通过指定文件路径与文件格式类型即可查到要调用的文件名，然后在数据文件窗口中双击要调用的数据文件即完成了数据文件的指定（在本书所附光盘中的 Example 文件下面有两个文件夹，一个是 Tutorial 文件夹，另一个是 Examples 文件夹。本书所用到的所有数据都可以在这两个文件夹中找到）。本例按以下方法操作：

先点击文件类型的下拉箭头，选择 Excel 8.0（ * . xls）（如图 2 – 14 所示）。

图 2 – 14　选择 Excel 格式

　　然后点击查找范围右面方框的下拉箭头，选择 C：\ program files \ amos 4. 0 \ Tutorials 目录，这时所有的 Excel 格式的数据文件全部显示在数据文件显示窗口（如图 2 - 15 所示），用鼠标单击文件 Hamilton. xls，文件名右边的框中就显示出了 Hamilton. xls，表示此数据文件已经被选中。

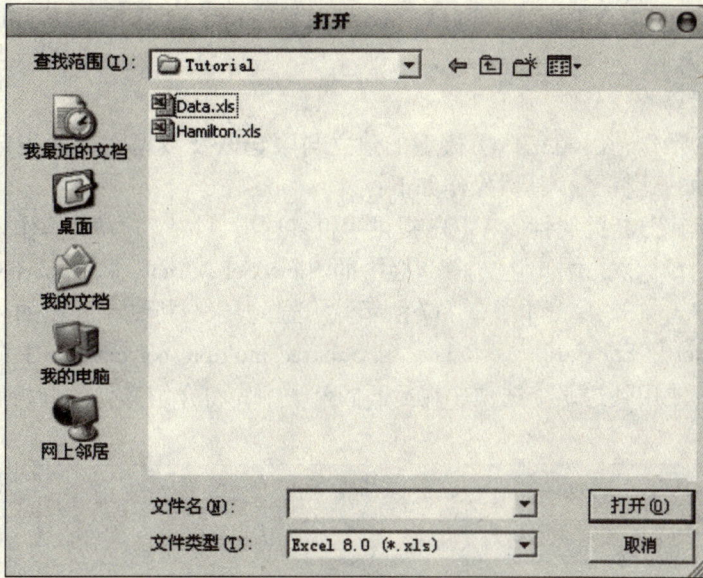

图 2 - 15　Excel 数据格式文件

　　然后，点击右边的打开按钮，将弹出如图 2 - 16 所示的窗口，选定的数据文件将显示在窗口中，再点击窗口左下角的 OK 按钮，为模型指定要调用的数据文件的操作就完成了。

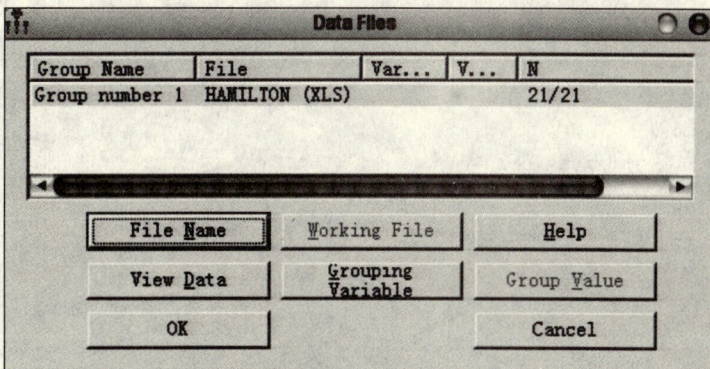

图 2 - 16　Data 文件夹

　　接下来再介绍一下为模型指定 SPSS 格式的数据文件时应该注意的一些问题。为模型指定 SPSS 格式的数据文件操作过程与指定 Excel 格式的数据文件是相同的，只不过是在文件类型模型中选定 SPSS（ * . sav）。另外，对于低版本的 SPSS 来说，SPSS 格式的数据文件中变量名最长为 8 个字符。因此，Hamilton 数据如果是以 SPSS 格式存储，需要把变量名 Education 改为 Educatn，也就是说要将变量名压缩到 8 个字符范围之内。

还需要注意的是，如果 SPSS 数据文件处于打开状态，Amos 4.0 会将当前处于打开状态的 SPSS 数据文件默认为模型将要调用的数据文件。不过，Amos 4.0 可以读取存储其他路径目录中的所有 SPSS 数据，只是按上面所示的程序指定即可。读者可以自己尝试为上面模型指定存储在 C：\ Program files \ Amos 4.0 \ Tutorial 目录下的 Hamilton. sav 文件。

六、执行运算

通过前面的操作，已经完成了模型的建立与限定以及数据文件的指定。接下来就可以命令 AMOS 执行运算了，具体操作如下：

首先定义运算分析的属性。AMOS 提供了很多选项，按以下方式操作，可以定义数据的分析属性：用鼠标点击窗口上方命令栏中的 View/Set→Analysis Properties，弹出如下对话窗口，点击 Output 选项（如图 2 - 17 所示），选择要求分析结果输出的内容。本例选择 Minimization history, Standardize estimates 和 Squared multiple correlations 3 个选项，在数据分析中，一般都要用到这 3 个选项。在后面的例子中，将介绍其他的分析属性。

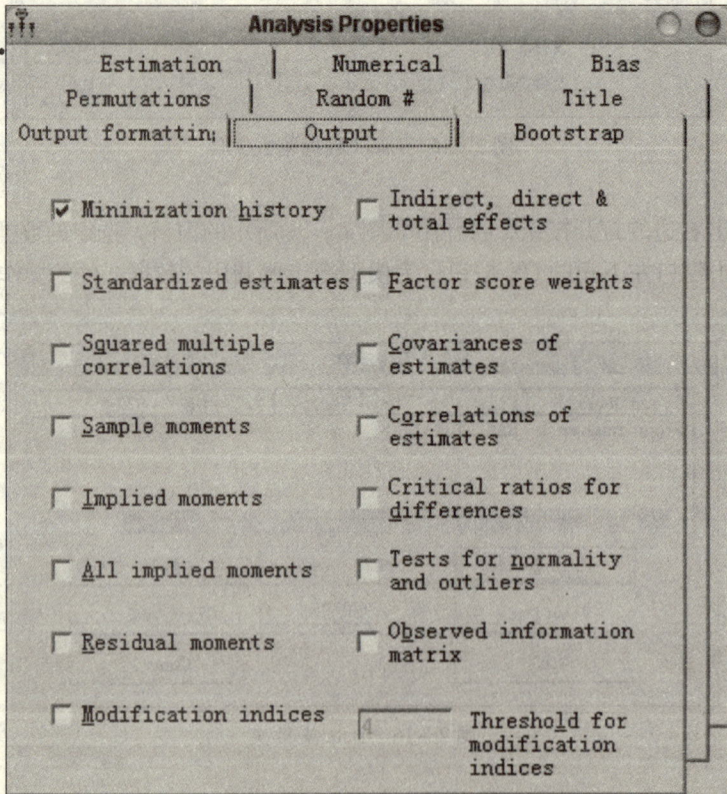

图 2 - 17　分析属性定义窗口

也可以直接点击工具栏中的 Analysis Properties（███）按钮来定义分析属性。点击上面的图标同样可弹出如图 2－17 所示的 Analysis Properties（分析属性定义）窗口。

定义完成后，点击 Analysis Properties 对话框右上角的 X（ ✖ ），关闭窗口。

下一个步骤是运行程序，输出分析结果。点击工具栏中的 Calculate Estimates 按钮（▦▦▦），AMOS 会自动弹出 Save As 对话框保存分析结果，要求为模型文件指定保存路径和文件名称。这里指定将模型保存到 C：\ Program files \ Amos 4.0 \ Tutorial 目录下，文件取名为 Getstart. amw，点击保存按钮，文件保存完成。

图 2－18　文件保存

点击保存按钮后，模型文件自动保存，这时 AMOS 将自动计算模型参数的估计值。在 Amos Graphics 界面的左边窗口，显示 AMOS 的计算过程，如图 2－19 所示的最终的计算结果：

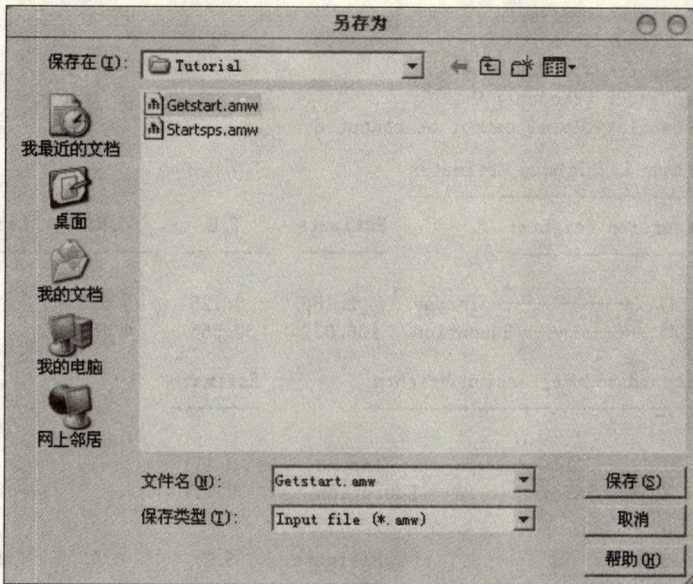

图 2－19　模型参数的计算结果

七、查看分析结果

（一）以文本文件的形式输出分析结果

AMOS 计算参数估计值的程序终止之后，点击窗口左面工具栏中文本文件查看工具图标（▦），或者点击窗口上方命令栏中的 View/Set→Text Output 按钮，即以文本形式呈现分析结果，如图 2-20 所示：

```
Minimum was achieved

Chi-square = 0.000
Degrees of freedom = 0
Probability level cannot be computed

Maximum Likelihood Estimates
--------------------------------
Regression Weights:           Estimate    S.E.      C.R.      Label
----------------------         --------    ------    ------    ------

   SAT <------------- Income    2.156      3.125     0.690
   SAT <----------- Education  136.022    30.555     4.452

Standardized Regression Weights:          Estimate
--------------------------------          --------

             SAT <------------- Income      0.111
             SAT <----------- Education     0.717


Covariances:                  Estimate    S.E.      C.R.      Label
------------                   --------    ------    ------    ------

   Income <------> Education    0.127      0.065     1.952
```

图 2-20   文本形式呈现的分析结果

（二）以电子表格的形式查看输出结果

点击窗口左边工具栏中的表格查看工具（View Spreadsheets）图标（▦），或在窗口上面的命令栏中点击 View/Set→Table Output 按钮，即可看到以电子表格形式显示的分析结果，结果呈现窗口的左面是内容索引目录，如图 2-21 所示：

然后点击 Parameter Estimates，即显示模型中各参数的估计结果，如图 2-22 所示：

从图 2-22 可以看到，窗口上方有一个分析结果小数位数标志（▦ 3 ▾）。这里要求参数的估计结果保留 3 位小数。如果要改变小数位数，可以点击 Table Output 工具栏中的 Increase decimal 或者 Decrease decimal 按钮，或者点击上图右边框侧的下拉箭头选择小数位数，Amos 4.0 允许小数点之后的位数最大是 4 位。

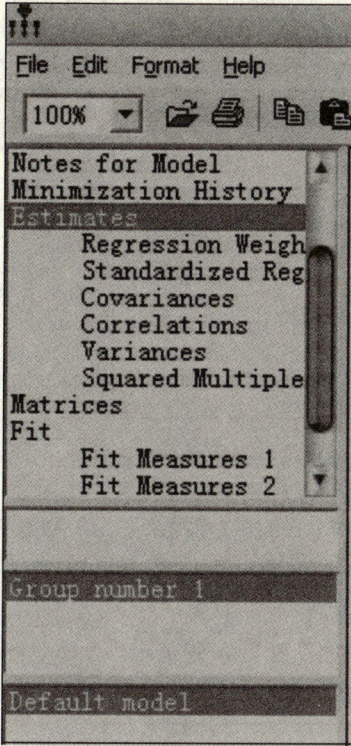

图 2-21　左面窗口的索引目录

图 2-22　显示模型中各参数的估计结果

（三）以路径图形式输出分析结果

图 2-23 中带有朝上箭头的图标为分析结果路径图呈现（View the output path diagram）工具，点击这一按钮，即可以查看以路径图形式输出的分析结果。点击窗口左面的 parameter formats（参数格式）面板中的 Unstandardized estimates 或者 Standardized estimates（如图 2-24 所示），可以查看非标准化参数的估计值或标准化参数的估计值。

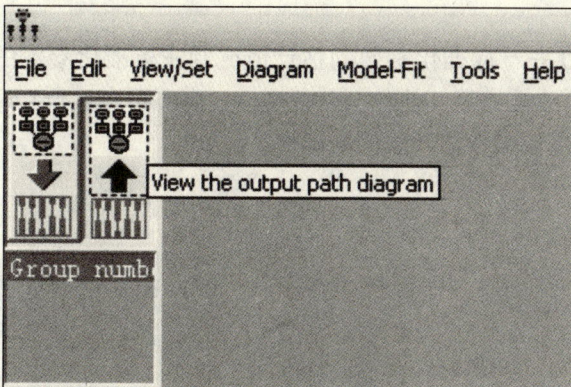

图 2-23　路径图形式显示的分析结果

图 2-24　参数估计值

如果在 Analysis Properties 对话框中的 Output 选项中选择了 Standardized estimates 和 Squared multiple correlation，点击 Standardized estimates 选项之后，输出的路径图如图 2-25 所示：

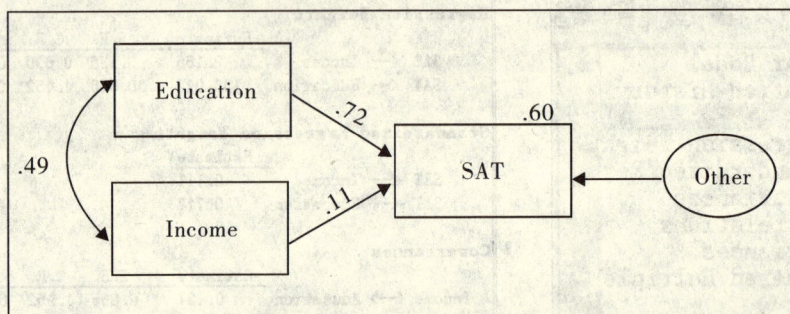

图 2-25　输出后的路径图

在路径图中，0.49 表示 Education 和 Income 两个变量之间的相关系数，0.72 和 0.11 分别表示 Education 对 SAT 和 Income 对 SAT 的回归权重，0.60 是 SAT 与 Eeducation 和 Income 两个变量之间的复相关系数的平方。

如果选择 Unstandardized estimates 选项，输出的路径图如图 2-26 所示：

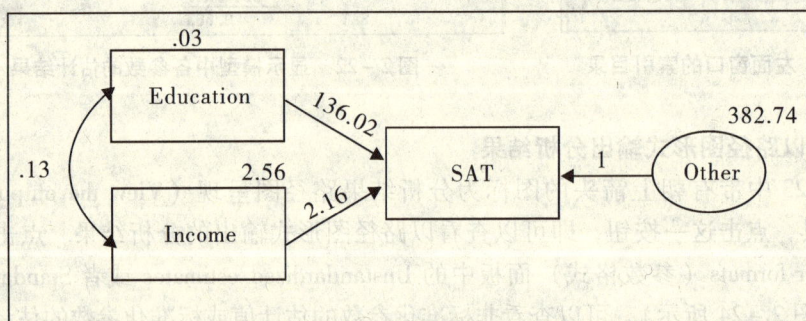

图 2-26　路径图

以路径图形式输出分析结果时，可以查看标准化参数的估计值或者非标准化参数的标准值，需要注意的是，如果改变模型、数据或者其他数据分析属性，需要再次点击 Calculate estimates 按钮，重新运行程序，以保证参数估计值的准确性。

八、路径图的打印

点击窗口左侧工具栏中 Print 按钮（　　），即可打印路径图，Print 的对话框如图 2-27所示：

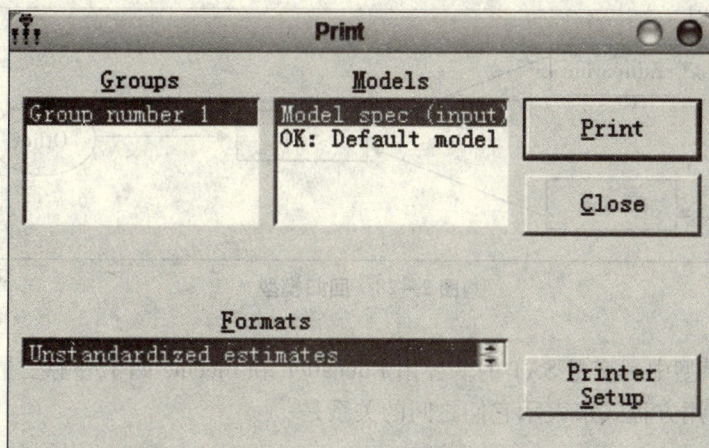

图 2 - 27　Print 对话框

一般来说，保留打印属性的默认设置即可。

第二节　运用 Amos Basic 编写程序

在前面关于 AMOS 的介绍中已经提到，Amos Basic 在建立较为大型的模型以及以批处理命令执行的模型参数估计方面具有更强的功能。当人们更为关注模型的参数估计结果而淡化对模型路径图的关注时，以方程式表达的模型则更为实用，其意义更为清晰，且命令语句的编写也更为便捷。

通过下面的内容，向读者介绍：

（1）Amos Basic 中基本命令的含义。

（2）如何用 Amos Basic 编写回归分析、方差、协方差等参数的估计以及假设检验的程序。

（3）如何对回归分析、方差、协方差的估计结果以及假设检验程序的文本输出结果作出解释。

一、学习用 Amos Basic 编写程序必需的预备知识

（1）熟悉 Windows 系统中有关文本及图形的操作。

（2）熟悉如何在命令菜单中选择相应命令选项。

（3）会使用鼠标。

（4）会使用写字板等文本文件编辑工具编辑普通的文本文件。

在 Amos Basic 中用一系列等式而不是以由箭头连线连结的图形来设定模型。前面曾向读者介绍过一个简单的回归模型（如图 2 - 28 所示），现在再次以这一模型为例，向读者介绍如何用 Amos Basic 编写程序建立模型。

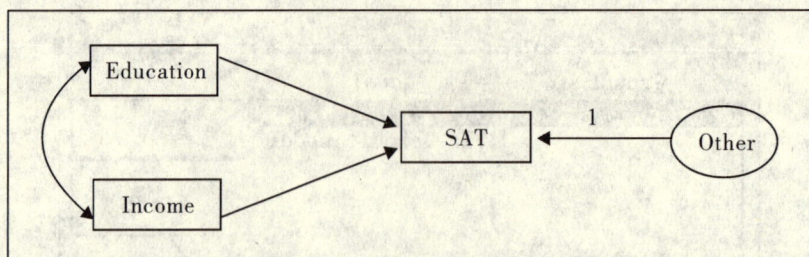

图 2 – 28 回归模型

上面这一模型中，变量 SAT 的变异由 Education 和 Income 两个外源变量和一个特异变量 Other 决定。用方程式来表示它们之间的关系是：

$$SAT = b_1 \times Education + b_2 \times Income + Other$$

二、模型的设定

首先运行 Amos Basic 程序，点击 Start→所有程序→Amos 4.0→Amos Basic，这样Amos Basic 窗口就被打开了，如图 2 – 29 所示：

图 2 – 29 Amos Basic 窗口

在 Amos Basic 窗口中点击 File→New Engine Program，建立新的模型文件。这时，窗口将如图 2 – 30 所示：

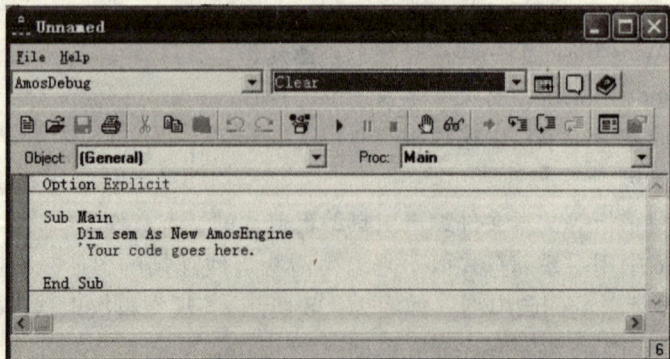

图 2 – 30 新的模型文件

光标指向的位置在 ' Your code goes here. 的下面一行，表示这里是程序代码输入区。需要提醒读者注意的是，带有（'）的语句 ' Your code goes here. 表示的是说明性语句。在 Amos Basic 中，将（'）及其右面的语句视为说明性语句，并显示为绿色。现在可以将' Your code goes here. 删除，在 Dim Sem As New AmosEngine 一行的下面输入程序命令语句。定义前面图形所示模型的程序代码如图 2－31 所示：

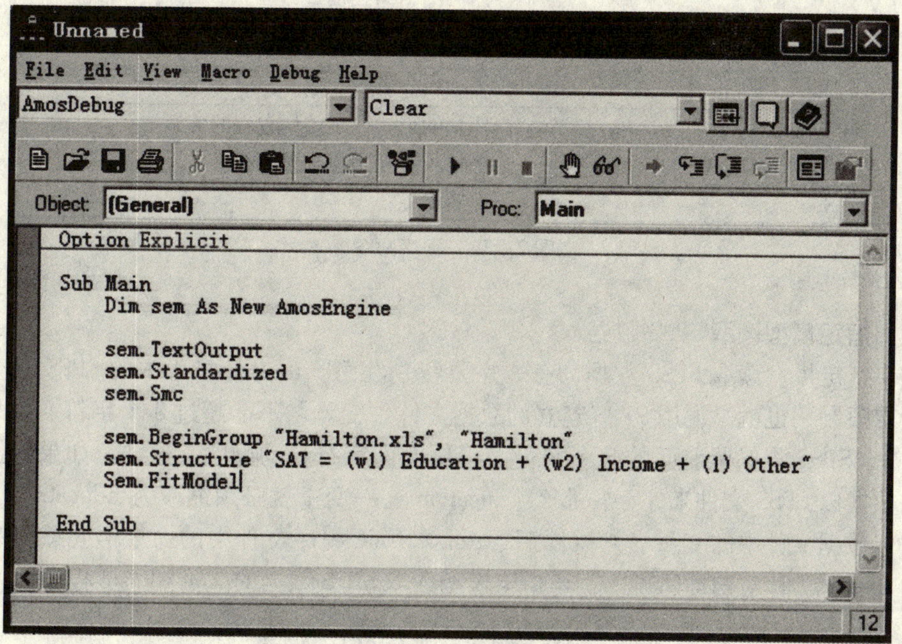

图2－31　程序代码

上面的程序代码虽然看上去还不太像一个模型，但程序中的语句为分析过程规定了所读取的数据、需估计的参数以及分析结果的输出形式和内容。下面对这一程序中各语句的意义及其功能解释如下：

语句 sem. TextOutput 指定以文本文件格式输出分析结果；语句 sem. Standardized 指定输出标准化分析结果；语句 sem. Smc 指定计算因变量 SAT 的多元决定系数；语句 sem. BeginGroup "Hamilton. xls", Hamilton" 表示该模型分析的数据文件为 Excel 文件 "Hamilton. xls" 中名字为 " Hamilton " 的电子工作表中的数据；语句 sem. Structure "SAT ＝（w1） Education ＋（w2） Income ＋（1） Other" 表示模型中各变量之间的回归关系；语句 sem. FitModel 指定模型输出参数估计和模型拟合结果。

上面程序中所使用的程序命令解释如下：

AMOS 命令	解　释
SubMain	开始一个 Amos Basic 程序
Dim Sem As New AmosEngine	用结构方程定义 AmosEngine
Sem. TextOutput	在 view text 窗口以文本文件格式输出分析结果
Sem. Standardized	计算标准化回归权重和变量之间的相关系数
Sem. Smc	计算因变量的多元决定系数
Sem. BeginGroup	为模型指定分析数据
Sem. Structure " "	以等式的形式设定结构方程的关系
Sem. FitModel	参数估计和模型拟合
End Sub	结束模型

图 2 – 32　程序命令

三、指定模型读取 SPSS 数据

如果指定模型读取 SPSS 数据，有一点要特别注意。因为低级版本的 SPSS 对变量名的长度有限制，也就是说用 SPSS 建立的数据文件中变量名不能超过 8 个字符。如果超过 8 个字符，SPSS 将保留前面的 8 个字符而将后面的字符自动删除。这样，如果将上面例子中的数据以 SPSS 文件来保存，那么 Education 这一变量就必须缩减为 Educatn。关键问题是，当数据文件中的变量名缩减以后，Amos Basic 程序文件中的命令语句就要稍作变化。图 2 – 33 为针对前面所说的例子指定模型读取 SPSS 数据的 Amos Basic 程序。

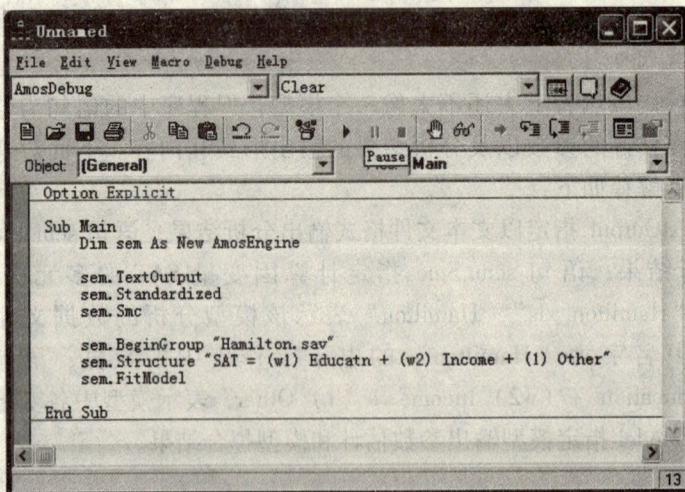

图 2 – 33　Amos Basic 程序

读者也许已经注意到，程序中有两处发生了变化。一处是 sem. BeginGroup 语句，另一处是 sem. Structure 语句。在第一处将" Hamilton. xls" ," Hamilton" 改为" Hamilton. sav"。这是因为用 SPSS 建立的数据文件扩展名为 . sav，而且一个文件也就只有一个数据库，而

一个 Excel 文件中可以包含几个电子工作表，所以在指定程序读取 SPSS 数据文件时，就不必再加 "，"Hamilton"" 了，而且需将扩展名改为 . sav。在第二处将变量名 Education 改成 Educatn，这样 Amos Basic 程序中的变量与指定数据文件中的变量名完全相同，不然在分析过程中就将出现报错信息，提示找不到 Education 变量。

四、运行程序

将图 2 - 33 的程序编制完成并保存后，即可点击窗口上方工具栏中的执行运算工具图标（　▶　）运行程序。这时，系统会弹出一个如图 2 - 34 所示的窗口，窗口中显示程序执行的有关信息。

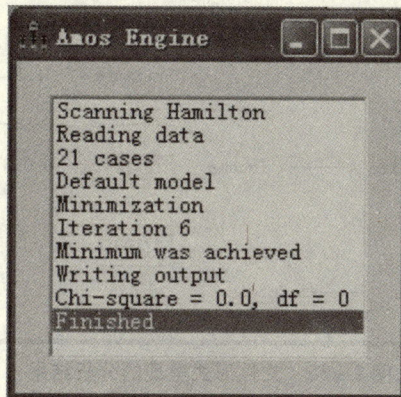

图 2 - 34　运行程序窗口

程序运行结束后，即弹出如图 2 - 35 所示的分析结果呈现窗口。

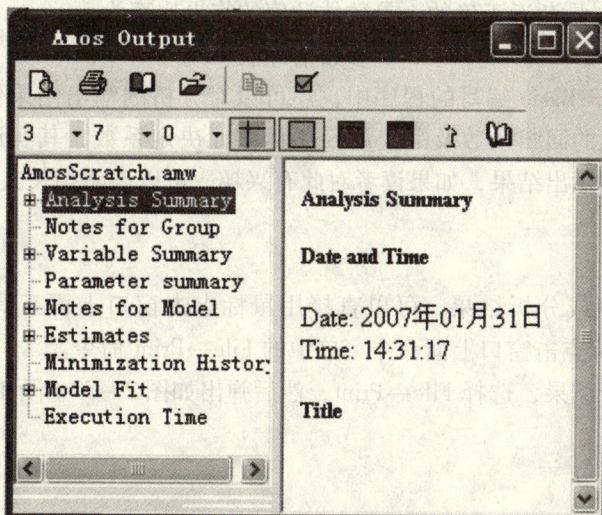

图 2 - 35　分析结果窗口

本例中，指定程序以文本文件的形式呈现分析结果，所以其结果如图 2 - 36 所示：

```
File  Format  Help

Regression Weights:                    Estimate      S.E.       C.R.
_____                    _____     _____     _____

        SAT <----------- Education     136.022      30.555     4.452

        SAT <----------- Income          2.156       3.125     0.690

Standardized Regression Weights:       Estimate
_____       _____

        SAT <---------- Education        0.717
        SAT <---------- Income           0.111
Covariances:                           Estimate      S.E.       C.R.
_____                           _____     _____     _____

        Education <------> Income        0.127       0.065     1.952


Correlations:                          Estimate
_____                          _____
        Education <------> Income        0.485
```

图 2 - 36 文件形式呈现的分析结果

实际应用中，用 Amos Graphics 建立的模型分析结果和用 Amos Basic 编写程序建立的模型所得的分析结果之间会有细微的差异。这是因为在 Amos Graphic 中使用的计算方法为极大似然估计法，而 Amos Basic 中使用的方法为标准最小二乘法。此外，AMOS 计算得到的标准误（$S.E.$）是渐近正确的，参数估计值的临界比率为：

$$C.R. = 参数估计值/S.E.$$

另外，在用 Amos Basic 编写的程序中，还可以对分析的输出结果做更多选择。本例中只要求输出标准化的回归系数及因变量 SAT 的多元决定系数，其实还可以通过增加命令语句来选择更多的输出结果，如果读者对此有兴趣。可以参阅相关文献。

五、打印功能

如果要打印程序或分析结果，可以直接用鼠标点击窗口上面工具栏中的打印图标（🖶），也可以用鼠标点击窗口上面命令菜单中的 File→Print 命令。

如果要打印分析结果，选择 File→Print，然后弹出如图 2 - 37 所示的打印选项窗口：

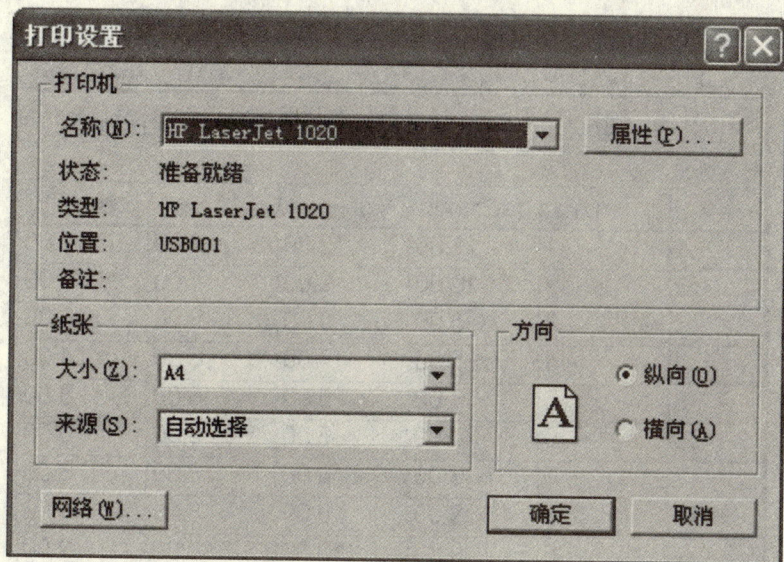

图 2 – 37　打印选项窗口

可以根据实际需求对打印设置做适当调整，然后点击确定按钮，即可打印。

六、复制功能

Amos Basic 提供了便利的拷贝功能，用户可以将编制的程序命令、文本形式或表格形式的分析结果轻松自如地拷贝到诸如 Microsoft Word 等多种文档编辑软件中作进一步编辑处理。拷贝操作特别简单，只要选中要复制的内容，然后按组合键 Ctrl + C 就可把要拷贝的内容复制到剪贴板上，然后将光标移到要粘贴的位置再次按组合键 Ctrl + V 即可将要拷贝的内容粘贴过来。

如果要拷贝编写的程序命令，先将要拷贝的内容选中，然后点击窗口上面命令菜单中的 Edit→Copy 命令，运用粘贴命令或组合键 Ctrl + V 将要复制的内容粘贴到目标位置上。

七、Amos Basic 常用命令及分析结果解释

前面已经说过，Amos 是做结构方程分析的专用软件。但除 SEM 分析之处，它还有其他的一些统计分析功能，如回归分析，均数差异检验，方差、协方差估计，协方差分析等。下面再通过一个例子对 Amos Basic 的常用命令及分析结果的解释作进一步介绍。

（一）方差、协方差估计

有一项研究调查了 30 位同学的高中成绩、联考成绩、情绪困扰与学业成就，探讨 4 个变量之间是否存在相关关系。图 2 – 38 为研究的结果数据。

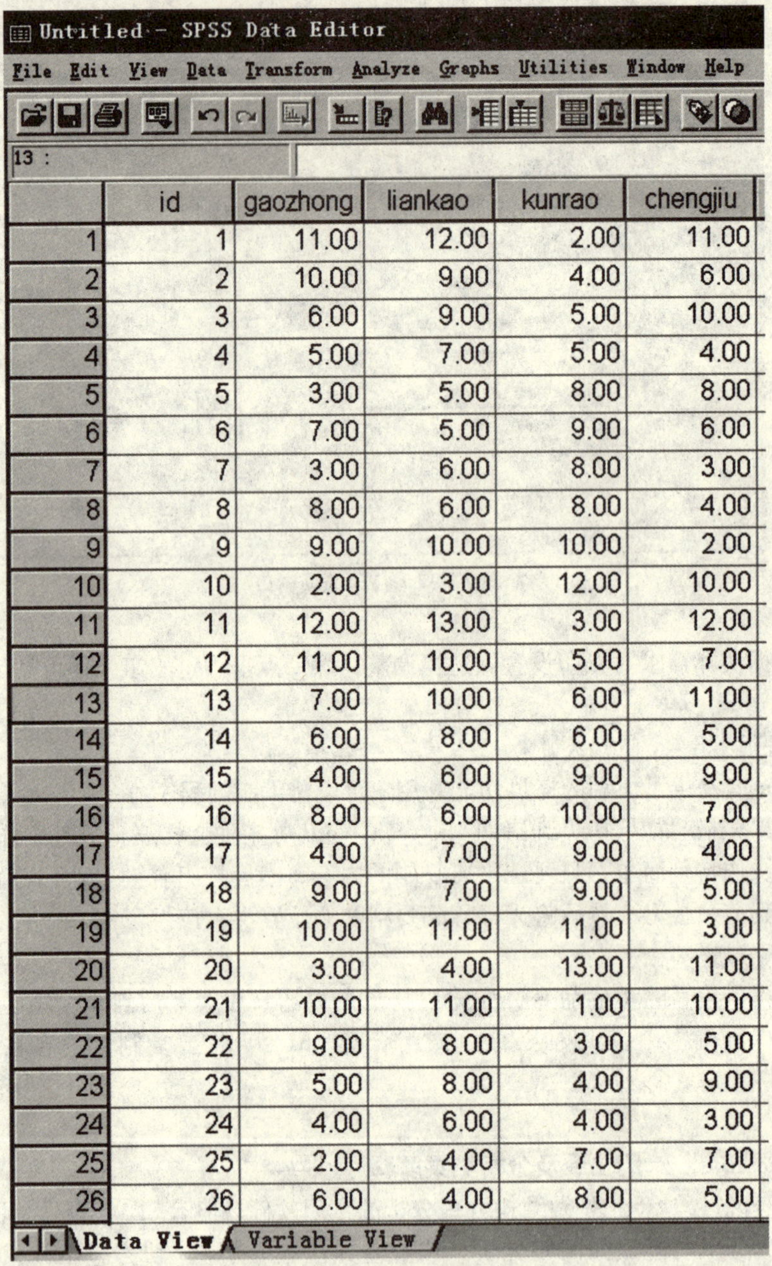

	id	gaozhong	liankao	kunrao	chengjiu
1	1	11.00	12.00	2.00	11.00
2	2	10.00	9.00	4.00	6.00
3	3	6.00	9.00	5.00	10.00
4	4	5.00	7.00	5.00	4.00
5	5	3.00	5.00	8.00	8.00
6	6	7.00	5.00	9.00	6.00
7	7	3.00	6.00	8.00	3.00
8	8	8.00	6.00	8.00	4.00
9	9	9.00	10.00	10.00	2.00
10	10	2.00	3.00	12.00	10.00
11	11	12.00	13.00	3.00	12.00
12	12	11.00	10.00	5.00	7.00
13	13	7.00	10.00	6.00	11.00
14	14	6.00	8.00	6.00	5.00
15	15	4.00	6.00	9.00	9.00
16	16	8.00	6.00	10.00	7.00
17	17	4.00	7.00	9.00	4.00
18	18	9.00	7.00	9.00	5.00
19	19	10.00	11.00	11.00	3.00
20	20	3.00	4.00	13.00	11.00
21	21	10.00	11.00	1.00	10.00
22	22	9.00	8.00	3.00	5.00
23	23	5.00	8.00	4.00	9.00
24	24	4.00	6.00	4.00	3.00
25	25	2.00	4.00	7.00	7.00
26	26	6.00	4.00	8.00	5.00

图 2－38　SPSS 中的 4 个变量

首先编写 Amos Basic 程序命令，对 4 个变量的方差和两两之间的协方差进行估计。Amos Basic 程序命令如图 2－39 所示：

```
Option Explicit

'Example 1
'Estimating variances and covariances
'
'Zhao Shouying's study
Sub Main ()
    Dim sem As New AmosEngine

    sem.TableOutput

sem.BeginGroup "ex1.sav"
    sem.Structure "gaozhong"
    sem.Structure "liankao"
    sem.Structure "kunrao"
    sem.Structure "chengjiu"

End Sub
```

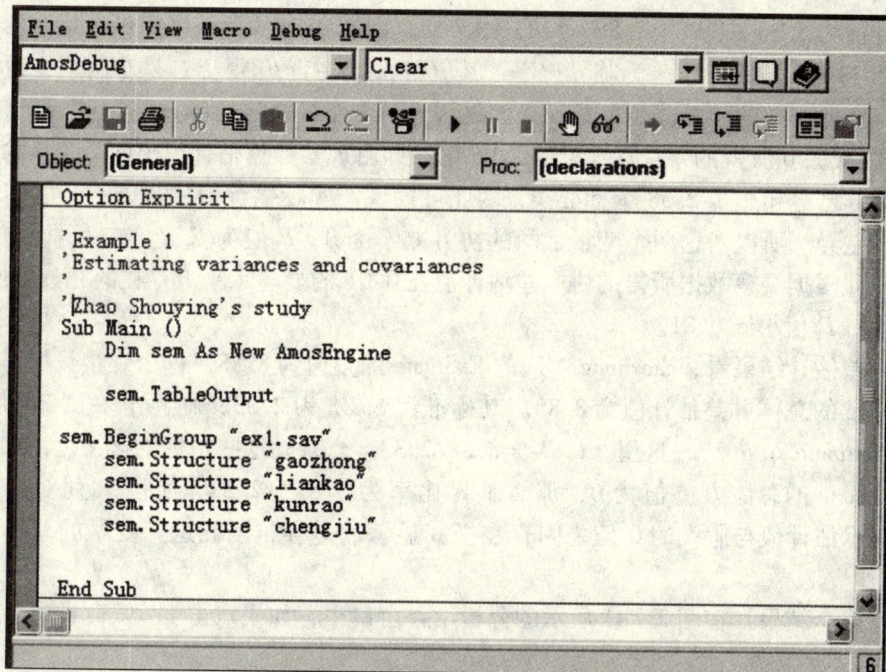

图 2－39　Amos Basic 程序命令

这是一个进行方差、协方差估计的小程序，4 个 sem. Structure 命令语句分别指定对 4 个变量的方差进行估计。在 AMOS 中，只有限定了 Structure 的变量才作为自由参数也就是统计分析中的变量，未限定的变量 AMOS 将不予分析。另外，如果不作特殊限定，Amos Basic 默认对所有变量的协方差作出估计。运行上面的程序，可得出如下结果：

Covariances

	Estimate	S.E.	C.R.	P	Label
gaozhong <--> liankao	5.33	1.80	2.95	0.00	
gaozhong <--> kunrao	-3.11	1.73	-1.80	0.07	
liankao <--> kunrao	-4.58	1.72	-2.66	0.01	
gaozhong <--> chengjiu	1.09	1.75	0.62	0.54	
liankao <--> chengjiu	1.19	1.61	0.74	0.46	
kunrao <--> chengjiu	-1.86	1.76	-1.06	0.29	

Variances

	Estimate	S.E.	C.R.	P	Label
gaozhong	8.88	2.33	3.81	0.00	
liankao	7.43	1.95	3.81	0.00	
kunrao	8.73	2.29	3.81	0.00	
chengjiu	9.91	2.60	3.81	0.00	

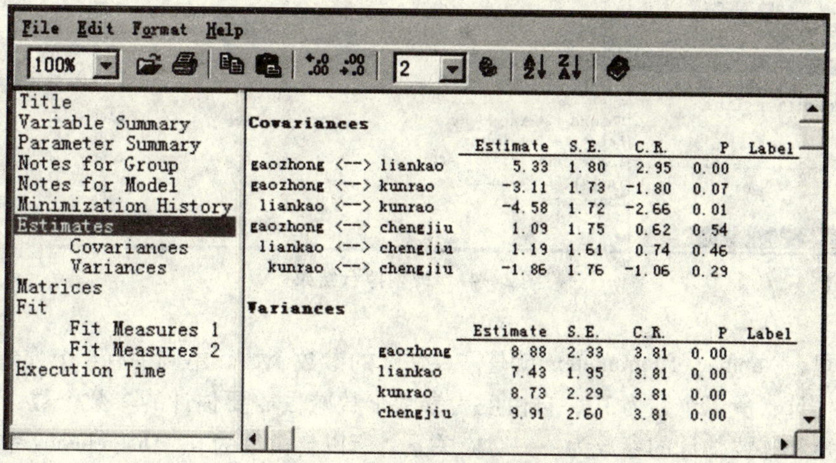

图 2－40　程序估计结果

图 2－40 中，gaozhong < － － > liankao 一列所对应的 Estimate 是两个观察变量之间的协方差，*S. E.* 为协方差估计值的标准误。根据正态分布规律得知，总体参数的协方差的

区间估计值为5.33±1.96×1.80=5.33±3.528。即在95%的置信区间里，总体参数的协方差为5.33±3.528。*C. R.* 为临界比率，其值由5.33÷1.80得出，是对两个变量之间是否真正存在协方差的检验。也就是说，如果认为两个变量之间的协方差为0，那么实际估计值5.33减去0所得的差是标准误的2.95倍，即由观察数据估计得出两个变量的协方差与0的差异已经超过了2.58个标准误，因此可以说，实际估计值协方差与0之间存在极其显著的差异。所以，这两个变量之间的协方差不为0，*P* 值为 *C. R.* 在双尾检验中的区间范围。即根据观察数据所得的协方差估计值在0.01的显著水平上存在的充分条件 *C. R.* 大于2.58，*P* 值小于0.01。

从方差估计结果看，gaozhong对应的Estimate的数值为8.88，即由观察数据得出的变量gaozhong的总体方差估计值为8.88。其标准误 *S. E.* 为2.33，临界比率 *C. R.* 为3.81。*C. R.* =Estimate/*S. E.*，在这里，*C. R.* =8.88/2.33=3.81。这些指标的含义是，如果假设变量gaozhong的总体方差值为0，那么临界比率为3.81>2.58，所以 *P* 列对应的格为0.00，表示估计值与假设的0值之间存在极其显著的差异，因此这一变量的总体方差不为0。

模型拟合结果：在图2-41所示的分析结果窗口中，如果点击Fit Measure，就会看到如下结果：

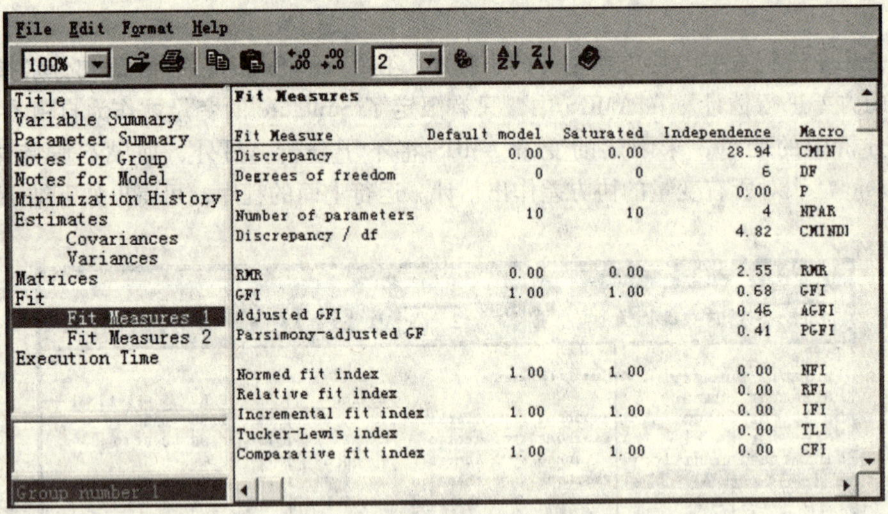

Fit Measure	Default model	Saturated	Independence	Macro
Discrepancy	0.00	0.00	28.94	CMIN
Degrees of freedom	0	0	6	DF
P			0.00	P
Number of parameters	10	10	4	NPAR
Discrepancy / df			4.82	CMINDI
RMR	0.00	0.00	2.55	RMR
GFI	1.00	1.00	0.68	GFI
Adjusted GFI			0.46	AGFI
Parsimony-adjusted GF			0.41	PGFI
Normed fit index	1.00	1.00	0.00	NFI
Relative fit index			0.00	RFI
Incremental fit index	1.00	1.00	0.00	IFI
Tucker-Lewis index			0.00	TLI
Comparative fit index	1.00	1.00	0.00	CFI

图2-41 模型拟合结果

在这里，Number of Parameters就是需要估计的参数个数。本例中有4个方差和6个协方差需要估计，所以个数为10，自由度为参数个数减去需要估计的参数个数，观察数据所提供的矩和需要估计的参数为一一对应关系，所以自由度为0。Discrepancy中显示的是各种残差值。例如，Default Model所对应的一列的Discrepancy的值为0，也就是说，模型矩与样本矩的差异为0，因为没有作任何假设，所以参数的估计值与样本矩完全相同。Independence一列所对应的Discrepancy的值为28.94，意味着独立模型（即各变量之间的协方差均为0）与之前所设定的模型之间的残差值为28.94。在本例中，自由度为0，卡方值也为 0，这表示在设计模型的时候没有设计任何零检验。如果设计了零假设，卡方值将显示数据与假设的差异程度。

（二）假设检验

为了对 Amos Basic 的基本问题加深了解，这里再举一个假设检验的简单例子。在上面所举的例子中，4 个变量之间的协方差都存在，也就是说将这些协方差都作为待估参数来对待。下面还是用这一例子，只是增加一个假设，即假设变量 gaozhong 和 chengjiu 具有相同的方差，chengjiu 与 kunrao 之间不相关，也就是其协方差为 0，然后对这一假设进行检验。

用 Amos Basic 编写的程序命令如图 2－42 所示：

```
File  Edit  View  Macro  Debug  Help

AmosDebug              ▼  Clear              ▼

Object: (General)          ▼    Proc: (declarations)  ▼

Option Explicit

'Example 2
'Testing hypothesis
'
'Zhao Shouying's study
Sub Main ()
    Dim sem As New AmosEngine

    sem.TextOutput

Sem.Standardized
Sem.ImpliedMoments
Sem.SampleMoments
Sem.ResidualMoments

sem.BeginGroup "ex1.sav"
    sem.Structure "gaozhong (v_Gao)"
    sem.Structure "liankao"
    sem.Structure "kunrao"
    sem.Structure "chengjiu (v_Gao)"
    Sem.Structure "chengjiu<>kunrao (0)"

End Sub
```

图 2－42　Amos Baoic 编写的程序命令

从图 2－42 中可以看出，有两个结构语句带有相同的（v_Gao），这表示假设这两个变量的方差相同。另外，有一个结构语句后面带有（0），意味着将这一参数估计值设为 0。从这里可以知道，结构语句中括号内的内容为假设内容。

运行程序后得出的结果与前面所举的例子相比将有一些变化。首先应该是待估参数的数目以及自由度的变化。在前面的例子中，将4个变量的方差以及彼此之间的协方差都作为待估参数，所以待估参数为10个，而样本矩的数目也是10个，所以自由度为0。本例中，将 gaozhong 和 chengjiu 两个变量的方差设为相同，所以只估计其中一个也就知道了另外一个，这就使得待估参数减少了一个。另外，将 chengjiu 与 kunrao 之间的协方差限定为0，那么这一参数就不用估计了，这使得待估参数又减少了一个。这样待估参数就只剩下8个，而样本矩的数目为10（4个方差加6个协方差），所以本例的自由度应该为2。

另外需要提醒读者注意的是，从图2-42可以看出，程序中多了如下语句：

Sem. Standardized

Sem. ImpliedMoments

Sem. SampleMoments

Sem. ResidualMoments

这些语句要求分析结果中包含标准化估计值、引申矩估计值（即根据设置的模型所得出的参数估计结果）、样本矩（即依据指定的数据所得出的矩）、残差（即引申矩与样本矩之间的差异）。

运行程序后所得的自由度显示结果如下：

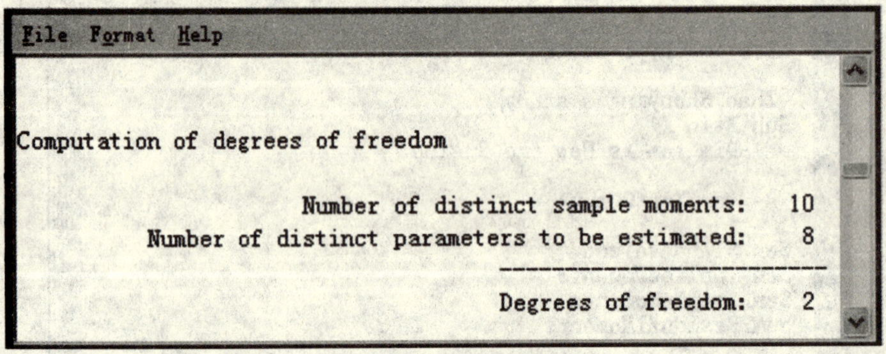

```
File Format Help


Computation of degrees of freedom


                Number of distinct sample moments:     10
        Number of distinct parameters to be estimated:  8
                ------------------------------
                Degrees of freedom:                     2
```

图2-43   自由度显示结果

在分析结果中还包含样本的协方差以及相关系数，如图2-44所示：

```
File Format Help
Sample Covariances
          chengjiu kunrao   liankao  gaozhong
          _____ _____ _____ _____
chengjiu   9.907
kunrao    -1.860    8.729
liankao    1.187   -4.580    7.427
gaozhong   1.087   -3.113    5.327    8.877

Eigenvalues of Sample Covariances

  2.267e+000   5.609e+000   9.308e+000   1.775e+001

Condition number of Sample Covariances = 7.832399e+000

Sample Correlations
          chengjiu kunrao   liankao  gaozhong
          _____ _____ _____ _____
chengjiu   1.000
kunrao    -0.200    1.000
liankao    0.138   -0.569    1.000
gaozhong   0.116   -0.354    0.656    1.000
```

图 2-44　样本的协方差及相关系数的分析结果

　　本例的程序命令中包含了一个 Sem. Standardized 语句，即要求输出标准化的分析结果。因此，上图中包含了相关系数，因为以标准分数估计的协方差就是相关系数。

　　图 2-45 为设定模型的协方差即引申模型（Implied Moment）的协方差，这一结果是根据观察数据运用极大似然估计法得出的。

```
File Format Help
Implied Covariances
          chengjiu kunrao   liankao  gaozhong
          _____ _____ _____ _____
chengjiu   9.362
kunrao     0.000    8.793
liankao    0.201   -4.652    7.579
gaozhong   0.402   -3.221    5.595    9.362

Implied Correlations
          chengjiu kunrao   liankao  gaozhong
          _____ _____ _____ _____
chengjiu   1.000
kunrao     0.000    1.000
liankao    0.024   -0.570    1.000
gaozhong   0.043   -0.355    0.664    1.000
```

图 2-45　设定模型的协方差

从图 2 - 45 可以看出，由于在模型中假设 chengjiu 与 gaozhong 两个变量的方差相同，所以二者的方差均为 9.362。图 2 - 45 中对角线上的数据为方差，其他为协方差。

模型中有 Sem. ResidualMoments 语句，所以分析结果中包含残差结果。也就是所设定的模型的参数估计值与样本矩之间的差异。本例分析得出的残差结果如图 2 - 46 所示：

```
File  Format  Help

Residual Covariances

            chengjiu kunrao   liankao  gaozhong
          --------  --------  --------  --------
chengjiu    0.544
kunrao     -1.860    -0.065
liankao     0.986     0.072    -0.152
gaozhong    0.684     0.107    -0.268    -0.486


Standardized Residual Covariances

            chengjiu kunrao   liankao  gaozhong
          --------  --------  --------  --------
chengjiu    0.221
kunrao     -1.104    -0.028
liankao     0.630     0.041    -0.076
gaozhong    0.393     0.060    -0.143    -0.198
```

图 2 - 46 残差结果

在假设条件成立的情况下，样本矩和模型的引申矩都是对总体参数的最大似然估计，这二者之间的差异（即残差）应该是很小的。另外，在假设条件成立的情况下，模型引申矩对总体矩的估计具有更小的标准误，因而是最优估计。对这个含有假设的模型来说，当 gaozhong 和 chengjiu 的方差相等，chengjiu 与 kunrao 之间不相关（协方差为 0）成立时，也就是说在总体参数的估计结果中这些参数确实是相等的，这一模型才是具有真实意义的模型。

模型拟合检验结果如下：

```
File  Format  Help

Chi-square = 1.282
Degrees of freedom = 2
Probability level = 0.527
```

图 2 - 47 模型拟合检验结果

卡方检验是从整个模型的角度对模型引申矩与样本矩之间差异的检验，卡方值越大，说明模型参数（即模型引申矩）与样本矩差异越大，也就越背离零假设。这个卡方检验的结果说明卡方值大于或等于 1.282 的可能性为 0.527。所以，这个模型结果没有足够的理由推翻零假设，也就是说所设定的假设是成立的。

八、Amos Basic 与 Amos Graphics 的区别

Amos Basic 与 Amos Graphics 分别有各自的优点，它们可以达到相同的目的。Amos Graphics 所见即所得，即建立的模型直观易懂，但也有一些不足之处，建立大型、复杂的模型时其功能稍显不足。运用 Amos Basic 编写命令程序必须要熟记命令关键字以及相应的程序格式。但在建立复杂、大型模型时则更为灵活方便。值得一提的是，二者之间存在一些细微的差异，用户必须清楚。例如，在用 Amos Graphics 建立模型时，如果外源变量与外源潜在变量之间没有双箭头的连线，表明这两个变量之间不存在相关；而对于 Amos Basic 来说，如果不对两个外源变量与外源潜在变量之间有没有相关作特别说明，那么即默认为相关存在。这些缺省设置使得运用 Amos Basic 建立模型更为简单、便利，但如果用户对这些缺省设置重视不够，就会使计算结果差异很大。

对于 Amos Basic 来说，需要读者特别注意的缺省设置包括以下 3 个部分：

（1）外源变量（观察变量或潜在变量）之间相关。例如，在第一章所举的方差、协方差估计的例子中，没有对变量之间的协方差作特别说明，也就是默认了这些变量之间存在相关。但如果使用 Amos Graphics 建立模型，就必须在这些变量之间画上双箭头的连线。

（2）特异因子（误差或残差）之间不相关，并且与其他的外源变量之间也不相关。

（3）所有可观察的外源变量与非特异因子之间相关。

第三节　运用 Visual Basic 编写 AMOS 程序

Amos 4.0 可以作为其他编程软件的组件。如果用户熟悉其他编程软件，如 Visual Basic、C++、SPSS 的脚本编写工具、SAS、DEC Visual FORTRAN、Borland Delphi 等，可以直接用这些编程软件调用 Amos Engine 编写 AMOS 命令程序。这样，用户编写 AMOS 程序就变得更为容易，而不用再将 Amos Basic 作为一门特殊的编程语言来学习，运用已经熟悉的编程语言即可编写 AMOS 程序。

下面以具体例子向读者介绍如何使用 Visual Basic 6.0 编写 AMOS 程序。用其他编程软件编写的 AMOS 程序既可完成单一分析，也可完成多项 AMOS 分析任务，还可以包含以下命令语句：

（1）对模型作出说明。

（2）指定数据文件的存放位置。

（3）选项，如选择不同的残差计算函数，Bootstrap 置信区间等。

在学习本节内容时，读者须在自己的计算机上安装 Visual Basic 6.0。

一、创建 Visual Basic 工程

运行 Visual Basic 程序，可以看到如图 2-48 的窗口：

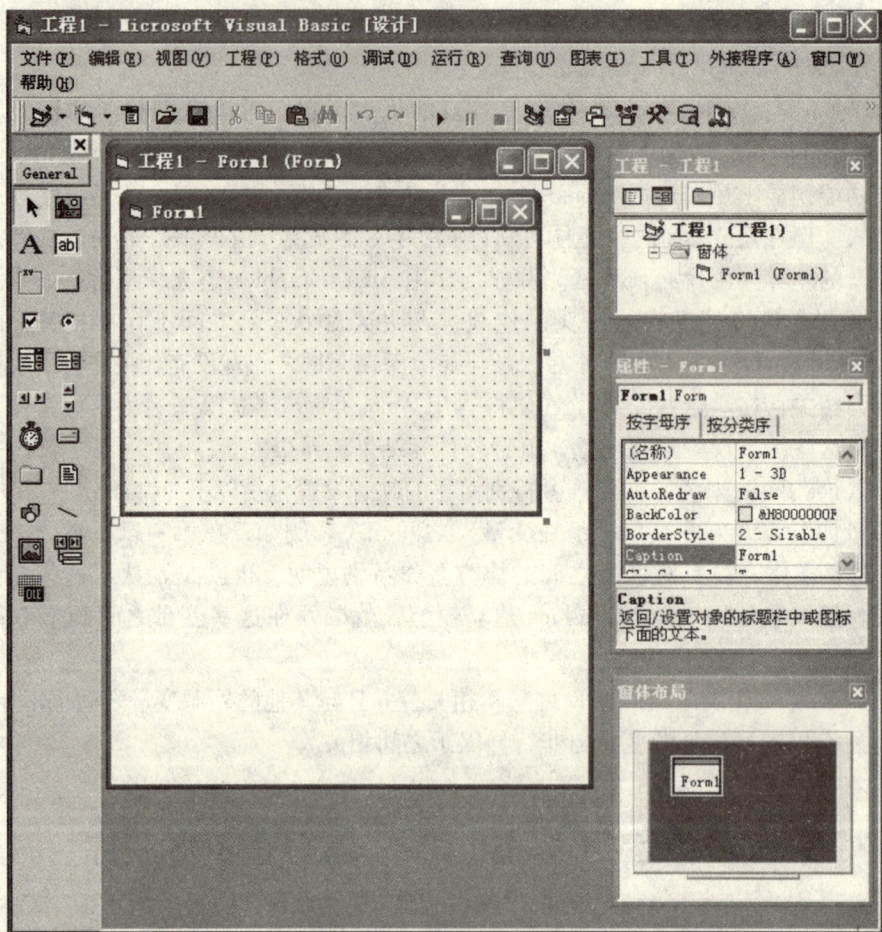

图 2-48　Visual Basic 程序窗口

二、关闭 Form1

在图 2-48 这一窗口中，先关闭 Form1。用鼠标点击窗口上面工具栏中的工程，在下拉菜单中选择"移除 Form1（R）"命令，如图 2-49 所示：

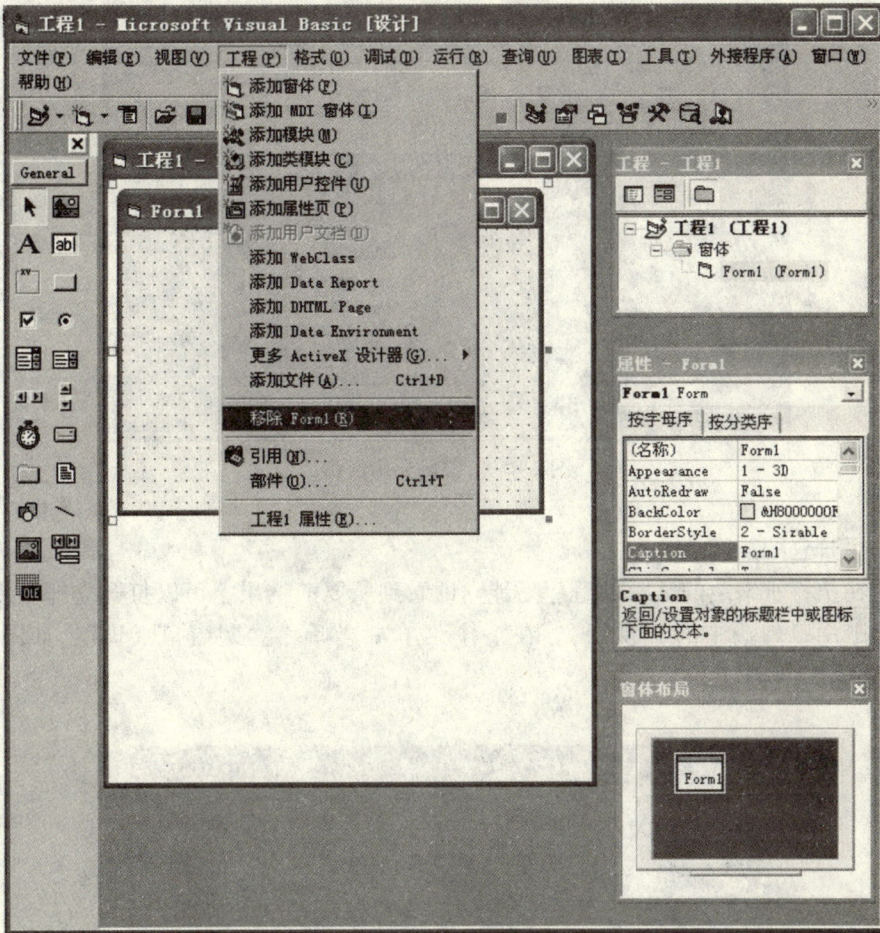

图 2-49　移除 Form1 窗口

三、关闭无用窗口

另外，在窗口中有很多工具窗口都用不到，可以将其关闭。在上图中可以看到弹出窗口中包括工程资源管理器（工程-工程1）、属性窗口（属性-Form1）、工具箱（General）以及窗体布局窗口，点击这些窗口右上角的 [X]，将其关闭。这时窗口如图 2-50 所示：

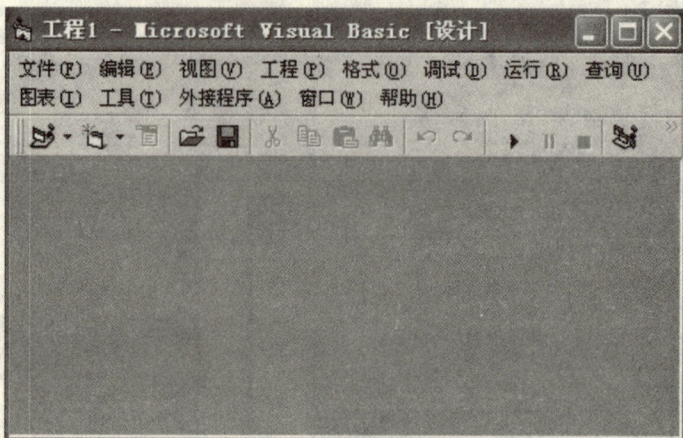

图 2 - 50　关闭无用窗口

四、打开立即窗口

为了在执行所编制的 AMOS 程序后能立即看到所要的结果，可以打开立即呈现窗口。点击窗口上面工具栏中的"视图"，在下拉菜单中选择"立即窗口（I）"，如图 2 - 51 所示：

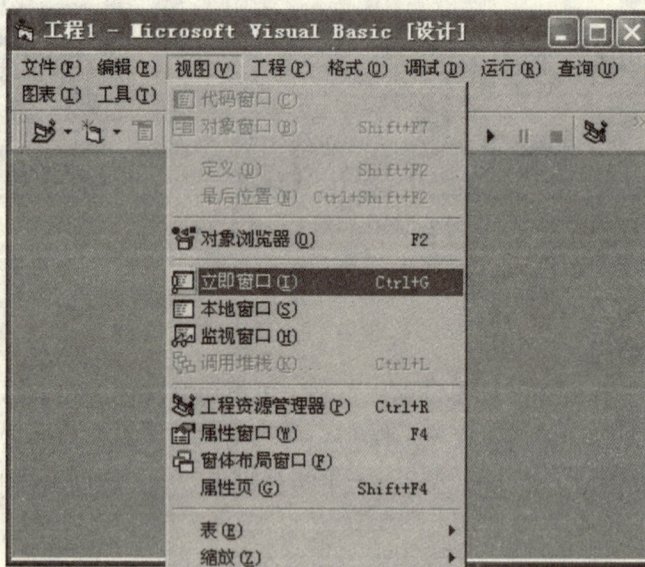

图 2 - 51　视图下的立即窗口

当打开立即窗口后，可以看到在主窗口的下方多了一个小窗口，如图 2 - 52 所示：

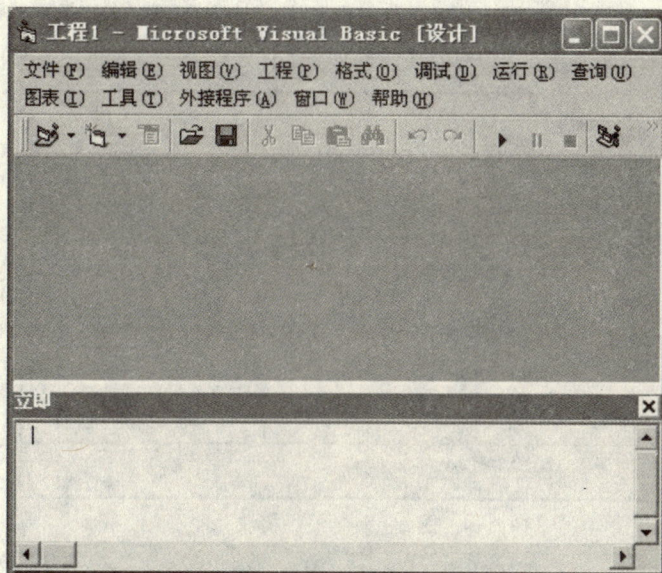

图 2 – 52　立即窗口

五、打开程序编写器

点击窗口上面工具栏中的"工程",在下拉菜单中选择"添加模块(M)",打开一个程序编写窗口,如图 2 – 53 所示:

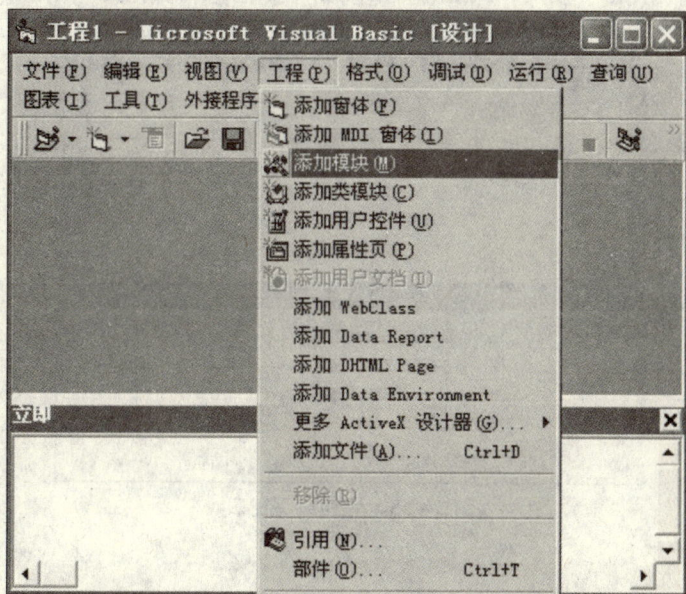

图 2 – 53　工程下的添加模块

点击添加模块命令后,将弹出另外一个如图 2 – 54 所示的窗口:

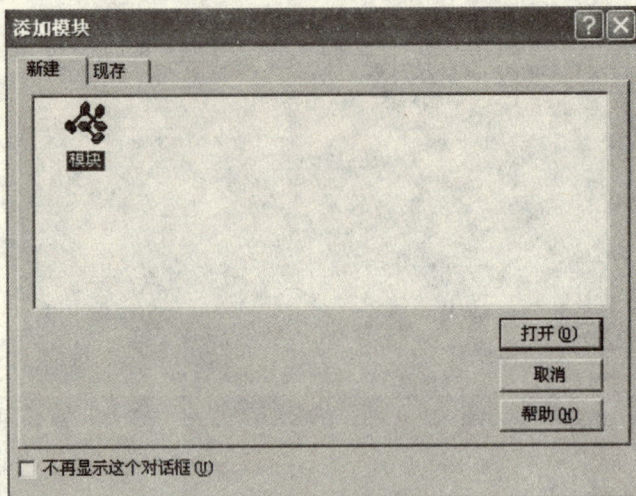

图 2 - 54　添加模块

点击图 2 - 54 所示窗口中的新建图标并选中模块，然后点击"打开"按钮，这时程序编写窗口就打开了，如图 2 - 55 所示：

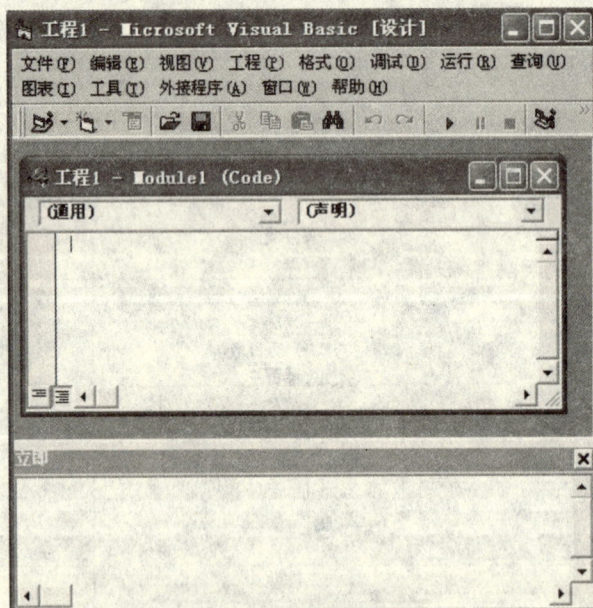

图 2 - 55　程序编写窗口

六、调用 Amos Engine

在上面的窗口中，点击窗口上面工具栏中的"工程"，在下拉菜单中选择"引用（N）"，如图 2 - 56 所示：

图 2 - 56　工程窗口

　　这时，会弹出另外一个窗口（如图 2 - 57 所示），在这一窗口中选择 Amos Engine 选项，然后点击"确定"按钮。

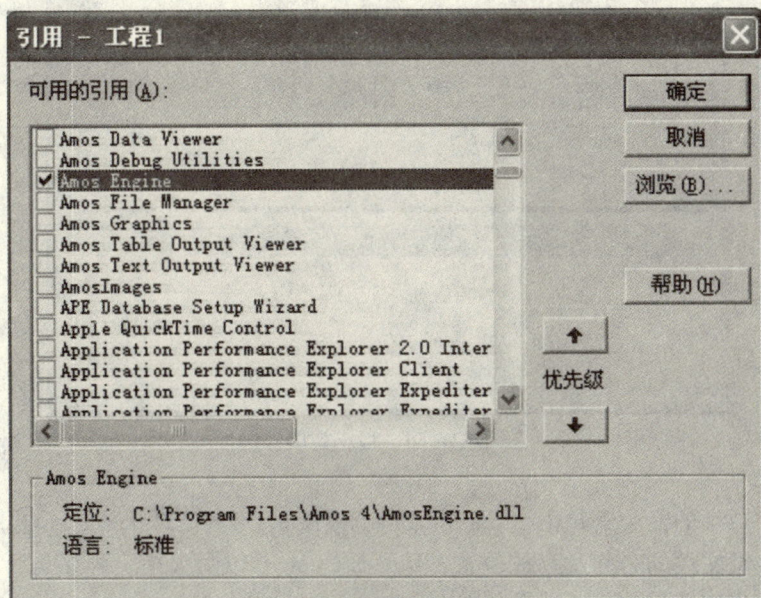

图 2 - 57　选择 Amos Engine

七、编写 AMOS 程序

在程序编写窗口中输入程序命令语句。在这里，将再次使用前面使用过的例子，即探讨高中成绩、联考成绩、情绪困扰与学业成就之间的关系。可编写程序检验假设：gaozhong 与 chengjiu 有相同的方差，chengjiu 与 kunrao 之间不相关。编写好的程序如图 2-58所示：

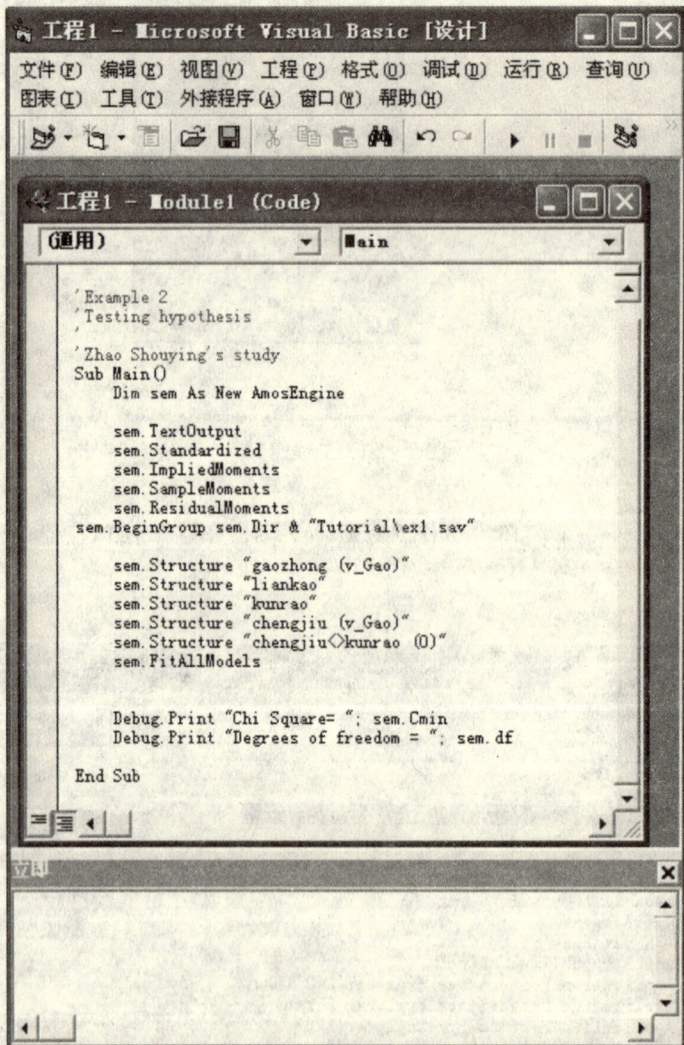

图 2-58 程序窗口

在上面窗口中的命令语句中，sem. BeginGroup sem. Dir & " Tutorial \ ex1. sav" 语句用来指定读取数据文件的名称及存放位置，Debug. Print 语句用来指定程序运行过程中在立即窗口中输出指定输出的分析结果。

点击窗口上面工具栏中的运行启动按钮 ▶ 或按 F5 键，程序即可运行。这时，在立即窗口中就可看到分析得出的卡方值以及自由度，如图 2 – 59 所示：

Chi Square= 1.28236716424255
Degrees of freedom = 2

图 2 – 59　立即窗口

　　在这里，笔者只是对用 Visual Basic 编程软件编写 AMOS 程序作了一些简要介绍，如果读者对此有兴趣，可以查阅相关文献资料作进一步了解。

第三章　方差、协方差的估计及
简单假设检验

本章教读者使用 AMOS 做较基础的工作，建立简单模型，分析一组数据的方差、协方差，尝试对方差、协方差做简单的假设检验。通过本章的学习，读者可掌握如何运用 AMOS 绘制路径图，以 Amos Basic 编写简单的结构方程模型；另外，还可以理解 AMOS 对输入数据与输出结果的一些基本要求。

第一节　方差、协方差的估计

一、数据

有一项关于记忆的研究，研究要求被试记忆广告的内容与广告在广告册中的位置（所在页码），并探讨练习对记忆成绩的影响。先给被试呈现广告，接着让被试回忆所看到的广告并以正确回忆的广告数目为计分标准，然后，给被试提供回忆线索，再要求对所看到的广告做尽可能多的回忆，同样以正确回忆的广告数目为计分标准；另一种情况是给被试呈现一个广告册，让被试回忆广告在广告册中的位置，以正确回忆的广告数目为计分标准。实验中有 40 名学生参与测试，分前测与后测两次施测，看两次测量结果之间有无关系，即练习对记忆成绩是否有影响。收到的部分数据如图 3 – 1 所示：

以 SPSS 建立的数据文件（如图 3 – 1 所示）。变量 subject 为被试编号，recall1 和 recall2 为对广告条目回忆的两次测量结果；cued1 和 cued2 为提供线索的两次测量结果；place1 和 place2 为回忆广告位置的两次测量结果。

这一数据，在 AMOS 的示例文件夹中可以找到，文件名为 Attg_yng1. sav。

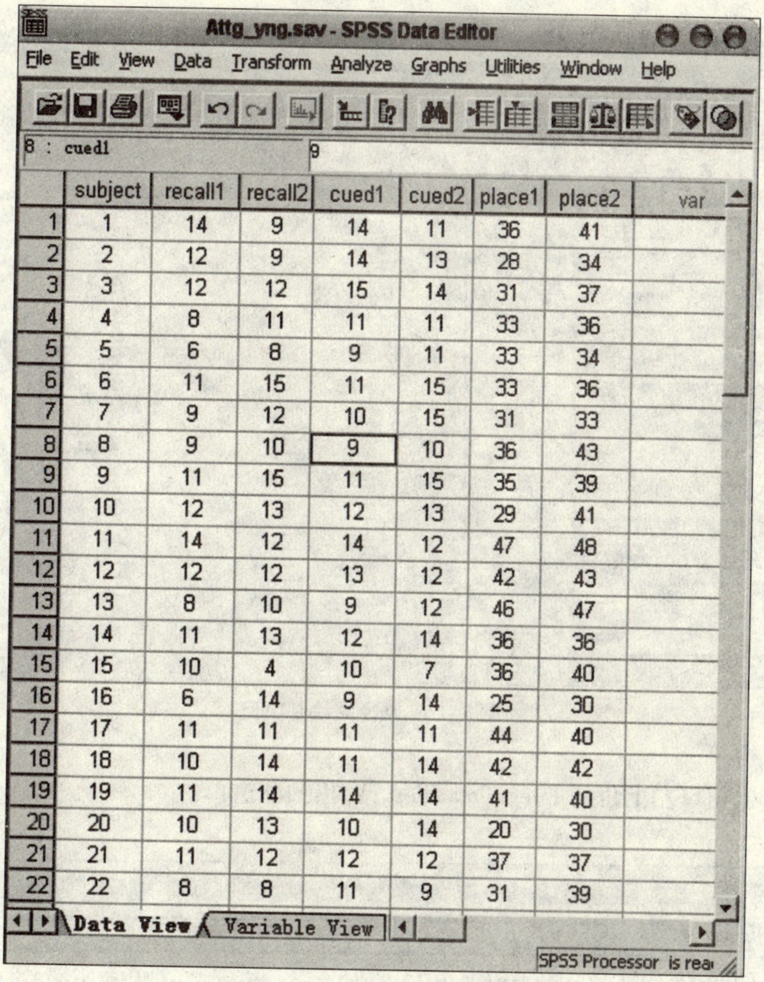

	subject	recall1	recall2	cued1	cued2	place1	place2	var
1	1	14	9	14	11	36	41	
2	2	12	9	14	13	28	34	
3	3	12	12	15	14	31	37	
4	4	8	11	11	11	33	36	
5	5	6	8	9	11	33	34	
6	6	11	15	11	15	33	36	
7	7	9	12	10	15	31	33	
8	8	9	10	9	10	36	43	
9	9	11	15	11	15	35	39	
10	10	12	13	12	13	29	41	
11	11	14	12	14	12	47	48	
12	12	12	12	13	12	42	43	
13	13	8	10	9	12	46	47	
14	14	11	13	12	14	36	36	
15	15	10	4	10	7	36	40	
16	16	6	14	9	14	25	30	
17	17	11	11	11	11	44	40	
18	18	10	14	11	14	42	42	
19	19	11	14	14	14	41	40	
20	20	10	13	10	14	20	30	
21	21	11	12	12	12	37	37	
22	22	8	8	11	9	31	39	

图 3－1　SPSS 建立的数据文件

二、调用数据

使用命令如下：

（1）打开 Amos Graphics；

（2）依次点击如下命令：Start→Programs（程序）→Amos 4. 0→Amos Graphics；

（3）点击窗口左上角的 File→New，打开一个新的路径图绘制窗口（如图 3－2 所示）；

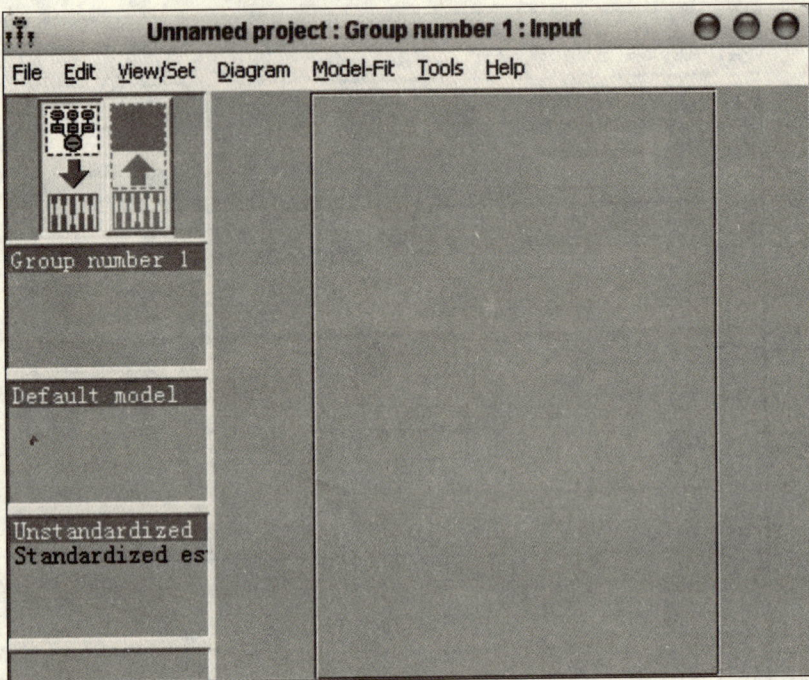

图 3-2 路径图绘制窗口

（4）点击窗口左上角的 File→data files，弹出如下窗口：

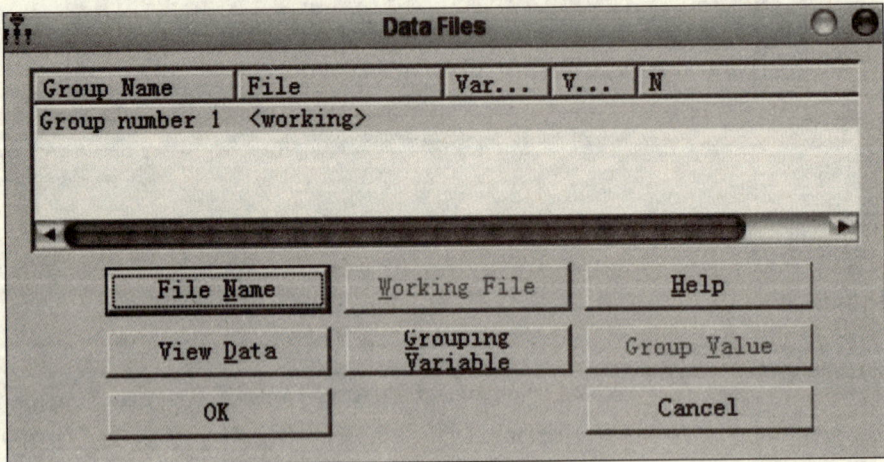

图 3-3 数据文件窗口

（5）点击图 3-3 窗口下方的 File Name 按钮，弹出如下对话窗口；

C：\ 程序 \ Amos 4.0 \ examples \ Attg_yng1. sav

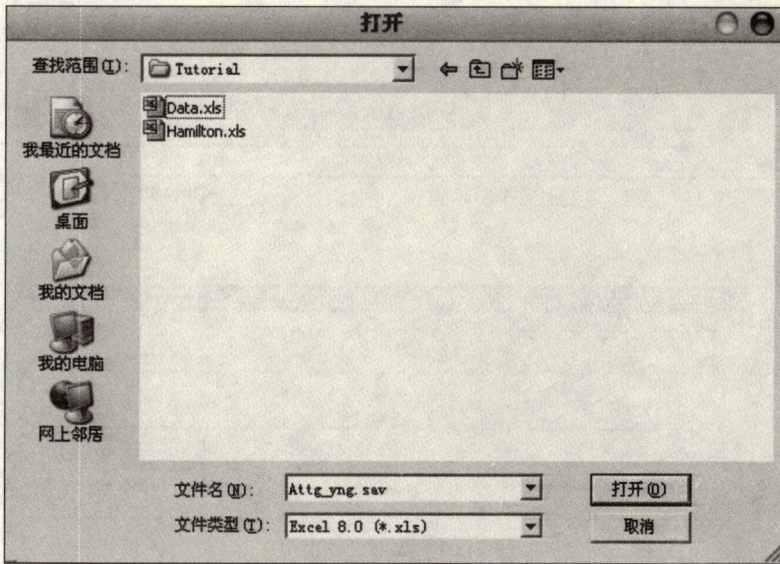

图 3 - 4 打开文件窗口

点击窗口上方查找范围右面矩形框右下角的下拉箭头，选择正确路径：光盘：\ ex-amples \ examples \

点击窗口下方文件类型右面矩形框右下角的下拉箭头，选择正确的文件类型：SPSS（＊. sav），就可以看到文件数据 Attg_yng1. sav，如图 3 - 5 所示：

图 3 - 5 打开 sav 数据文件

（6）点击图 3 - 5 窗口中的数据文件 Attg_yng1. sav，然后点击"打开"按钮，这时就会出现下面的窗口：

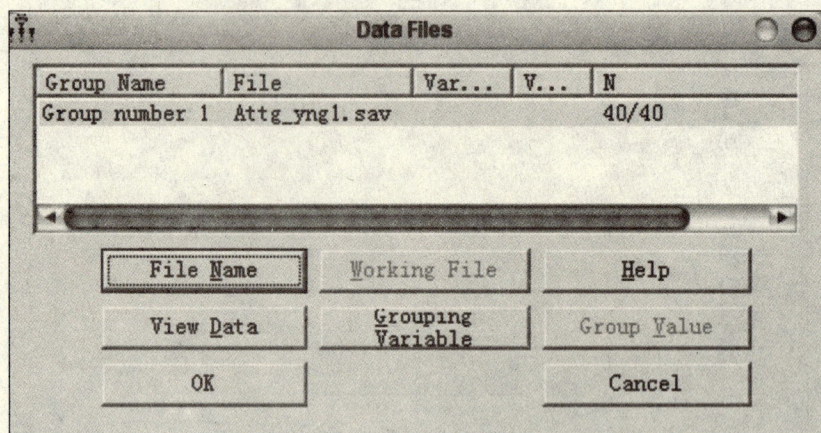

图 3 - 6　数据文件窗口

（7）从图 3 - 6 中可以看到，数据文件 Attg_ yng1. sav 已经被指定了。如果想看看数据，可以点击 View Data 按钮，这时就会弹出如图 3 - 7 所示的数据窗口：

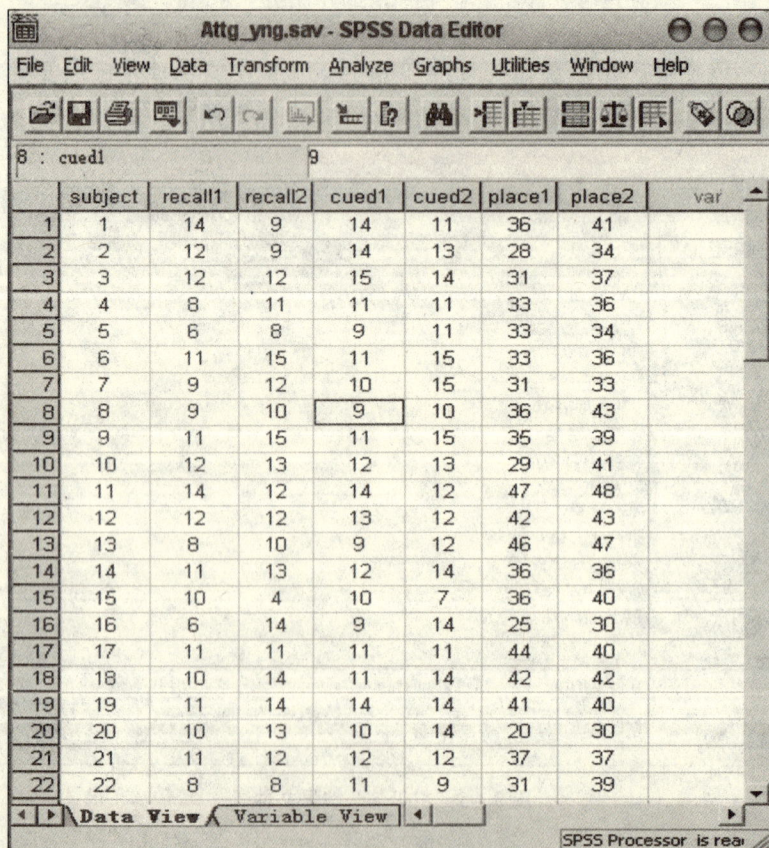

图 3 - 7　Datd View 后的数据窗口

如果拉动电子表格右侧的滚动条，就可看到所有数据。

三、分析数据

在调用了 Attig. yng1. sav 的数据之后，接下来就可以着手分析这一数据了。在这里，只估计变量"Recall"和"Place"前测与后测的方差、协方差。AMOS 提供了完成这一任务的两种方法：第一种方法是调用 Amos Graphics 使用路径图；第二种方法是调用 Amos Basic 使用 Equation Oriented 模型。两种方法各有千秋，下面分别对这两种方法逐一进行介绍。

注：在后面的示例中，笔者也对这两种方法进行了逐一介绍，虽然 Amos Graphics 使用起来比较方便，但是建议读者对 Amos Basic 也要熟悉。因为，需要的统计信息如果在 Amos Graphics 找不到，但在 Amos Basic 中可以找到。

（一）用 Amos Graphics 建模

在调用 Amos Graphics 程序后，点击 File 和 New 键，打开一个空白的路径图绘制窗口，创建一个新模型。

点击观察变量绘制工具图标（　　），可在绘图区绘制 4 个矩形框，每个框表示一个观察变量。点击这一图标后，按住鼠标左键，拖动这一图标在画图区绘制第 1 个矩形框；接下来通过复制的方式创建另外 3 个矩形框。

使用图形复制工具（　　），可以复制已经画好的矩形框。在工具栏中用鼠标点击这一工具后，将鼠标指到要复制的矩形，按下左键，移动鼠标即可复制出一个新的矩形框。

点击图位位置调整工具（　　），可以调整矩形框位置，使图形更美观。以上步骤完成后，即可得到如图 3 - 8 所示的 4 个矩形框。

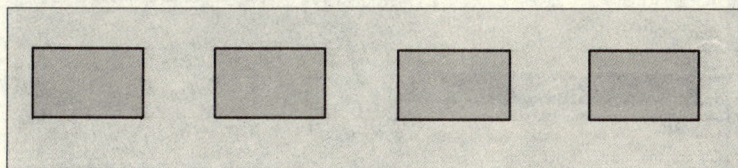

图 3 - 8　矩形框

在 AMOS 软件中，可以使用几种不同方法完成以上任务，除上面所使用的方法之外，还可以使用菜单中的命令，也可以使用快捷键来完成上面的任务。

点击工具栏中的 Diagram 或者按下 Alt + D 组合键弹出下拉菜单，选择 Draw Observed 命令同样可以画出表示观察变量的矩形框。另外，点击快捷键 F3 后拖动鼠标也可以画出表示观察变量的矩形框。如果要完成复制任务，也可以通过点击工具栏中的 Edit 弹出下拉菜单选择复制和粘贴命令来实现。

关于 AMOS 的菜单操作和快捷键方面的详细信息，可以查看 AMOS 的帮助文件。

点击变量展开工具（▤），即可弹出一个显示框，框内显示出数据文件中的所有变量，如图 3 – 9 所示：

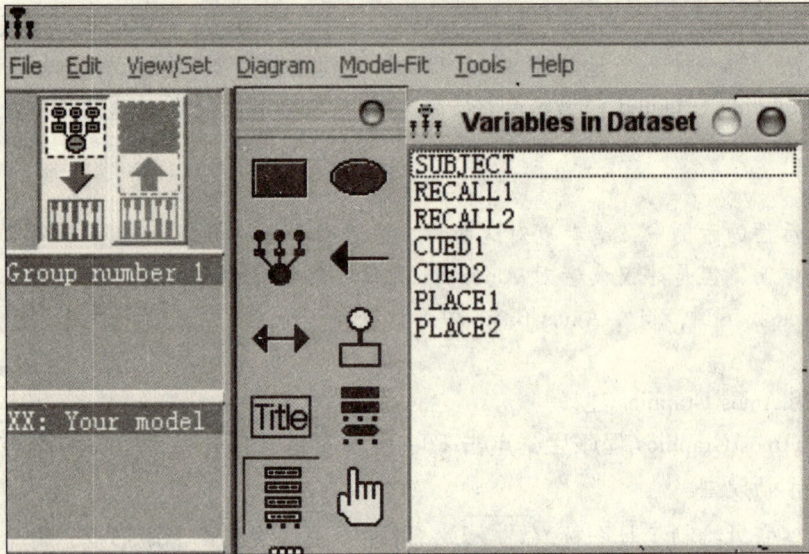

图 3 – 9　变量展开工具框

点击变量名按下鼠标左键拖动到矩形框，可以为矩形框指定变量，如图 3 – 10 所示：

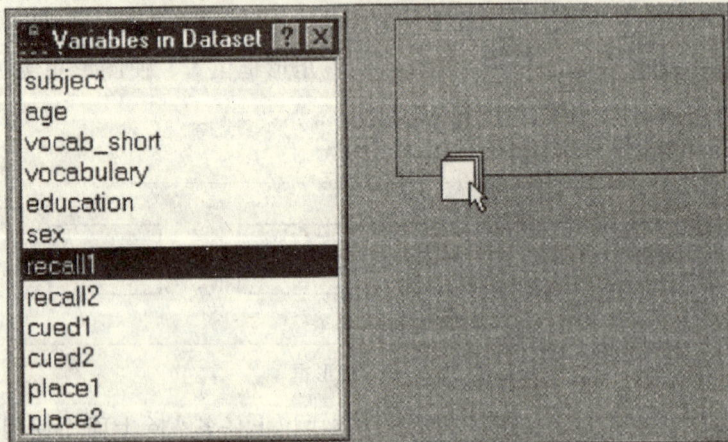

图 3 – 10　为矩形框指定变量

松开鼠标左键，就会看到所拖动的变量名已经出现在矩形框中，这就完成了为矩形框指定变量名的任务。重复这一操作，为其他矩形框指定变量名。如果要改变矩形框内变量名的字体、字号和颜色，双击矩形框，就会弹出一个目标属性定义窗口（如图 3 – 11 所示），选择 Text 可以完成对变量名字体、字号和颜色的修改。如果要将字号改为 18，就在 Font Size 下面的框内输入 18 即可。当然，除了完成对变量名字体、字号和颜色的修改外，目标属性定义窗口还可完成许多其他的任务。

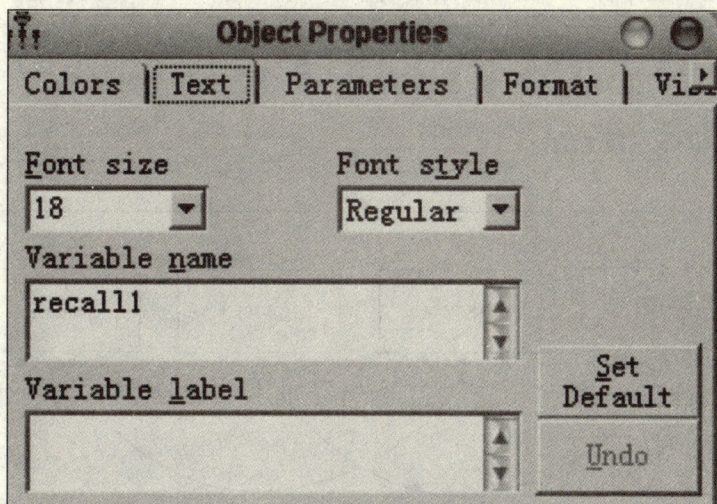

图 3－11　目标属性定义窗口

　　在本例中，只定义了 4 个变量，当然还有数据文件中所包含但在模型图中没有出现的其他变量，在变量显示框内不显示。

　　如果执行上面所定义的模型图，就只能得出 4 个变量的方差，得不出 4 个变量的协方差。在 Amos Graphics 程序中，如果两个变量之间没有双箭头连接就假定为这两个变量之间的相关以及协方差为 0。要想估计变量之间的协方差，就必须用双箭头来连接各变量。用鼠标点击工具栏中的双箭头工具（↔），按下左键将鼠标由一个变量拖向另一个变量，然后松开左键，两个变量之间就会出现一个双箭头连线。

　　如果绘制图形时出现了错误，可用删除工具（✗）将画错的部分删除。在本例中，应该画出 6 个双箭头，如图 3－12 所示：

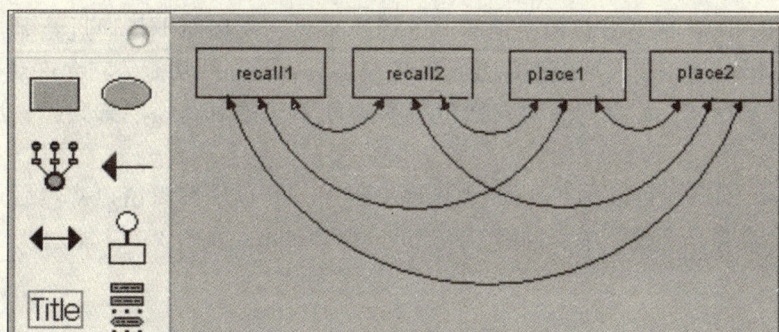

图 3－12　绘制图形

（二）Amos Graphics 程序的输出结果

模型绘制、界定工作完成后，点击，即可执行计算工作。AMOS 会提示指定输出结果的存储路径及文件名。本例中所绘制的模型以 Ex3-1-a. amw 为文件名。

当分析运算结束后，用鼠标点击结果查看工具按钮（），分析运算结果就会显示在模型图中，如图 3 – 13 所示：

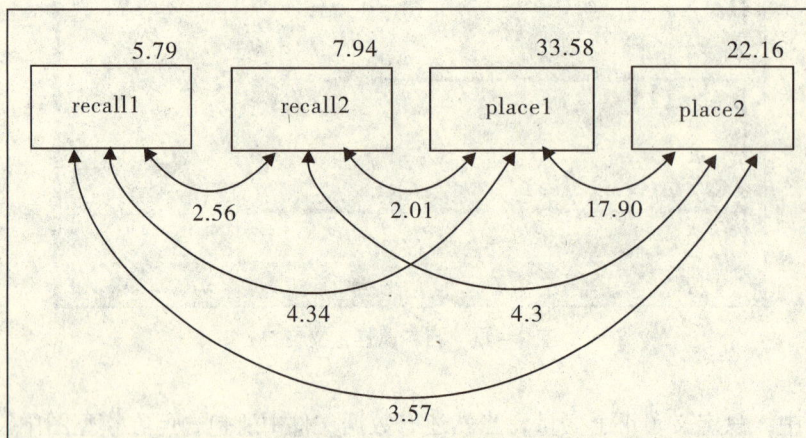

图 3 – 13　分析运算结果

在结果显示路径图中，各矩形框上面的数字为各变量的方差，标记在双箭头连线上的数字为各变量之间的协方差。例如，变量 recall1 的方差为 5.79，变量 place1 的方差为 33.58，这两个变量之间的协方差为 4.34。

用鼠标点击运算结果列表查看工具按钮（），或者在工具栏中点击 Table Output 命令就可以看到分析运算结果的详细数据列表。后面介绍如何运用 Amos Basic 程序编写分析模型时，还会对这一分析结果作详细解释。

（三）用 Amos Basic 程序编写分析模型

使用 Amos Basic 编写分析模型是通过方程式来界定模型而不是通过绘制矩形框和箭头。Amos Basic 对于编制大型模型以及批处理模型具有较强的功能，它允许对分析结果作进一步的操作和存储。如果读者对参数值感兴趣而不只是对路径图感兴趣，那么这一程序效能更好。

使用 Amos Basic，可以先在 Amos 4.0 程序组中打开程序编辑窗口，然后点击工具菜单中的 File 命令弹出下拉菜单，选择 New Engine Program，如图 3 – 14 所示：

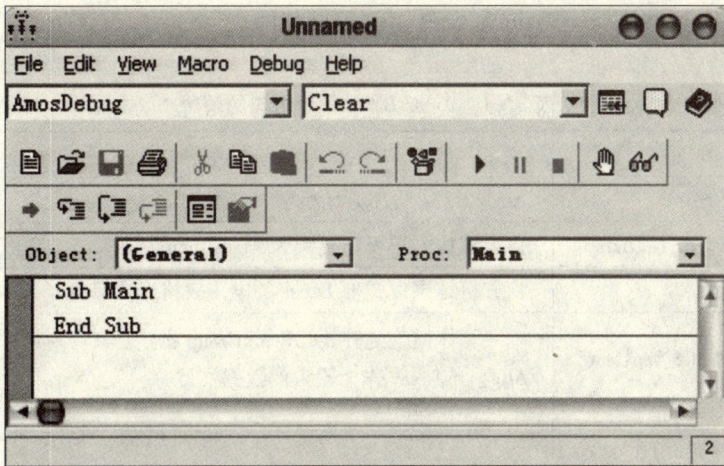

图 3 – 14　New Engine Program 窗口

　　然后，在程序编写区编写程序，在程序编写区有指示语句 " 'Your code goes here' "（在这里输入的你的程序），这一语句带有单引号。Amos Basic 程序中，将带有单引号的语句视为注释语句并以绿色显示。注释语句标示的区域，紧随的是 Dim Sem As New AmosEngine（编写新的结构方程模型）输入解决问题的程序编码。程序写好后，窗口如图 3 – 15 所示：

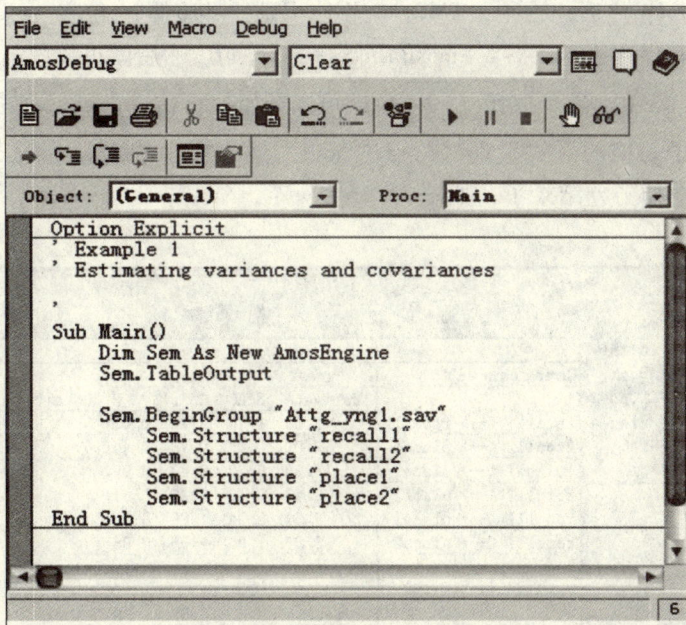

图 3 – 15　Amos Basic 程序

　　这个 Amos Basic 程序可能看起来还不像一个完整的模型，但每一行都是一个指令，指定程序读取哪个数据文件，按照什么样的顺序估计什么参数等。

表 3 - 1 是对这些 Amos Basic 命令语句的逐行解释。

表 3 - 1　Amos Basic 命令语句的解释

Amos Basic 命令	解释
Sub Main （　）	Amos Basic 程序开始标示
Dim Sem As New AmosEngine	指定结构方程模型类型为 AmosEngine（AMOS 工程）
Sem．TableOutput	将分析结果以类似 Excel 的电子表格形式呈现
Sem．BeginGroup" Attg_yng1．sav"	单一总体模型的开始。BeginGroup 指定 Attg_yng1．sav 作为输入的数据文件
Sem．Structure" recall1" Sem．Structure" recall2" Sem．Structure" place1" Sem．Structure" place2"	用来指定一个模型。4 个 Structure 命令指定 recall1、recall2、place1、place2 这 4 个变量的方差为待估计的自由参数。Attg_yng1 文件中余下的一个变量在本次分析中不使用。用 Amos Basic 编写程序，默认为外源观察变量之间相关。换句话说，Amos Basic 程序指定分析 4 个外源观察变量方差的同时就默认包括分析这 4 个变量之间的 6 个协方差参数。
End Sub	程序结束标示

值得注意的是，4 个 Sem. Structure 要跟在 Sem. BeginGroup 注释之后。Structure 命令一定要跟在 BeginGroup 之后，否则，AMOS 就不能识别这些变量的名字。模型建立完成后，将其保存，如将其保存为 Ex1-1-a. AmosBasic 这一文件句。然后就可以执行分析运算了。

双击开始/继续（执行）按钮（ ▶ ）即可以开始执行估计方差、协方差的计算，并将计算结果以电子表格的形式呈现。再点击窗口左边一栏中的 Parameter Eestimate 按钮，就可以查看方差、协方差结果了，如图 3 - 16 所示：

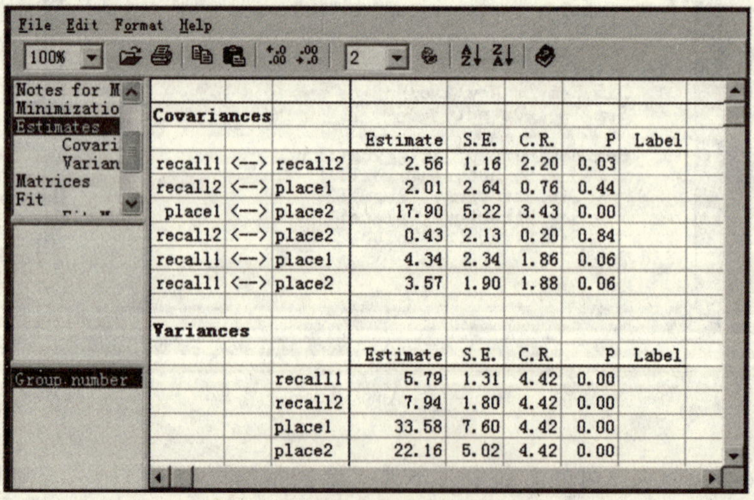

图 3 - 16　方差、协方差结果

如果要查看分析的全部结果，可以将电子表格拖大。

（四）分析结果列表的解释

分析结果的一开始是协方差的估计结果。标题为 Estimate 的一列为协方差估计值，这里可以看到 recall1 和 recall2 的协方差为 2.56。标题为 S. E. 的一列为协方差标准误估计值，在这里可以看到 recall1 和 recall2 的协方差标准误为 1.16。也就是说，2.56 是一个近似正态分布的随机变量的观测值，这一随机变量以总体协方差为中心，标准差为 1.16，可以用标准误这个数值来构造 recall1 和 recall2 的协方差 95% 置信区间的分布范围，也就是 $2.56 \pm 1.96 \times 1.16 = 2.56 \pm 2.274$。使用 AMOS 可以估计多种统计参数，但在估计多种参数时都会在参数估计值后面附有参数标准误，以这种方式可构造参数值为 95% 的置信区间分布范围。

标题为 C.R. 的一列是协方差的临界比，也就是协方差/标准误。在这里 recall1 和 recall2 两个变量的协方差的临界比为 $2.56/1.16 = 2.20$。临界比主要用来检验所得观察变量的协方差的值与"两变量样本总体之间的协方差为 0 这一虚无假设"之间的关系，即看这一估计值与 0 之间的差异是否达到显著差异水平。这样，如果将置信水平设为 0.05，那么，任一大于 1.96 的临界值都被认为达到了显著水平。在这里，$2.20 > 1.96$，因此，可以说变量 recall1 和 recall2 之间的协方差在 0.05 水平上与二变量样本总体协方差为 0 这一虚无假设之间有显著差异。

标题为 P 的一列是临界值双侧检验的概率值。P 值的运算是假设参数符合正态分布，而且只有在大样本条件下才成立。

一般说来，参数只满足近似性正态分布。而且，S.E. 一列中所报告的标准误估计值也只是一种近似值。因此，差异显著性的置信区间和前面所讨论的差异显著性检验也只是一种近似估计。这是因为显著性检验结果的得出，依据的是渐近性原则。这里不必讨论渐近性原则是什么，但如果要对本例所提到的"recall1 和 recall2 之间相互独立"这一虚无假设进行重复验证，那就要对本例所使用的近似性检验有所认识。

recall1 和 recall2 之间协方差 2.20 与 0 有显著差异，或者说两者之间的协方差不为 0，2.20 大于 1.96。因为 AMOS 假设参数（本例中指方差、协方差）符合正态分布，如果采用双尾检验，这一分布中的参数值（即协方差）2.20 对应的 P 值为 0.028，这一 P 值小于 0.05。如果采用传统的 T 检验，当自由度为 38 时，2.509 对应的 P 值为 0.016，也就是说，任一种检验方法所得结论都是在 0.05 水平上拒绝虚无假设。不过，也会遇到不同检验方法所得结论不同的情况，即运用一种检验方法所得 P 值小于 0.05，而另外一种检验方法所得 P 值却大于 0.05。这么说来，哪一种检验方法更好呢？一般认为 T 检验更好。因为 T 检验的前提条件是观察结果独立且符合正态分布，并克服了样本容量的影响。以 AMOS 所得临界值为基础得出的检验结果依据的前提条件也与 T 检验的前提条件相同，但当样本容量有限时，所得统计结果只是一种近似值。

注：在很多方面，AMOS 都不能得到精确的检验值、标准误以及用以统计比较的精确置信区间。

不过，将 AMOS 估计得出的结果与已有的其他检验方法所得结果相对照，大部分都与传统方法所得结果一致。

单击窗口左面分析结果索引目录中的 Fit Measures，可以察看模型拟合程度的各种指标（如图 3 – 17 所示）。对于 AMOS 分析结果来说，最前面的几行都是非常重要的。

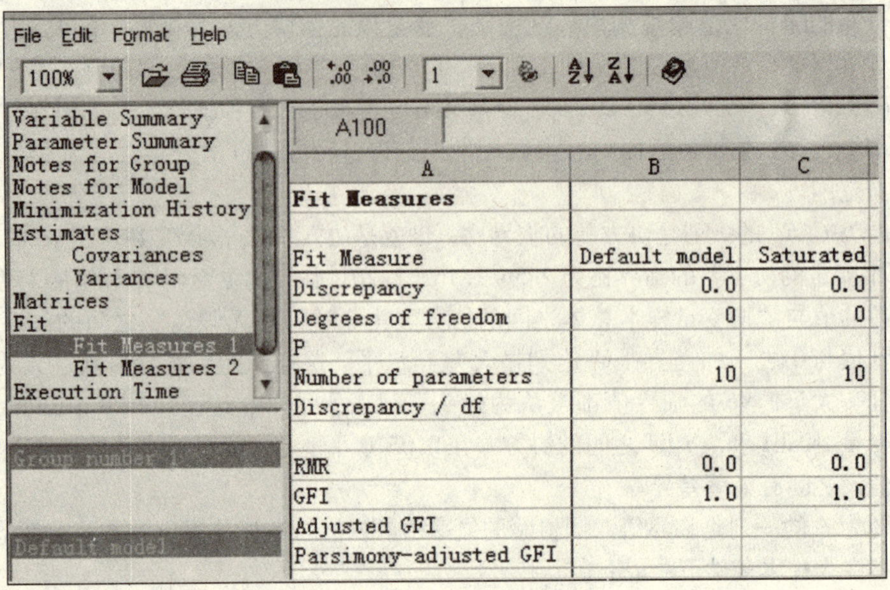

图 3 – 17　模型拟合程度结果

在本例中，AMOS 分析了 4 个变量：recall1，recall2，place1 和 place2，得出 4 个样本方差和 6 个协方差。作为待估参数，它们是总体方差与协方差的相应估计值。也就是说，有 4 个方差与 6 个协方差，这样就有了 10 个等估参数（第 7 行 B 列）。自由度等于饱和模型参数个数减去实际待估参数数目的差。在本例中，模型为饱和模型，样本矩元素与待估参数数目相等，所以自由度为 0（第 5 行 B 列）。

关于参数的任何一个假设都对待估参数的数目产生影响。因此，当对待估参数提出假设时，待估参数的数目就会相应减少，自由度也就变为正值。在这里，没有待检验的虚无假设，所以待估参数数目与样本矩元素数目相等，自由度为 0。

残差（第 4 行 B 列）为样本矩与模型估计参数之间的差异，决定拟合卡方值。卡方值为 0 时，意味着所得结果与虚无假设之间没有任何差异。但在本例中，自由度为 0，卡方值也为 0，只是反映了没有最初的虚无假设。如果本例中有待检验的虚无假设，卡方值就是数据与假设之间的符合程度的指标。

四、输出结果选项

在分析属性定义窗口中，可以使用分析属性定义按钮（🎹）指定输出结果选项。前面只是谈论 AMOS 的一些默认选项，在实际应用中，可以对分析结果有一些特殊的要求。例如，可能要求 Amos Basic 做一些其他的运算，这时就必须在所编制的 AMOS 工程

（Amos Basic 程序）中增加一些命令。在 Amos Graphics 程序中也能实现这一目的，这时就要用到分析属性定义工具。点击分析属性定义按钮就可以打开如下窗口，点击 Output（如图 3 – 18 所示），可以根据需要做选择。

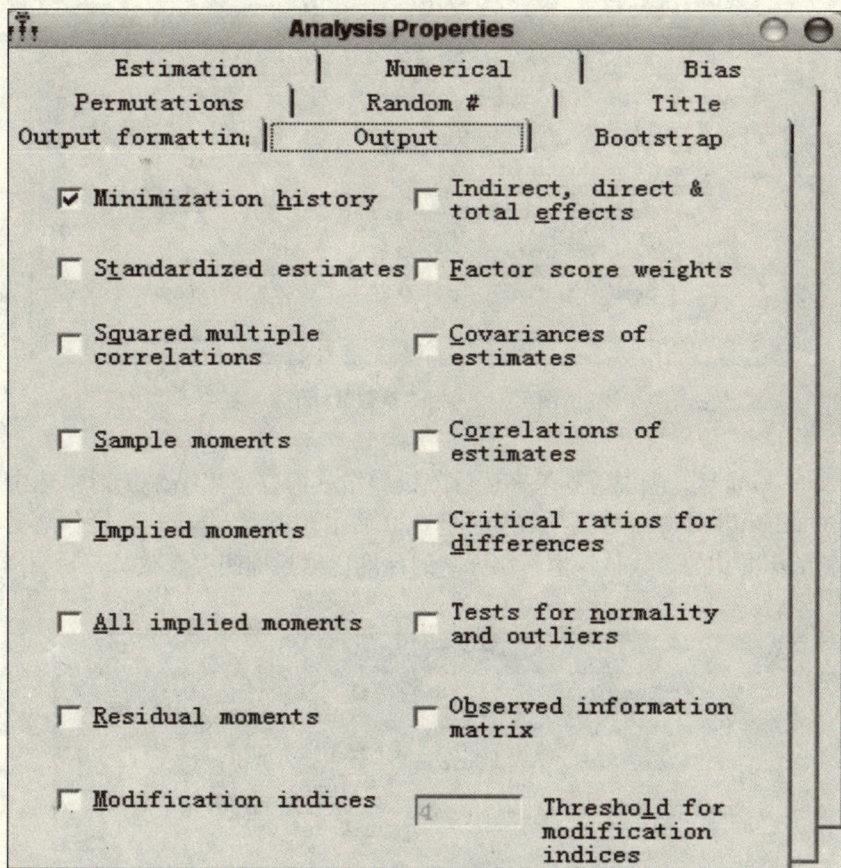

图 3 – 18　输出结果选项列表

在社会科学研究中，通常都是估计变量之间的相关系数，而不是估计变量之间的协方差。当测量的尺度为任意尺度或者说尺度没有实际意义时，相关系数的意义要比协方差的意义更为清晰。AMOS 提供了一种针对协方差的假设检验简易方法，但这一方法不适用于相关系数的检验。当然，在得出了协方差之后要得出相关系数也是一件非常容易的事情。

如果使用标准化方法，Amos Basic 可以给出相关系数的估计值。具体操作方法如下：在 Sem. Standardized, Dim Sem As New AmosEngine 和 Sem. TableOutput 之间插入 Sem. Standardized 命令，如图 3 – 19 所示：

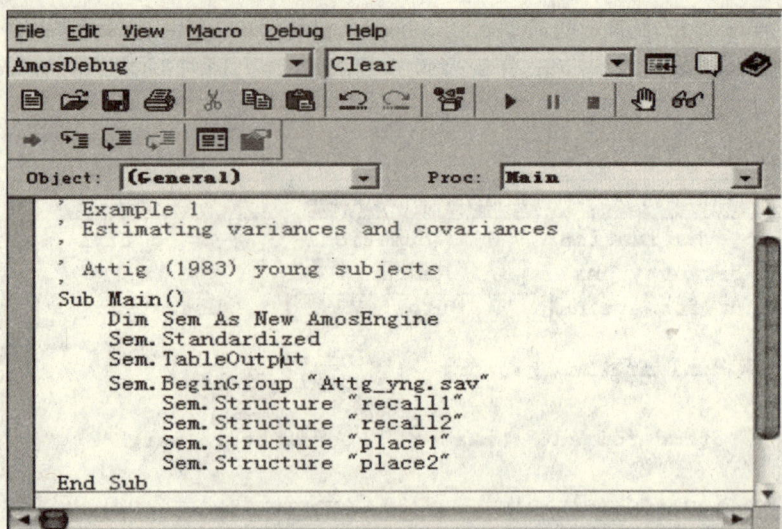

图 3 - 19 相关系数估计值

对于 Amos Graphics 来说，如果在运行分析操作之前在输出结果选择中选中了标准化结果（Standardized estimates）选项（如图 3 - 20 所示），运行分析运算操作之后，即可在路径图上显示标准化的参数估计值，协方差的标准化结果即相关系数。

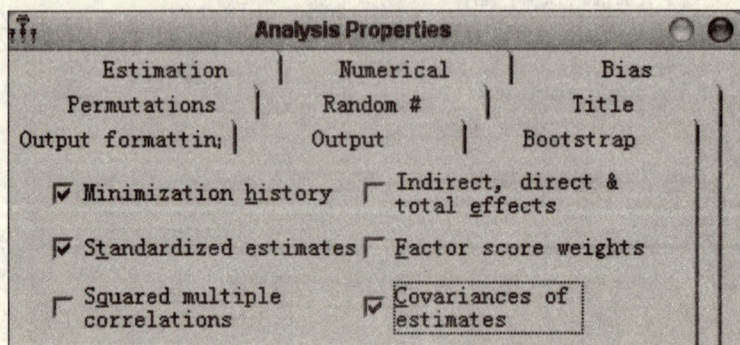

图 3 - 20 协方差的标准化结果

如果在参数格式框（如图 3 - 21 所示）内选中 Standardized estimates 选项，然后再次运行分析运算操作，点击结果显示按钮（⬆），在结构模型图中就会显示参数的标准化估计结果。从图 3 - 21 中可以看出，各变量的方差都不显示，这是因为，对于任何一个标准化的变量来说，其方差都是相同的，都为 1。这时，连接变量的双箭头边线上的数值即为协方差的标准化估计值，即相关系数。

图 3－21　参数格式框

在 Amos Graphics 程序中，也可以用表格及文本文件的形式显示分析结果。下面的两个图标，

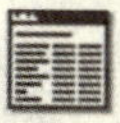

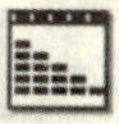

左边的是以文本文件形式显示的分析结果图标，右边的是以表格形式显示的分析结果图标。需要说明的是，从 Amos 5.0 到更高版本，已经没有右边的图标工具了。

当运用 Amos Graphics 进行分析运算之后，点击右边的图标，即可看到以表格形式显示的 4 个变量之间的相关系数，如图 3－22 所示：

Covariances

			Estimate	S.E.	C.R.	P	Label
recall1	<-->	recall2	2.6	1.2	2.2	0.0	par-1
place1	<-->	place2	17.9	5.2	3.4	0.0	par-2
recall2	<-->	place2	0.4	2.1	0.2	0.8	par-3
recall1	<-->	place1	4.3	2.3	1.9	0.1	par-4
recall2	<-->	place1	2.0	2.6	0.8	0.4	par-5
recall1	<-->	place2	3.6	1.9	1.9	0.1	par-6

Correlations

			Estimate
recall1	<-->	recall2	0.4
place1	<-->	place2	0.7
recall2	<-->	place2	0.0
recall1	<-->	place1	0.3
recall2	<-->	place1	0.1
recall1	<-->	place2	0.3

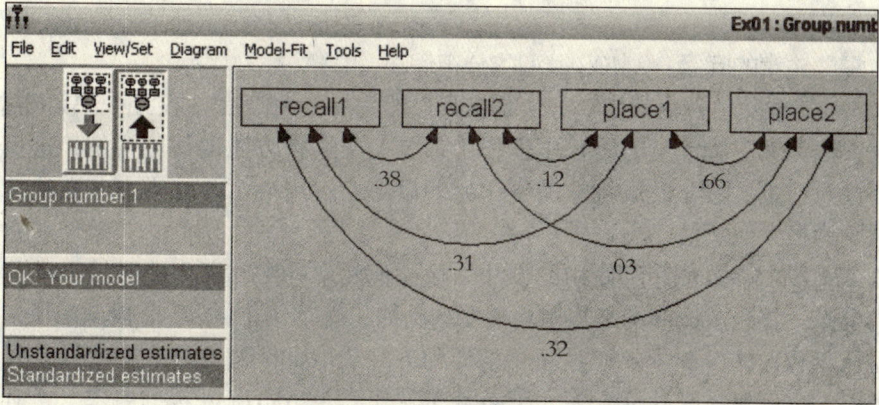

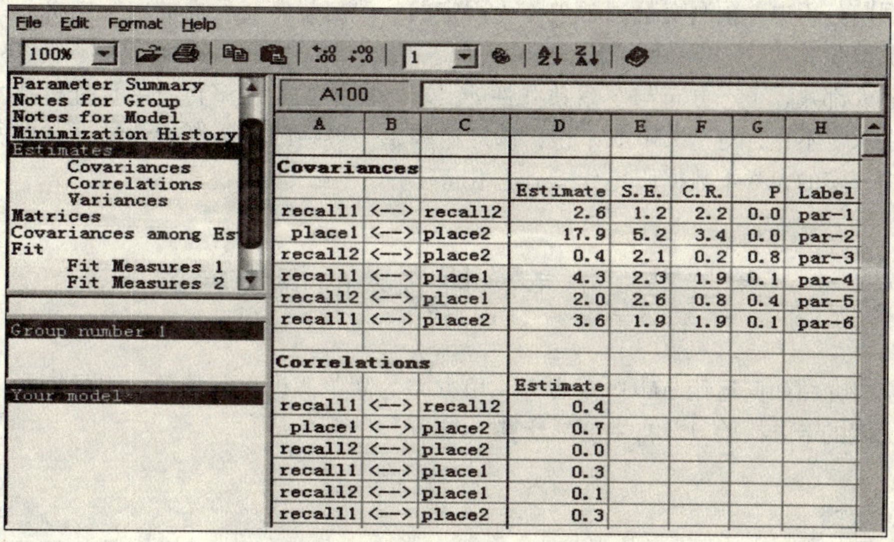

图 3－22　4 个变量之间的相关系数

这些相关系数是用与前面所说的估计方差与协方差的方法来估计的。也就是说，这些相关系数也同样是用极大似然法估计出来的。

五、需要注意的问题：AMOS 模型的分布假设

AMOS 计算参数估计值的默认方法是极大似然法。极大似然法是一种比较成熟的参数估计方法。因为在一些常见的统计学著作中都有关于这种方法的详细讲解，这里不作解释。需要注意的是，除非根据特殊需要作另外设定，不然 AMOS 在进行参数估计时所使用的方法均为极大似然估计法。

因为 AMOS 对参数估计所使用的方法为极大似然估计法，所以要求输入的数据要符合特定的分布。首先被试样本必须相互独立。例如，就本例中的 40 个被试来说，这些被试必须是从年轻人这一群体中通过独立抽样的方式获取的。其次，观察变量也要符合特定分布的要求。例如，变量符合多元正态分布才能满足 AMOS 分析的要求。所有观察变量的多元正态分布性是很多结构方程模型和因子分析模型所要求的标准分布。

使用极大似然估计法的另外一个基本要求是，如果某些外源变量被固定（即这些变量的取值可能是预先被确定或者是测量没有误差），它们的分布形态可以是多种多样的，但必须符合以下假定条件：

（1）不管固定变量采用何种取值方式，其余（随机）变量都符合（条件）正态分布。

（2）对于各种类型的固定变量来说，随机变量的（条件）方差—协方差矩阵都相同。

（3）随机变量的（条件）期望值与固定变量取值存在线性共变关系。

实验处理是一种典型的固定变量，依据这一变量将被试分别安排到实验组和控制组，但将其作为固定变量要求其他外源变量符合正态分布并且有相同的方差—协方差矩阵。实验分组变量作为固定变量，是因为分组完全由实验者决定。

在回归分析中，预测变量通常被作为固定的外源变量。在后面的内容中将介绍对这种假设的检验。

很多人都熟悉正态分布与观察独立性的要求，因为这是很多传统统计分析技术的一种常见要求。不过，对于 AMOS 来说，满足这些条件得到的只是渐近性结论（即所得结论与使用真实的大样本数据所得分析结论相近）。

第二节 方差、协方差的假设检验

本节将介绍如何运用 AMOS 对方差、协方差的简单假设进行检验，引导读者认识模型拟合优度的卡方检验以及自由度的计算。

一、数据

再次使用第一节所使用的数据。为了介绍 AMOS 对于各种形式输入数据的灵活调用功能，这里将使用这一组数据的 Excel 格式文件。先将数据存储为 Excel 格式文件，如图 3-23 所示：

	A	B	C	D	E	F	G
1	subject	recall1	recall2	cued1	cued2	place1	place2
2	1	14	9	14	11	36	41
3	2	12	9	14	13	28	34
4	3	12	12	15	14	31	37
5	4	8	11	11	11	33	36
6	5	6	8	9	11	33	34
7	6	11	15	11	15	33	36
8	7	9	12	10	15	31	33
9	8	9	10	9	10	36	43
10	9	11	15	11	15	35	39
11	10	12	13	12	13	29	41
12	11	14	12	14	12	47	48
13	12	12	12	13	12	42	43
14	13	8	10	9	12	46	47
15	14	11	13	12	14	36	36
16	15	10	4	10	7	36	40
17	16	6	14	9	14	25	30
18	17	11	11	11	11	44	40
19	18	10	14	11	14	42	42
20	19	11	14	14	14	41	40
21	20	10	13	10	14	20	30
22	21	11	12	12	12	37	37

图 3－23 Excel 文件

二、对参数的限定——假设的表达

这里介绍如何用 Amos Graphics 程序建立模型。图 3－24 为第一节建立的路径图。在第一节的分析结果中，标示观察变量的矩形框上面的数字为各观察变量的方差值。

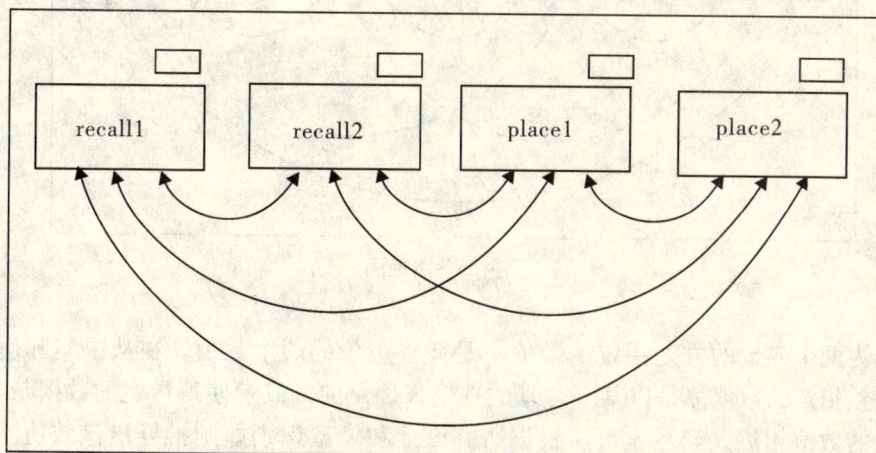

图 3－24 路径图

实际上，可以通过输入数据来为这些变量指定方差值。例如，要为 recall1 指定方差值，假设这个值为6，可以按照下面的步骤来操作。双击标示变量 recall1 的矩形框，弹出对象属性定义窗口（如图 3 – 25 所示），点击 Parameters 图标，在方差区（variance）输入数值 6 即可。

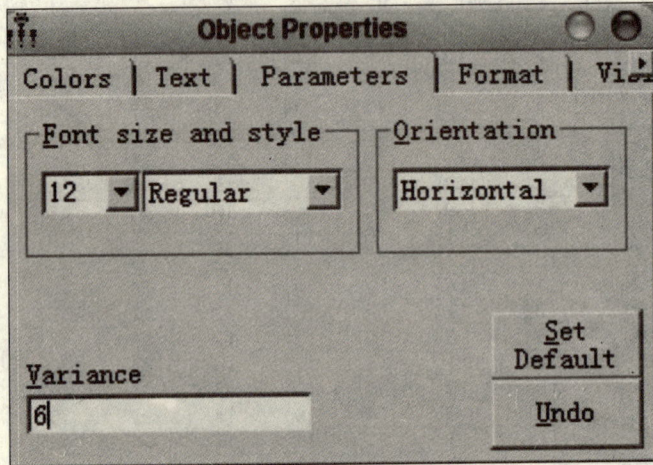

图 3 – 25　目标属性定义窗口

在打开目标属性定义窗口后，双击标示变量 recall2 的矩形框，以同样的方法在方差区（variance）输入数值 8。关闭目标属性定义窗口后，路径图中矩形框上方就显示出刚才为两变量指定的方差值，如图 3 – 26 所示：

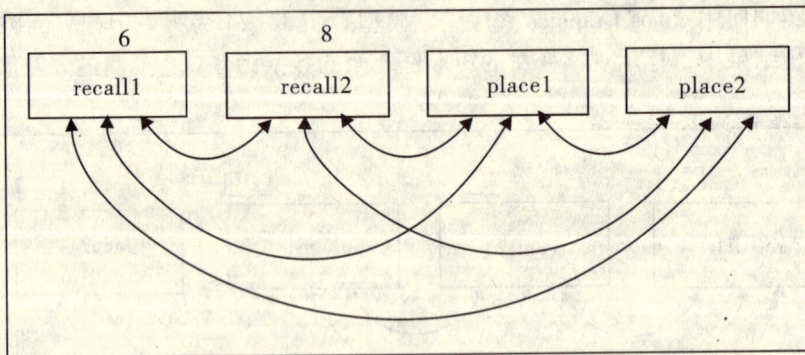

图 3 – 26　路径图

这里为两个变量的方差指定的数值只是凭空想象的两个数值。在从事实际研究时，对变量方差指定的数值都是以某一合理的理论来确定的，或者使得指定的数据与先前研究所得出的数值相近，当然也可能根据研究设计和模型识别原则推导出该数值。另外，在方差指定区除了输入数值外，还可输入其他的内容。

很多人都相信对于同一总体来说变量的方差相等，尤其是像 recall1 和 recall2 这样的变量。在这种情况下，可以在目标属性定义窗口中的参数定义区输入相同的标志来表示这两个变量的方差相同，而不是输入相同的数值。例如，可以输入 v_recall。

注：参数标志的长度最大可以为 1 000 个字符，但必须以字母开头。如果给两个目标变量的方差定义相同的标志，那么在随后所做的所有分析过程都会假定变量的方差相等。

接下来，再耐心了解一下与输入文件有关的其他问题。首先，了解一下为什么要指定像 recall1 和 recall2 的方差这样两个参数，或者让它们相等呢？理由是：

（1）如果认为对于某一总体人群来说，两个参数相等，并且将这两个参数定义为相同的数值或相同标志，会使得参数估计更为准确——不仅是对这两个相等的参数估计，就是对于其他指标的估计都会更为准确。

（2）如果两个参数相等只是一种假定，那么对这两个参数的估计值是否相等就要进行检验。

当然，也可以认为 place1 与 place2 的方差也是相同的。在本例中，用 v_place 作为两个变量方差估计值的标志。

还有，我们建立模型时对参数的限定也不只是局限于对方差加以限定，也可以限定其他参数。例如，可以假定 recall1 和 place1 的协方差等于 recall2 与 place2 的协方差。这样，就可以双击路径模型图中连接变量 recall1 和 place1 的双箭头连线，弹出属性定义窗口，将这一协方差的值指定为 cov_rp，并以同样的方法将变量 recall2 与 place2 的协方差也指定为 cov_rp，如图 3 - 27 所示：

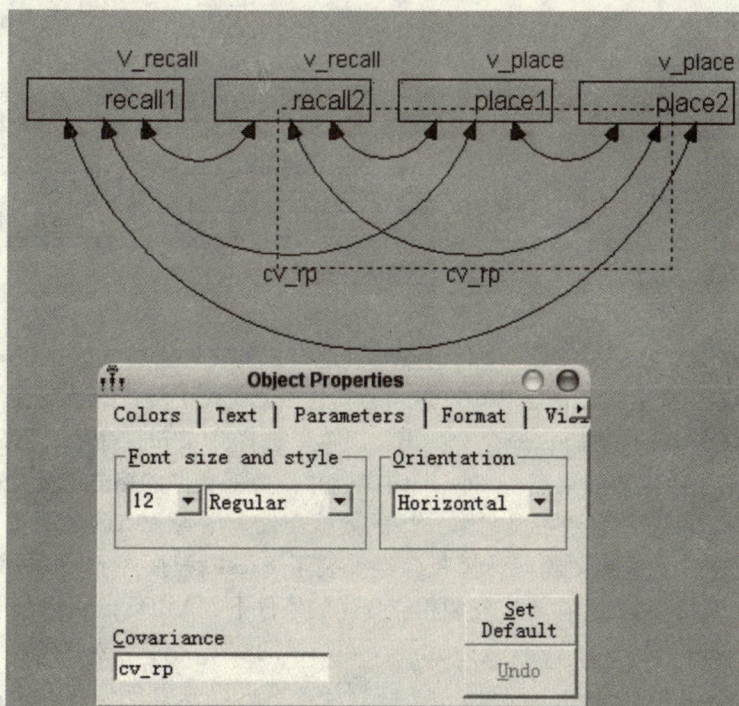

图 3 - 27 目标属性定义窗口

除了对象移动按钮以外，还有一些其他的工具按钮在调整路径模型图时非常有用。其中最重要的是目标属性拖动按钮（ ![button] ）也可以通过命令菜单 Edit – 下的属性拖动命令 Drag Properties 来调用这一工具。该按钮可以把选定对象的属性复制到目标对象上。在后面的示例中还会介绍更多的工具按钮，了解工具按钮的功能在建立模型时可以节省很多时间。

三、数据的调用

当路径图建立完成以后，必须为模型指定数据文件，具体做法是在 Amos Graphics 窗口上边的工具菜单中，逐一选择如下命令：File→Data Files→File Name

本例中，为路径模型指定的文件为 Excel 格式电子文件，文件名为 Attg_yng1.xls，如图 3 – 28 所示：

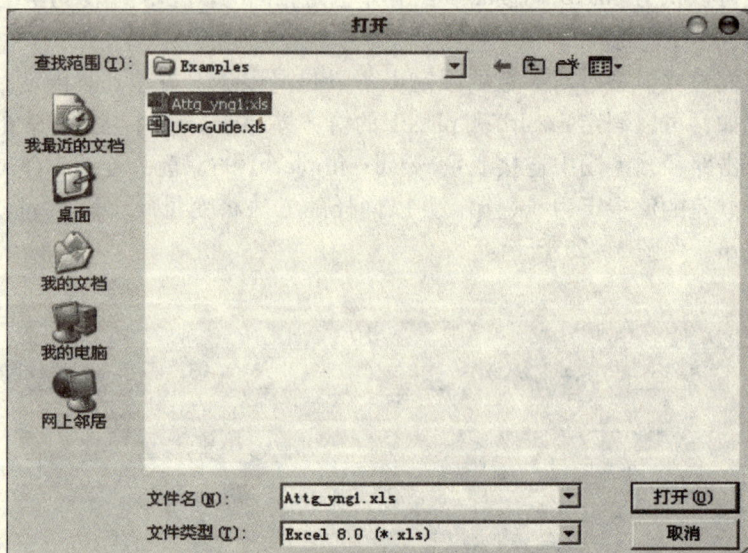

图 3 – 28　选择指定格式的文件

对于 AMOS 来说，查看 Excel 文件与查看其他格式的文件没有太大区别。如果安装了 Excel 8.0 版本或更高版本，那么 AMOS 就可以直接查看 Excel 格式的数据文件了。具体操作方法是点击工具菜单中的 file 命令，弹出二级菜单选择 data files 命令，然后再选择 view data 命令即可显示数据。如果点击 view data 命令并将数据文件的格式选定 .xls 时，AMOS 就会自动调用 Excel 程序显示扩展名为 .xls 的数据文件。尽管 AMOS 随时都可以读取 Excel 格式的数据文件，但必须确保计算机已经安装了 Excel 程序才行。很多其他格式，如 Foxbase 格式和 Lotus 格式，在没有安装相应程序的条件下，AMOS 既可以读取也可以显示文件。选择 Excel 格式，打开文件名为 Attg_yng1.xls 的数据文件，然后在数据文件对话框中点击 View Data 命令，如果已经安装 Excel 程序，就可以查看数据文件了，如图 3 – 29 所示：

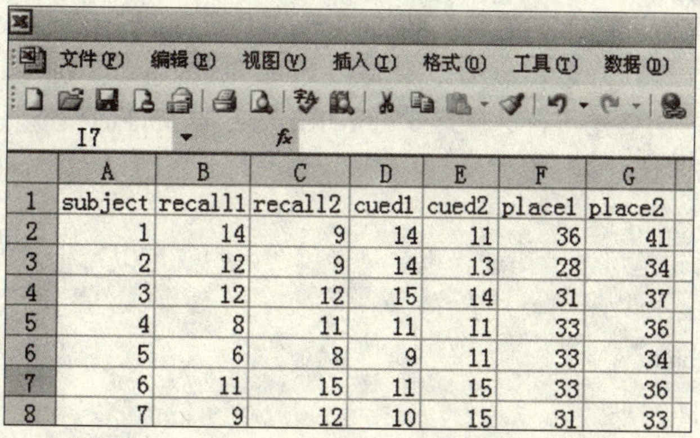

图 3 – 29 Excel 数据文件

当文件查看完闭，用鼠标单击窗口右上角的 ，即可关闭文件。

将模型建立完成后，保存为 Ex3-2-a. amw。

四、用 Amos Basic 建模

在 Amos Basic 程序中，需要用命令语句为模型设定约束条件。打开 Amos Basic 程序后，系统将自动打开一个工程模板，包括编写代码的区域。在 Dim Sem As New AmosEngine 后面的注释区域输入说明性的注释语句，然后依次输入其他代码。当整个模型建好后，窗口如图 3 – 30 所示，将该模型保存为 Ex3 – 2 – a. Amosbasic。

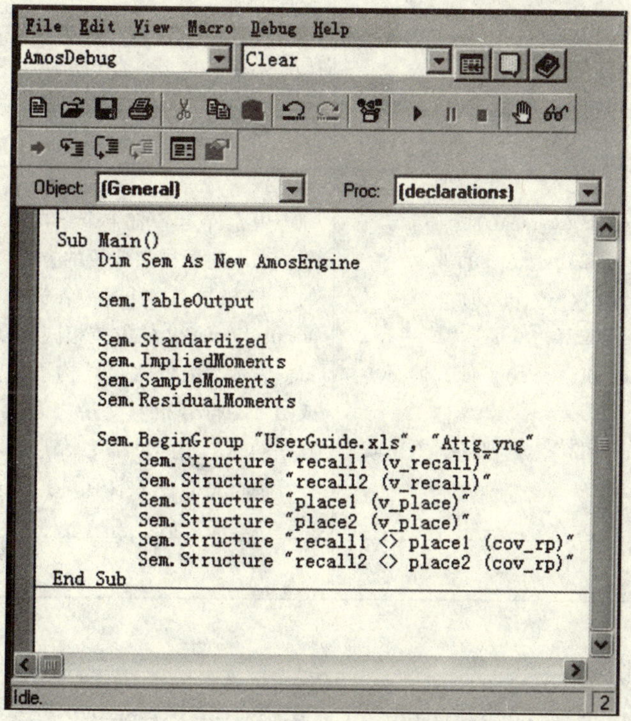

图 3 – 30 Amos Basic 模型

需要特别提醒读者的是，在 Sem. BeginGroup" UserGuide. xls" ," Attg_ yng" 语句中，必须加上具体的电子表格名称。如果只是以 Sem. BeginGroup" User Guide. xls" ," Attg_ yng1. xls" 来写这一语句是不行的。这样只是指定了数据文件而没有具体指定是要模型调用哪一个电子表格中的数据。因为 Excel 与 SPSS 不同，在同一个 Excel 文件中可以包含多个数据表。

下面的命令语句是可选性语句，也就是说这些语句既可以写也可以省略。

Sem. Standardized

Sem. lmpliedMoments

Sem. SampleMpoments

Sem. ResidualMoments

在后面的内容中，还会对这些命令语句的功用做详细介绍。

表 3 – 2 是对本例 Amos Basic 命令的逐行解释。

表 3 – 2　对 Amos Basic 命令的逐行解释

Amos Basic 命令	解　释
Sub Main （　）	开始一个 Amos Basic 程序
Dim Sem As New AmosEngine	用结构方程定义 AmosEngine （AMOS 工程）
Sem. TableOutput	分析结果在 ViewText 窗口中以文本文件形式呈现
Sem. BeginGroup "Attg_yng. xls" "sheet1"	指定 Excel 文件 Attg_yng. xls 的工作表 1（sheet1）为待分析的数据文件
Sem. Structure" recall1 （v_recall)" Sem. Structure " recall2 （v_ recall)" Sem. Structure " place1 （v_ place)" Sem. Structure " recall2 （v_ place)" Sem. Structure " recall1 < > place1 （cov_ rp)" Sem. Structure " recall2 < > place2 （cov_ rp)"	模型界定。前 4 个结构语句用括号内的参数标志限定了观察变量的方差。recall1 和 recall2 的方差相同，以同一个标志 v_ recall 表示。place1 和 place2 的方差相同，以同一个标志 v_ place 表示。最后两个结构语句用由两个字符构成的 < > 符号指明变量之间的协方差。两个协方差的标志相同，都为 cov_ rp，因此，它们的估计值将是同一个数值
End Sub	结束模型

命令的时间顺序性：

这里再次强调，6 个 Sem. Structure 语句要在 Sem. Begingroup 注释语句之后。否则，

AMOS不能辨认 Sem. Sturcture 行的变量名。

AMOS 结构模型中的声明语句分为 3 组。

（1）第一组——宣告式。这是对整个分析过程中的运算及输出选项所作的说明。这些命令为 AMOS 指定做哪些统计运算以及这些运算的方法。TableOutput 与 TextOutput 都属于声明语句。

（2）第二组——对数据与模型的说明。这一组语句包括对数据的描述，当进行多组或多样本数据的分析时，这组语句还包括对多组或多样本数据进行分析的命令。

（3）第三组——结果恢复语句。这一组命令可以恢复分析结果。对此感兴趣的读者可以参考 Amos 4.0 的用户指导书。

注：编写 AMOS 程序时，AMOS 命令的调用顺序是非常重要的。这些命令调用的顺序依次是：首先调用第一组，接着调用第二组，最后调用第三组。

五、以文本文件形式呈现分析结果

Amos Basic 命令编写完毕后，点击窗口上面工具栏中的执行/继续（Start/Resuem）工具按钮（ ▶ ），AMOS 程序就执行方差—协方差的运算并以文本文件形式呈现分析结果。

（一）矩估计

注：AMOS 实际上是 "Analysis of Moment Structure" 单词的首字母。其汉语意思是矩结构分析。具体来说，常见的矩结构也就是一组数据的平均数以及方差、协方差结构。对于矩的概念一般都是用数学或物理术语加以界定，很多人感觉比较难以理解。通俗地讲，矩就是描述一个随机现象特征的量数，既包括反映集中趋势的量数也包括反映离散特征的量数。当拟合某一模型时，AMOS 采用计算出来的所有矩估计结果中与样本矩最为接近的一组作为拟合矩，即模型参数，这一组参数也称为 IImplied Moments（大家在用AMOS时经常会看到这一概念，在汉语的文献中称其为引申矩）。

图 3 - 31 为根据前面 3 组命令以极大似然估计法所得的估计结果。

```
Maximum Likelihood Estimates
----------------------------

                        Estimate      S.E.       C.R.      Label
Covariances:            --------    -------    -------    -------
----------

  recall1 <----> place1    2.712     1.821      1.489     cov_rp
  recall2 <----> place2    2.712     1.821      1.489     cov_rp
  recall1 <---> recall2    2.872     1.208      2.377
  recall2 <----> place1    2.220     2.216      1.002
  recall1 <----> place2    4.608     2.166      2.127
  place1 <-----> place2   17.149     5.155      3.327


Variances:              Estimate      S.E.       C.R.      Label
----------              --------    -------    -------    -------

            recall1        7.055     1.217      5.798     v_recal
            recall2        7.055     1.217      5.798     v_recal
            place1        27.525     5.177      5.317     v_place
            place2        27.525     5.177      5.317     v_place
```

图 3 – 31   方差、协方差运算结果

从图 3 – 31 中可以看到，被指定为相同标识的变量方差以及协方差的值相同。只是标准误比第一节所得结果稍小一些。例如，第一节中 4 个变量方差的标准误分别为 1.311、1.799、7.604 和 5.018，这里所得 4 个变量的方差标准误分别为 1.217、1.217、5.177 和 5.177。

出于空间方面的考虑，AMOS 将方差标志 v_recall 压缩为 v_recal。在以文本文件形式显示的分析结果中，变量名可压缩至 7 个字符。也就是说，应该避免使用前面 7 个字母完全相同的变量名。

由于对参数作了限定，自由度的值就为正值了，如图 3 – 32 所示：

```
Computation of degrees of freedom


            Number of distinct sample moments:      10
    Number of distinct parameters to be estimated:   7
                                               ----------------
                              Degrees of freedom:      3
```

图 3 – 32   自由度

这样，样本方差与协方差依然是 10 个，但待估参数只有 7 个。将变量 recall1 和 recall2 的方差标定为 v_recall，即限定这两个变量的方差相等。将变量 place1 和 place2 的方差标定为 v_place，即限定其方差相等。另外，通过把 recall1 < > place1 和 recall2 < >

place2 标志设为 cov_rp，也就限定了其协方差相等，以上被限定的 3 种参数加上其他未加限定的待估参数共计 7 个。这样，自由度就变为 10 - 7 = 3。经过对参数的限定，以上 3 种参数均得到一个自由度。由于对参数作了限定，也就是人为指定某些参数相同，但在一般情况下，方差、协方差的拟合值与样本矩就不再完全相等。

（二）结果输出选项

前面的内容没有涉及对输出结果作特殊要求，分析结果均是按 AMOS 的默认设置输出的。如果要指定输出其他的分析结果，可以按以下步骤操作：对于 Amos Graphics 来说，依次点击工具菜单中的 View/Set→Analysis Preperties→Output 命令，或者直接点击分析属性（Analysis Properties）定义按钮（ ▦ ）和分析结果按钮（Output tab），在弹出的分析属性选项设定窗口进行设定，如图 3 - 33 所示：

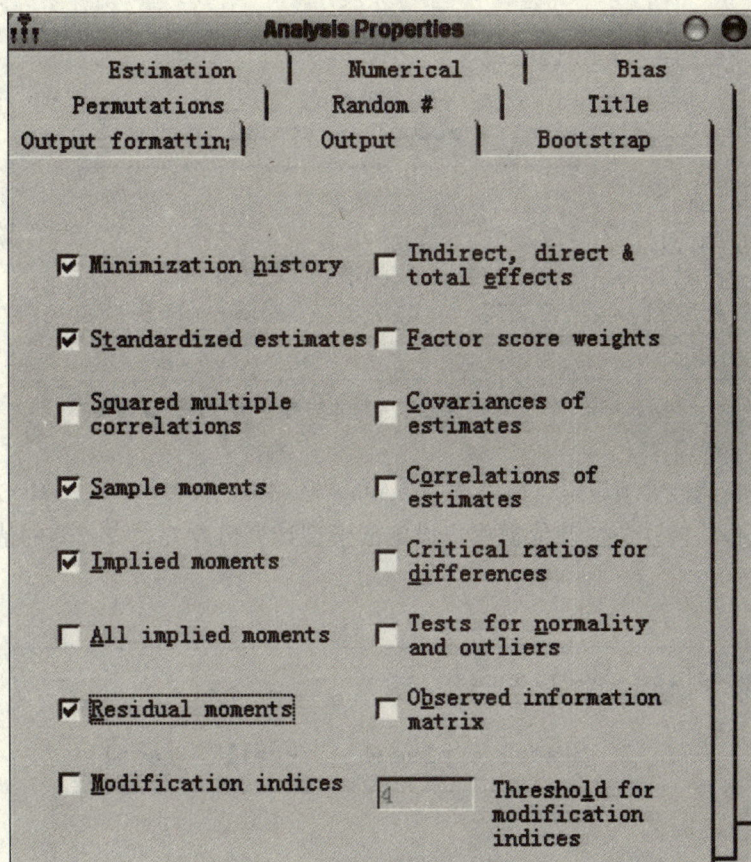

图 3 - 33　分析属性选项设定窗口

AMOS 的默认选项为 Minimization history（分析最短历程）。在这里，增加了以下 4 个选项：

Standardized estimates（输出标准化估计结果）

Sample moments（输出样本矩）

Implied moments（输出模型引申矩）

Residual moments（残差矩）

（三）矩估计结果

上面的两个图标中，左边的为 Calculate Estimates（任务执行）按钮，右边的为 View Text Estimates（以文本文件显示结果）按钮。要想在输出结果中将方差—协方差包含在一个矩阵中，在分析属性选项设定窗口中选中 Sample Moments（输出样本矩）即可。点击工具栏中的 Calculate Estimates（任务执行）按钮即可对样本的方差—协方差进行再次运算。点击工具栏中的 View Text（以文本文件显示结果）按钮就可以看到所要的结果了。

在以文本文件显示的分析结果中报告了样本方差、协方差的计算结果，如图 3-34 所示：

```
Sample Covariances

           place2    place1    recall2   recall1
          --------  --------  --------  --------
place2     22.160
place1     17.905    33.578
recall2     0.427     2.014     7.944
recall1     3.575     4.338     2.556     5.788
```

图 3-34　以文本文件显示的样本方差、协方差计算结果

如果在分析属性选项设定窗口中选中 Implied Moments（模型矩），AMOS 分析结果中会报告用极大似然估计法估计依据用户设定的模型计算出方差—协方差的值，结果如图 3-35所示：

```
Implied Covariances

           place2    place1    recall2   recall1
          --------  --------  --------  --------
place2     27.525
place1     17.149    27.525
recall2     2.712     2.220     7.055
recall1     4.608     2.712     2.872     7.055
```

图 3-35　依据设定的模型计算的方差、协方差结果

可以看到，在依据设定的模型计算出的方差—协方差结果与样本方差—协方差之间

有一定的差异。这是因为模型中对一些方差—协方差做了 3 种限定。例如，变量 place1 的样本方差为 33.578，但依据设定的模型估计值为 27.525。在分析属性选项设定窗口中选中 Residual Moments（残差矩）选项，AMOS 分析结果中就会报告模型方差、协方差的估计值与样本方差—协方差之间的差异（即残差矩）。图 3-36 为本例的残差矩阵。

```
Residual Covariances

          place2   place1   recall2  recall1
         --------  --------  --------  --------
place2    -5.365
place1     0.756    6.052
recall2   -2.285   -0.207    0.890
recall1   -1.033    1.625   -0.316   -1.267
```

图 3-36　残差矩阵

如果在参数格式选项框中点击 Unstandardized estimates（非标准化结果），再点击 View Output（查看结果）按钮（ ），路径图中就呈现出非标准化结果。如果在参数格式选项框中点击 Standardized Estimates（标准化结果），再点击 View Output（查看结果）按钮，路径图还会呈现出变量之间的相关系数，如图 3-37 所示：

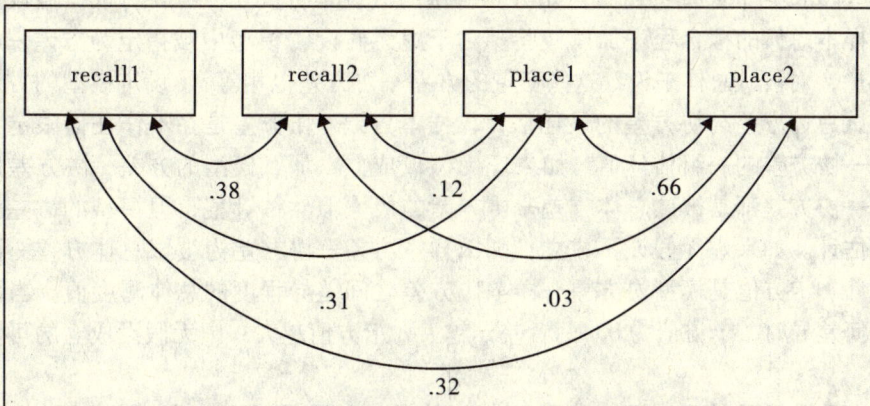

图 3-37　路径图呈现的变量之间的相关系数

在较大、较复杂的模型中，有时会记不清所呈现的是协方差还是相关系数，为此，AMOS 还允许为输出结果添加标注，也就是为模型添加注解语句，如图 3-38 所示：

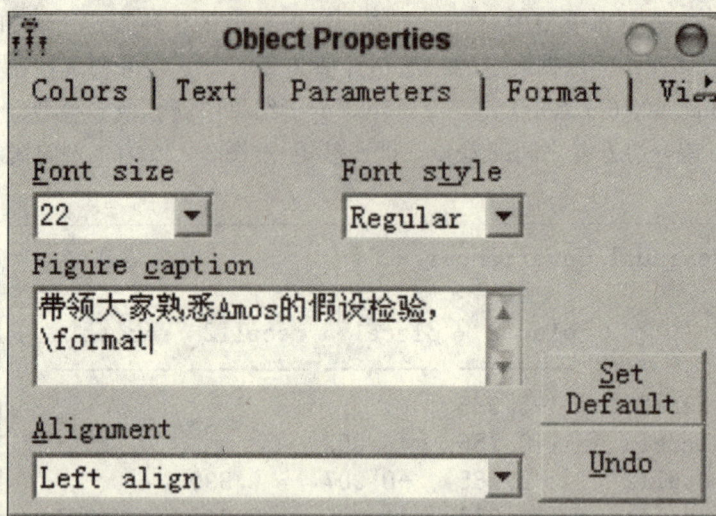

图 3-38　添加注解语句的模型

如果点击图形注释语句框右下角的下拉箭头，可以看到图形注解语句中的最后有一个带反斜杠的单词 \ format。\ format 以及其他带有反斜杠的单词被称为文本宏，在路径图显示窗口中这些宏被所显示模型的信息所取代。文本宏"\ format"在不同的路径图显示窗口被"Model Specification"，"Unstandardized estimates"或者"Standardized estimates"替代，也可以被用户自己所添加的特殊注解语句所替代。

六、假设检验

在本例中，假设 recall1 和 recall2，place1 和 place2 的方差相等，recall1 与 place1 的协方差以及 recall2 与 place2 的协方差相等。所做的假设是否成立，需要对依据假设所建立的模型对样本总体的拟合程序加以检验。对于虚无假设"模型中被指定为方差—协方差相同的变量，对被试总体来说，这些变量的方差—协方差也相等"，设定模型的方差与协方差是被试总体方差与协方差的最佳估计，样本方差—协方差是在不作任何限定条件下总体方差—协方差的一组估计值。如果虚无假设成立，那么模型的方差—协方差以及样本的方差—协方差都是被试总体方差—协方差的极大似然估计值，但模型的方差—协方差为最佳估计。如果虚无假设不成立，那么样本方差—协方差为被试总体方差—协方差的最佳估计。卡方值是模型协方差—样本协方差之间差异程度的总体测度值。当两者之间没有任何差异时，卡方值为 0。两者差异越大，卡方值越大，虚无假设成立的可能性就越低。

图 3-39 中显示的是对两个方差和一个协方差加以限定的条件下虚无假设的检验结果。

```
Chi-square = 6.276
Degrees of freedom = 3
Probability level = 0.099
```

图 3 - 39　虚无假设的检验结果

如果虚无假设成立，卡方值将符合自由度为 3 的卡方分布，分析结果中的卡方值 6.276 是这一卡方分布上的一个观察值。就图 3 - 39 来说，卡方值等于或大于 6.276 的概率为 0.099。在这种情况下，在 5% 水平上推翻虚无假设的证据达不到显著水平。也就是说，模型的拟合度是可以接受的，模型所做的假设也是成立的。

如果在图形注释语句框内输入文本宏：\ cmin 和 \ df，在分析结果路径图显示窗口下方就可以看到反映模型拟合优度的卡方值和自由度的值。这些文本宏在分析结果显示窗口分别被卡方值和自由度所替代。如果在模型图的解释语句框中输入 \ p，那么在分析结果路径图的显示窗口还可以看到对应于卡方值的双尾检验概率 P 值。现在，为本例的模型加上如下注释语句：

带领大家熟悉 AMOS 的假设检验，

\ format

卡方 = \ cmin

df = \ df

p = \ p

再次运行分析过程，点击 View Output 图标，就可以看到如图 3 - 40 所示的结果：

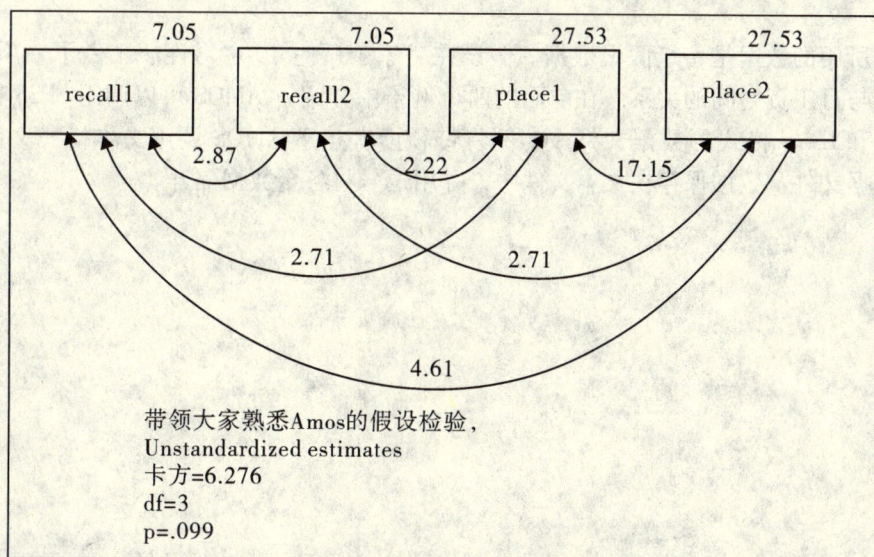

带领大家熟悉Amos的假设检验，
Unstandardized estimates
卡方=6.276
df=3
p=.099

图 3 - 40　假设检验分析结果

第四章 假设检验进阶

在很多情况下,对事物和现象进行全部观测是比较困难的,这时就需要从部分数据中估计全部的情况,这就是推论统计。推论统计是研究如何通过样本数据所提供的信息来推论样本所属的总体的情形。在推论统计中,假设检验(统计检验)是应用极为广泛的一类统计形式。在假设检验中,最常用的是平均数差异检验,包括 T 检验、F 检验等。当然,我们可以通过各种假设检验技术对我们所提出的假设进行检验。本章将介绍相关系数假设检验和平均数差异检验。

第一节 相关系数假设检验

一、目的
(1) 举例说明怎样检验原假设,即两个变量不相关。
(2) 引入自由度的概念。
(3) 具体介绍渐近正确检验(asymptotically correct test)方法。

二、数据及调用
(一) 数据
本例所用的数据是一组假设数据。假设在一家工厂对 40 名男性职工做了一项调查,研究体重与月工资之间的关系。在前面的两个例子中介绍了 AMOS 可以调用 SPSS 格式的数据文件和 Excel 格式的数据文件。本例将带领读者熟悉 AMOS 调用文本格式文件。图 4 - 1 为数据文件。数据保存在文本文件中,并用逗号将各个数据隔开。

图 4 - 1　txt 文件

（二）数据的调用

打开 Amos Graphics，点击窗口左上角的 file 命令，在下拉菜单中点击 Data Files...,
Text（.txt），然后点击 File Name 选项，选择本书所附光盘数据文件夹中的 Amex3.txt
文件。

三、模型建立与假设表达

根据常识，我们猜测体重与月工资之间不应该存在相互关系。因此，我们假设被试
总体中，weight 和 salary 两个变量之间的相关系数为 0，即两个变量不相关，通过估计样
本数据的方差、协方差矩阵，检验这一假设是否成立。

（一）Amos Graphics 建立和检验模型

进入 Amos Graphics 界面，画出 weight 和 salary 两个变量的路径图，如图 4 - 2 所示：

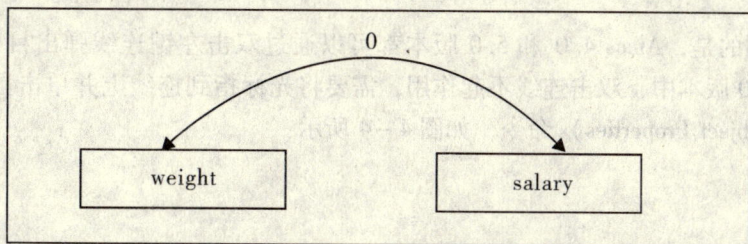

图 4 - 2　建立路径图

采用 Amos Graphics 分析数据，有两种方法可以使协方差为 0。第一种方法是画出两
个观察变量的协方差路径，使 weight 和 salary 两个变量的模型协方差如图 4 - 2 所示。在
Amos Graphics 路径图中，变量之间不用双向箭头连接即认为该两个变量之间的协方差为
0。这里，限制 weight 和 salary 两个变量之间的协方差为 0。

第三章中已经介绍了第二种方法。在工具菜单中，点击 Draw covariances 按钮
（←→），拖拉鼠标画出变量 weight 和 salary 之间的双箭头连线。然后，双击箭头连线
就会出现 Object Properties 对话框。点击 Parameters 选项，在 Covariance 下面的方框内填入
数字（如这里输入 0），Covariance 选项可以限制协方差的值为我们需要的任何值或变量
（如图 4-3 所示）。模型建好后保存为 Ex4-1-a. amw。

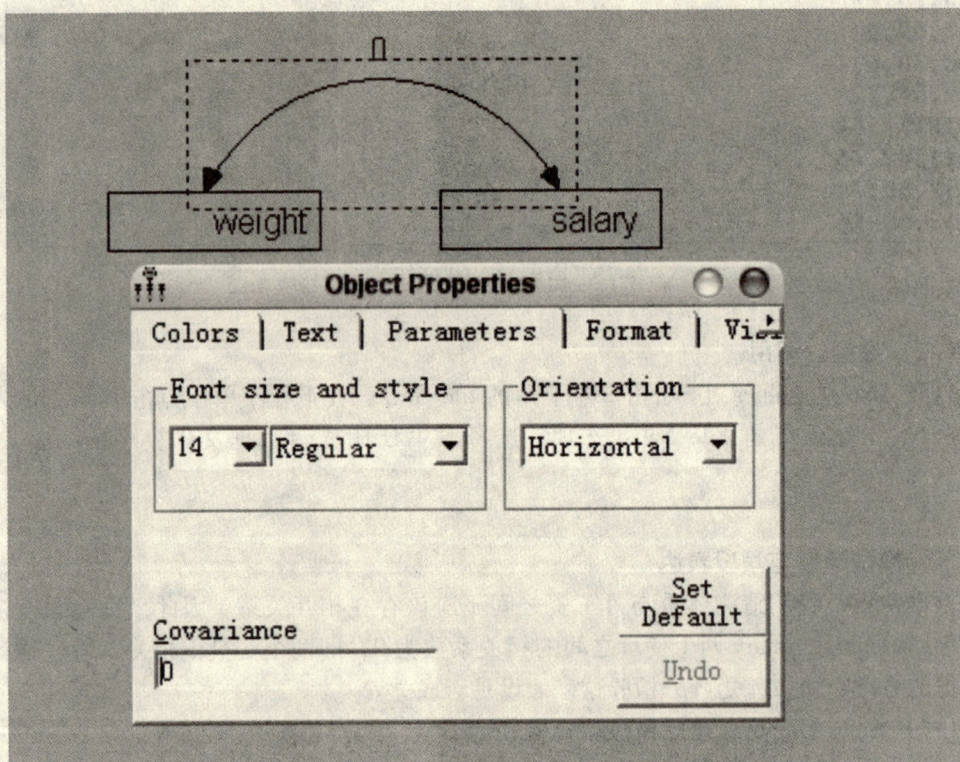

图 4-3　设置协方差为 0

需要说明的是，Amos 4.0 和 5.0 版本都可以通过双击左键连线弹出目标属性窗口。
但在 Amos 7.0 版本中，双击连线不起作用，需要将光标指到连线上并单击鼠标右键点击
目标属性（Object Properties）命令，如图 4-4 所示：

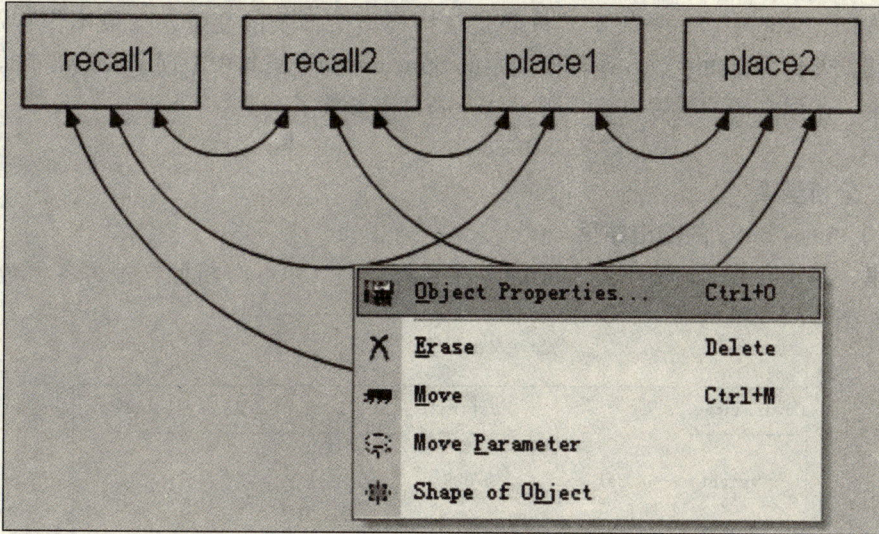

图 4 - 4　目标属性定义窗口

（二）Amos Basic 建立模型

图 4 - 5 是用 Amos Basic 建立的模型，将其保存为 Ex4-1-a. amw。Amos Basic 模型中限定协方差的值为 0（从模型中可以看出，程序要求输出标准化结果，标准化的协方差值即相关系数）。

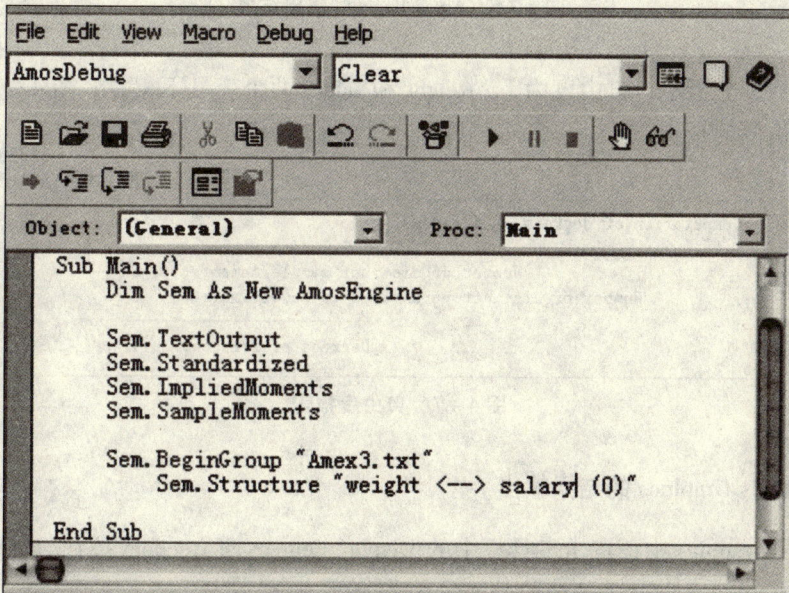

图 4 - 5　Amos Basic 建立的模型

Structure 命令语句只是对协方差有所限制，而对 weight 和 salary 两个变量的方差没有限制，并默认方差为自由参数。

在 Amos Basic 中有一条规则，只要是结构模型中涉及的变量，如果不作特殊说明，则均将其方差作为自由参数。在本模型中的 Structure 命令语句中出现了 weight 和 salary 这两个变量，所以它们的方差也就是所要估计的自由参数了。

四、分析结果

(一) Amos Basic 的输出结果

这里，尽管参数估计值不是主要的关注目标，但 AMOS 分析照样报告各参数的估计结果，如图 4-6 所示：

```
Covariances:              Estimate     S.E.      C.R.      Label
------------              --------    -------   -------    -------

    weight <---> salary     0.000

Correlations:             Estimate
-------------             --------

    weight <---> salary     0.000

Variances:                Estimate     S.E.      C.R.      Label
----------                --------    -------   -------    -------

            weight        21.574      4.886     4.416
            salary       131.294     29.732     4.416
```

图 4-6 Amos Basic 的输出结果

在这个数据分析中，自由度为 1，weight 和 salary 两个变量不相关。图 4-7 是分析结果中关于自由度的报告。

```
Computation of degrees of freedom

            Number of distinct sample moments:      3
    Number of distinct parameters to be estimated:  2
    ------------------------------------------------
            Degrees of freedom:  1
```

图 4-7 自由度报告

(二) Amos Graphics 的结果输出

在 Amos Graphics 中，点击工具栏中的 Display degrees of freedom 按钮（ **DF** ），即可

输出与 Amos Basic 报告的自由度相同，如图 4-8 所示：

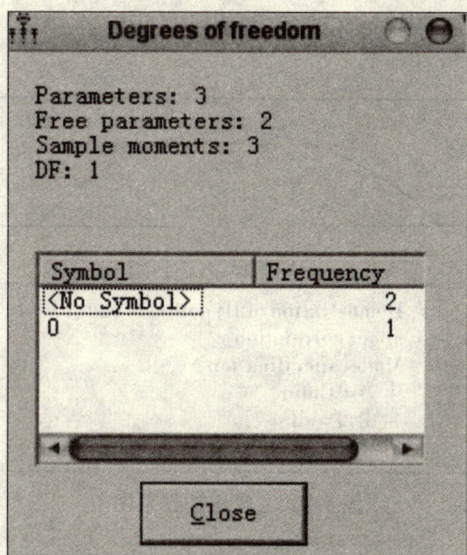

图 4 – 8　自由度报告

本例中的样本矩为三个，即 weight 和 salary 变量的两个方差和一个协方差，由于指定协方差为 0，所以只剩下变量的方差为自由参数即需要计算其估计值的参数。

在用 Amos Graphics 建立的模型中，点击工具栏中的 Title 按钮（ Title ），弹出如图 4 – 9 所示的对话框，在 Figure caption 下面的框内输入如下说明性语句：

Demonstration of Hypothesis test

about correlation

\ format

卡方 = \ Cmin

自由度 = \ df

P = \ p

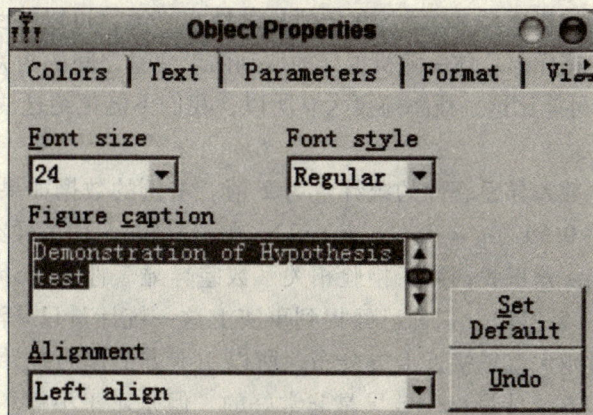

图 4 – 9　目标属性定义窗口

这时，用 Amos Graphics 建立的模型如图 4 – 10 所示：

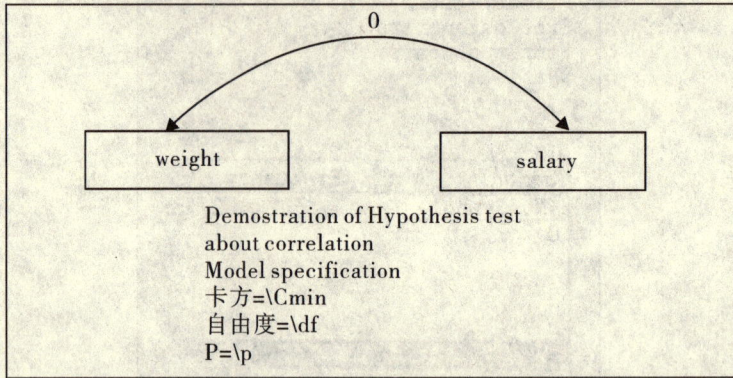

图 4 – 10　得出的结果图

运行运算过程后，点击结果查看工具，将显示分析结果。图 4 – 11 是非标准化参数估计结果以及对原假设——weight 和 salary 变量不相关的检验结果。

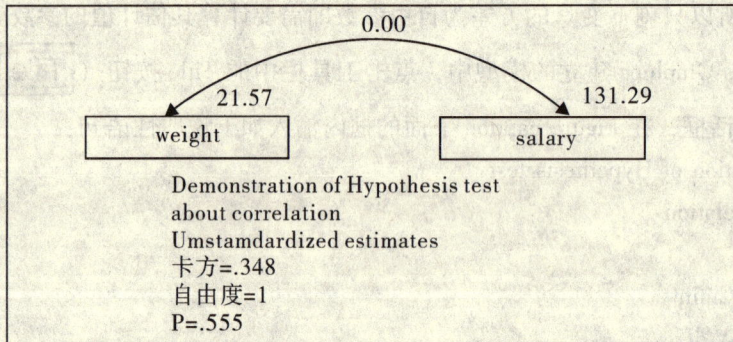

图 4 – 11　非标准化参数估计结果

经过分析，得到的概率是 0.555，在任何显著性水平下，可以接受原假设。这里，P 值 0.555 的含义是，在样本总体中随机抽样抽取到两个变量之间的相关系数为 0 样本的概率为 0.555，当然也可能比这一概率还要大。所以，我们不能拒绝这两个变量之间的相关系数为 0 这一假设。

通常检验相关系数差异显著性的统计量为 T 值。本例的数据如果用 T 检验，得出的结果对应的 T 值将是 0.59（$df = 38$，$p = 0.72$，单测检验）。因为样本容量较小，T 检验的概率水平比较精确。这里我们用于检验相关系数差异显著性的统计量为卡方值（实际上是检验模型优度的统计量），前面已经提到事实上这一统计量只是渐进服从卡方分布，也就是说，样本容量越大就越接近卡方分布，所以用卡方值作为统计量不如 T 检验效果好。对于大样本，卡方统计量检验效果是非常好的，但是对于小样本，卡方统计量具有一些偏差。虽然此样本容量只有 40 个，但是卡方统计量的结果近似准确，此例中的原假设是可以接受的。

　　采用 AMOS 分析数据，假设在 0.05 或 0.01 概率水平下检验原假设，那么弃真的概率水平是多少？也就是说，犯第一类型错误的概率有多大呢？表 4-1 是对于不同样本容量来说，用卡方检验犯第一类型错误概率的变化。表中第二列是在 0.05 的概率水平下犯第一类错误的的概率水平；第三列是在 0.01 的显著性水平下犯第一类错误的概率水平。可以看到，当样本较小时，犯第一类型错误的概率远远大于理论概率，但随着样本的增大，犯第一类型错误的概率逐渐接近理论概率。在第二列，越接近表的低端，概率值越接近 0.05；在第三列，越接近表的低端，概率值则越接近 0.01。这种特性意味着卡方统计量对假设的检验是渐进准确的。

表 4-1　第一类型错误概率变化表

Sample Size	Nominal Significance Level	
	.050	0.010
3	0.250	0.122
4	0.150	0.056
5	0.115	0.038
10	0.073	0.018
20	0.060	0.013
30	0.056	0.012
40	0.055	0.012
50	0.054	0.011
100	0.052	0.011
150	0.051	0.010
200	0.051	0.010
$\geqslant 500$	0.050	0.010

第二节　方差、协方差差异显著性检验

——兼谈多组数据的同步分析

一、目的

　　通过本节内容，读者将会了解如何用 AMOS 检验两组数据的方差、协方差是否存在显著性差异；同时，本节内容也将向读者介绍如何用 AMOS 分析多组数据对一个模型的拟合情况。

二、介绍

这里我们将再次介绍前面章节中的 Attig 于 1983 年在其研究中使用过的一组数据。我们将对两组数据的分析结果进行比较，检验其相似性程度。不过，我们不是比较这两组数据各自独立的分析结果，而是向大家介绍如何同时对两组数据进行参数估计并检验它们对模型的拟合程度。此方法的优势表现在两个方面：首先，这种方法可以呈现两组之间差异检验的显著性结果；其次，如果两组数据之间的差异不显著，或者说两组之间只是在几个参数上表现出差异，多组数据同时分析所得出的参数估计结果比分别使用两个模型单独分析两组数据得出的结果更有效。

三、数据

使用 Attig 在 1983 年关于年轻和年长被试的空间记忆研究所得的数据。表 4-2 是关于年长被试的部分数据，也即数据存储位置的 Excel 文件 UserGuide. xls 的 Attg_old 表单。

表 4-2　年长被试的部分数据

subject	age	education	sex	recall1	recall2	cued1	cued2
1	65	16	1	5	11	5	11
2	68	18	0	12	16	14	16
3	64	17	1	11	11	10	11
4	77	16	0	3	3	3	4
5	72	12	0	8	9	11	9
6	75	12	1	10	9	10	10
7	69	12	0	8	7	10	8
8	74	12	0	7	6	8	9
9	66	12	0	8	12	9	13
10	77	12	0	8	11	10	13
11	72	20	0	11	13	12	14
12	69	13	0	10	14	12	14
13	68	16	1	6	3	7	3
14	68	12	0	8	10	11	10
15	74	4	0	11	7	10	8
16	68	12	0	5	9	7	10
17	70	12	0	8	9	9	10
18	69	20	1	13	13	13	13

这些数据与 Excel 文件 UserGuide. xls 的 Attg_ yng 表单中的数据格式相同，只是被试的人数不同。本例中，我们只使用 recall1 和 cued1 两个变量。多组数据的文件建立有多种方式。可以是每一组数据建立一个表单（就像这个例子所做的一样），也可将所有数据存放在一个表单中，通过建立一个分组变量将两组数据区分开。

四、模型 A

首先，我们为 recall1 和 cued1 两个变量建立一个简单模型（模型 A）。对于年长被试和年轻被试来说，这个模型对 recall1 和 cued1 的方差和协方差都不作任何限定。也就是说，对于年长被试与年轻被试来说，也许这两个变量的方差以及两者的协方差是不同的。

（一）用 Amos Basic 建立模型

图 4-12 是用 Amos Basic 建立的模型 A，其文件名为 Ex4-2-a. Amos Basic。这一模型要求 AMOS 估计两个总体的方差和一个协方差。

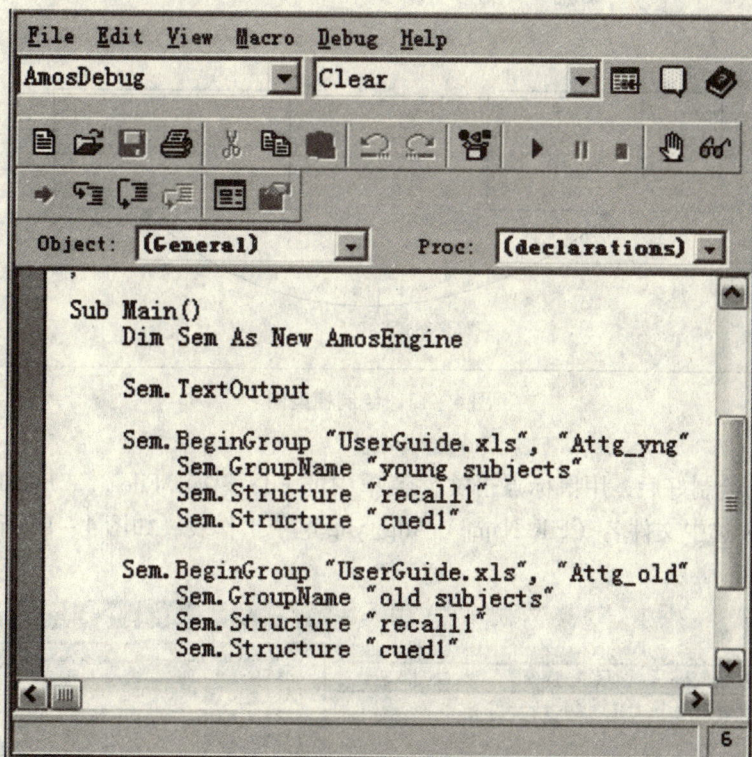

图 4-12 Amos Basic 建立的模型 A

文件中出现了两个 Sem. BeginGroup 语句，这两个语句分别为整个文件两个部分的开头。每部分各包含一个模型和相应的数据。这一简单模型指定 recall1 和 cued1 为两个变量，这两个变量之间的方差和协方差是待估参数。Sem. GroupName 语句为多样本输入文件的重要组成部分，它用在输入文件和分析结果文件的开头。

（二）用 Amos Graphics 建立模型

用 Amos Graphics 建立模型与用 Amos Basic 建立模型多少有些不同。尤其是对于分析多组数据的模型，Amos Graphics 有一些缺省规则：

（1）除非明确声明有其他的路径图结构，否则，就默认各组数据有同样的路径图结构。例如，对于模型 A 来说，只需为第一组被试（年轻被试）画路径图。默认其他组数据（年长被试）也用同样的模型结构。

（2）通常情况下，未命名的参数对于不同的数据组来说会得出不同的值。即对于 Amos Graphics 来说，如果使用缺省设置，多组数据将使用同一模型结构，但允许有不同的参数值。

（3）通过添加同样的标签，可以对不同数据组的参数限定为相同的值，（稍后将在此例模型 B 中作详细介绍）。

这里，教大家用 Amos Graphics 建立模型的一些新方法。先打开 Amos Graphics，在所给图区绘制如图 4 – 13 所示的图形：

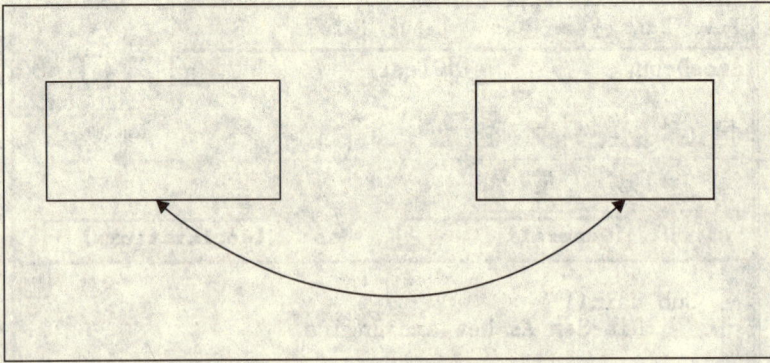

图 4 – 13   绘制模型图

将模型图绘制好后，用鼠标点击文件菜单中的 File→Data Files. . . . Excel 工作簿中的 UserGuide . xls 选中文件名（File Name）Attg_yng 电子工作表，如图 4 – 14 所示：

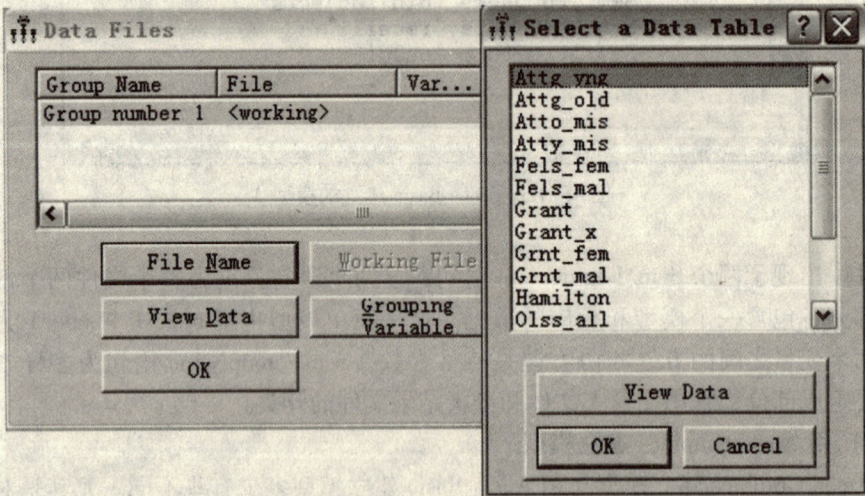

图 4 – 14   打开一个数据文件

点击▓▓▓（Variables in data set）图标，将观测变量 recall1 和 cued1 图表拖至路径图相应的矩形中，如图 4 – 15 所示：

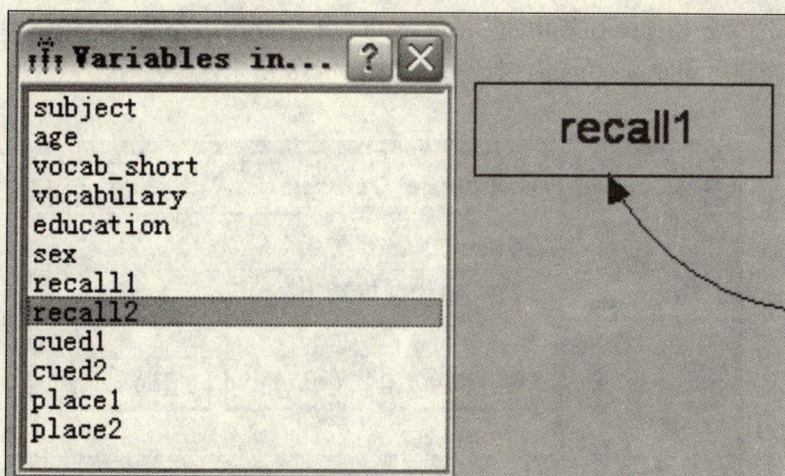

图 4 – 15　给 recall 1 和 recall 2 值赋数据文件

接下来，点击 Title 图标 Title ，添加一个至少有两个语句的标题，如图 4 – 16 所示：

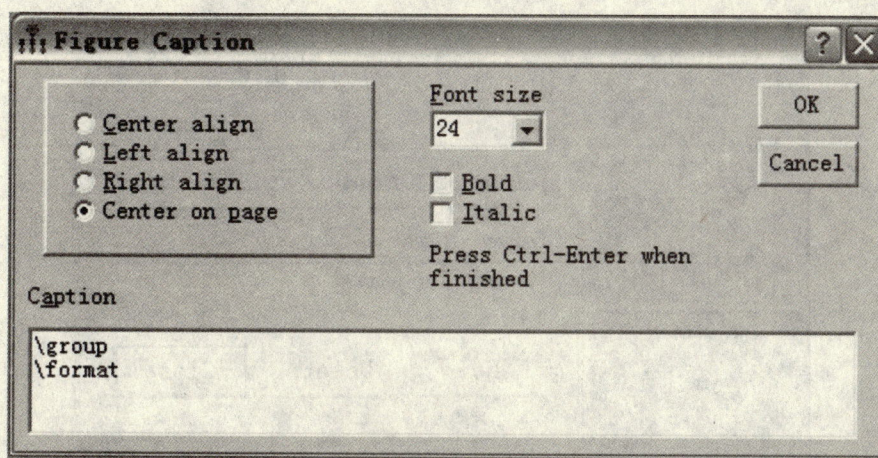

图 4 – 16　添加至少有两个语句的标题

点击图 4 – 16 中的 OK 按钮后，模型下面就会出现一个文字框，如图 4 – 17 所示：

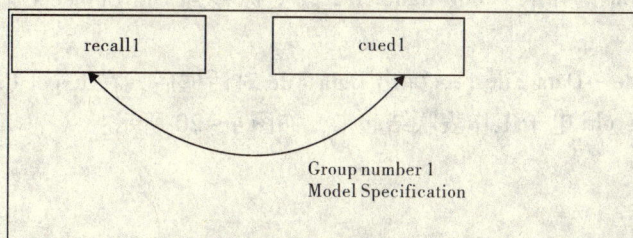

图 4 – 17　文字显示

然后，先双击 Groups 面板中的 Group number 1 建立第一个模型，继而建立第二个模型。AMOS 将显示 Manage Groups 对话框，如图 4 – 18 所示：

图 4 – 18　Manage Groups 对话框

在 Group Name 区域中改名字为 Young Subjects：

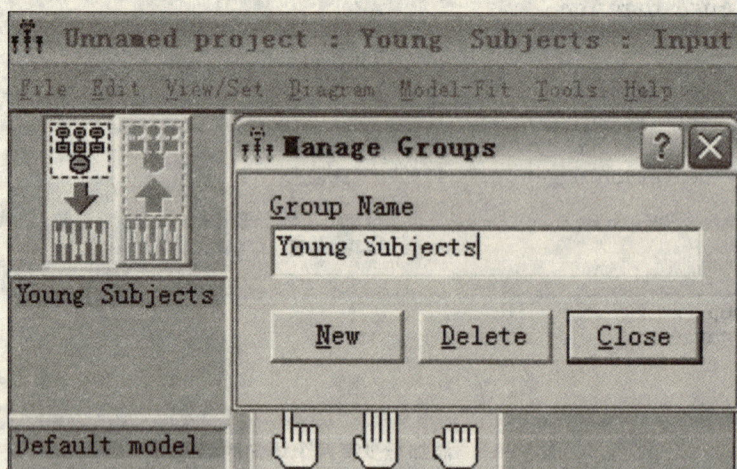

图 4 – 19　在 Group Name 区域中改名字为 Young Subjects

接下来，点 New 键并从 Group number 2 改变标签到 Old Subjects.。再点击 Close 键，关闭对话窗。

再一次运行 File→Data Files... 弹出 Data File 对话框后，在 Excel UserGuide 中把模型 Old Subjects 与 Attg_old 电子工作表联结起来，如图 4 – 20 所示：

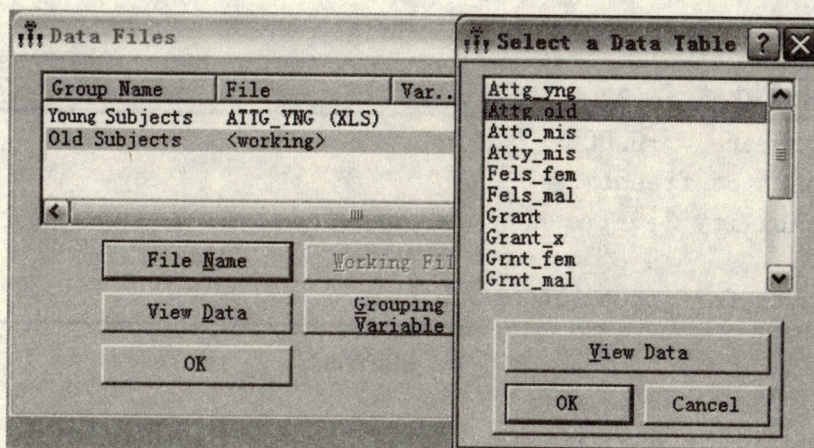

图 4 - 20　Data Files 对话框

点击 OK 按钮，关闭对话框，并将文件保存为：Ex4-2-a. amw。

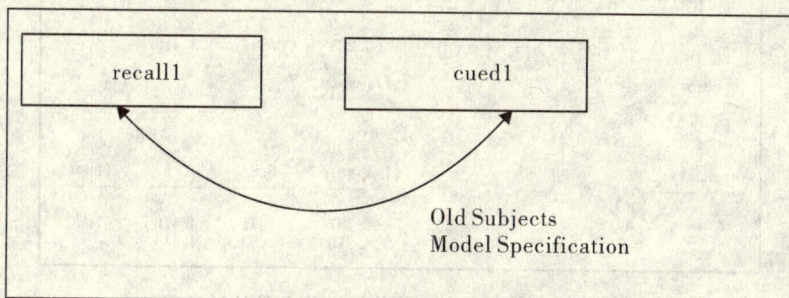

图 4 - 21　路径图

（三）模型 A 的输出结果

我们能够预期，模型 A 的自由度为 0。如图 4 - 22 所示：

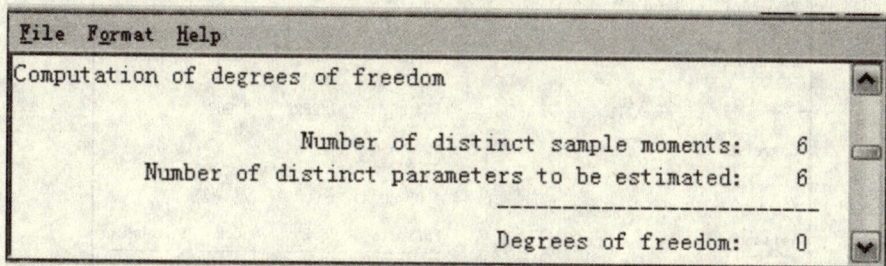

图 4 - 22　模型 A 的输出结果

依据模型 A，AMOS 估计出如下结果：年轻被试组、年长被试组各 2 个方差和 1 个协方差，共计 6 个参数。因此，该模型的自由度为 0，如图 4 - 23 所示。我们无法对这一模型进行拟合检验。

```
File  Format  Help
Chi-square = -0.000
Degrees of freedom = 0
Probability level cannot be computed

Results for group: Young Subjects
```

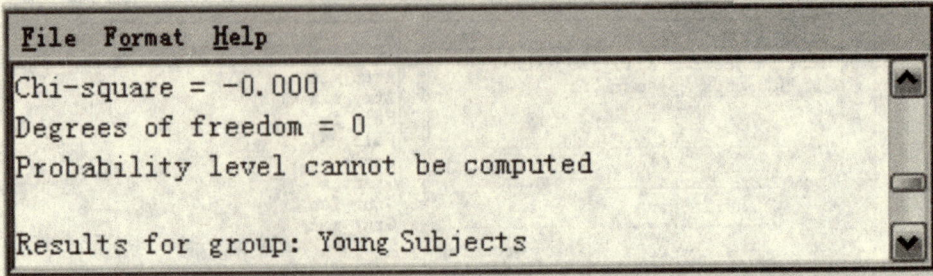

图 4 – 23　模型自由度

年轻被试组的非标准化参数估计结果如下：

```
Results for group: young subjects
Maximum Likelihood Estimates
```

Covariances:	Estimate	S.E.	C.R.	Label
recall1 <----> cued1	3.225	0.944	3.416	
Correlations:	Estimate			
recall1 <----> cued1	0.653			
Variances:	Estimate	S.E.	C.R.	Label
recall1	5.787	1.311	4.416	
cued1	4.210	0.953	4.416	

图 4 – 24　年轻被试组的非标准化参数估计结果

年长被试组的非标准化参数估计结果如下：

```
Results for group: old subjects
Maximum Likelihood Estimates
```

Covariances:	Estimate	S.E.	C.R.	Label
recall1 <----> cued1	4.887	1.252	3.902	
Correlations:	Estimate			
recall1 <----> cued1	0.800			
Variances:	Estimate	S.E.	C.R.	Label
recall1	5.569	1.261	4.416	
cued1	6.694	1.516	4.416	

图 4 – 25　年长被试组的非标准化参数估计结果

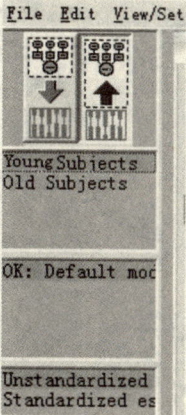

图 4 – 26 AMOS
操作窗口

AMOS 操作窗口的左侧提供了查看输入、输出结果的多种选择方式。注意在 AMOS 窗口左边为怎样打开面板提供了各种各样的观看选择。图 4 – 26 中，箭头朝下的图标为输入文件查看工具，箭头朝上的图标为输出结果查看工具。在这两个工具下面的为模型选择框，我们可以选择查看不同的模型的分析结果及输入文件。再下面是输出结果的类型选择框，在这个框内，我们可以选择以什么形式呈现结果。如果选择 Unstandardized 就是查看非标准化的分析结果；如果选择 Standardized 就是查看标准化的分析结果。

这两个图标也是分析结果查看工具。点击左边的图标可以以文本文件的方式查看分析结果，点击右边的图标则以清单的方式查看分析结果。

图 4 – 27 为以 Amos Graphics 路径图形式呈现的两组数据的非标准化分析结果。

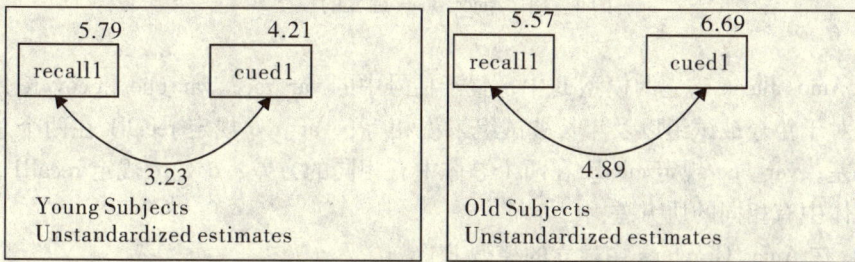

图 4 – 27　Amos Graphics 路径图形式呈现的两组数据的非标准化分析结果

五、模型 B

从图 4 – 27 可以看出，两组数据所得出的参数估计结果是不同的。但这两组数据所得出的估计结果之间的差异是否达到显著水平，这种差异是不是处于抽样误差范围之内，这一问题需要做进一步分析。那么这一次建立的模型需要限定两组数据之间相应的参数估计值相等。这就是我们在下面建立的模型 B。

（一）在 Amos Basic 中建立的模型

用 Amos Basic 建立的模型 B 如图 4 – 28 所示。这一模型存储为文件 Ex4-2-b. AmosBasic。

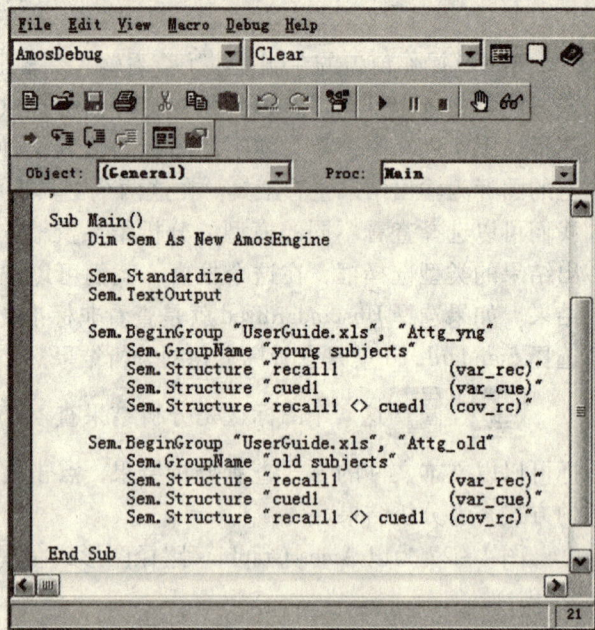

图 4 – 28　Amos Basic 建立的模型 B

　　在以 Amos Basic 建立的模型 B 中，置于括号中的 var_rec，var_cue 和 cov_rc 用于规定模型参数对于年轻被试组以及年长被试组来说相等；var_rec 规定 recall1 在两个总体中有同样的方差；var_cue 规定 cued1 在两个总体中有相同的方差；cov_rc 规定 recall1 和 cued1 在两个总体中有相同的协方差。

　　（二）在 Amos Graphics 中建立的模型 B

　　要在 Amos Graphics 中建立模型 B，为两组数据的路径图指定三个参数标签就可以了。这一做法非常简便。不过，当遇到复杂的路径图时，这一操作就相当繁琐了。还有一种更为便利的做法。这一方法要用到 View/Set→Matrix Representation 命令。下面向读者作详细介绍：

　　首先，在模型组选择框中选中 young subjects。如图 4 – 29 所示：

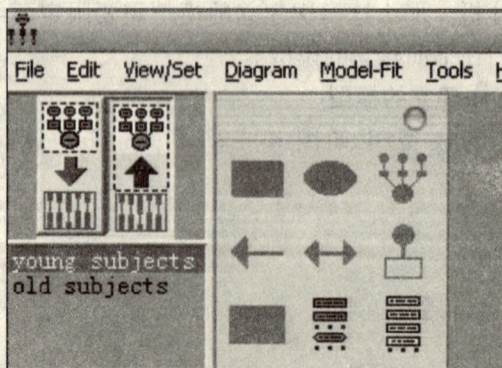

图 4 – 29　选择 young subjects

接下来，点击 View/Set→Matrix Representation.，弹出 Matrix Representation 对话窗。再点击 Matrix→New Covariance Matrix.，就进入了 Sigma 1 数据表格编辑对话窗口，如图 4 –30 所示：

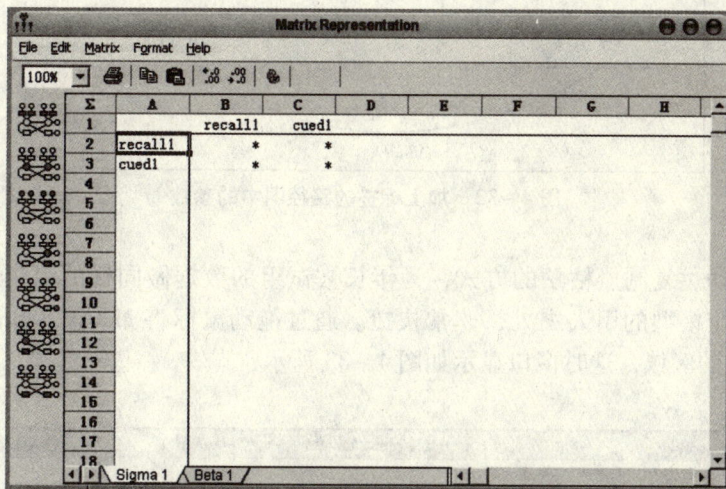

图 4 – 30　Matrix Representation 窗口

图标为外源变量拖动工具（在图 4 – 30 窗口左边下数第二个图标）。点击这一图标并将光标拖至 A2 格，松开鼠标左键，在 A2、A3 格中就分别出现了 recall1 和 cued1 变量名，然后再以同样的方式将这一图标拖至 B1 格，B1、C1 格就会分别出现 recall1 和 cued1 变量名，B2、C2 和 B3、C3 格中均出现"星星"，表示自由参数（如图 4 –30 所示）。

按如下方法将两组数据的参数限定为相等：把对角空格 B2 中的"星星"改为 var_ rec，对角空格 C3 改为 var_cue；把非对角的空格 C2 改为 cov_rc，第二个非对角的空格会自动改为 cov_rc。设定完后窗口如图 4 – 31 所示：

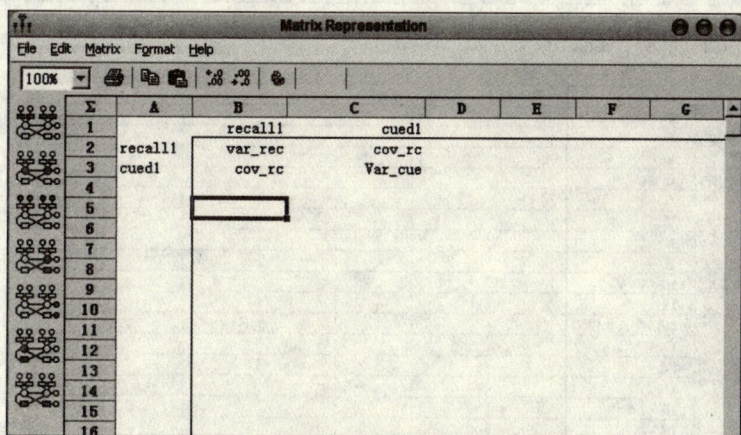

图 4 – 31　Matrix Representation 窗口

这时，将 Matrix Representation 窗口移开，就会发现路径图中的参数加上了标签（如图 4-32 所示）。图 4-31 是一个 2×2 的矩阵，主对角线上是方差，其他为协方差。

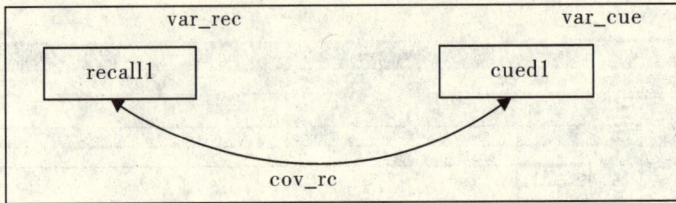

图 4-32　加上标签的路径图中的参数

下面我们通过复制、粘贴的方式，为年长被试组的数据做同样的限定。这一点也就是以此方式限定模型的引人之处，非常快捷。通过拖动鼠标将 Matrix Representation 窗口中的 A1 至 C3 的区域，这时窗口显示如图 4-33 所示：

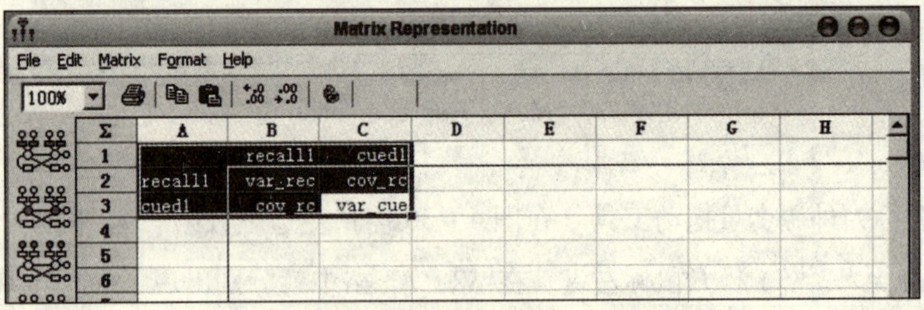

图 4-33　Matrix Representation 窗口

点击窗口上面工具栏中的 Edit，在下拉菜单中点击 Copy。然后，在左面的 Group 管理栏中点击 Old Subjects，这时 Matrix Representation 窗口显示如图 4-34 所示：

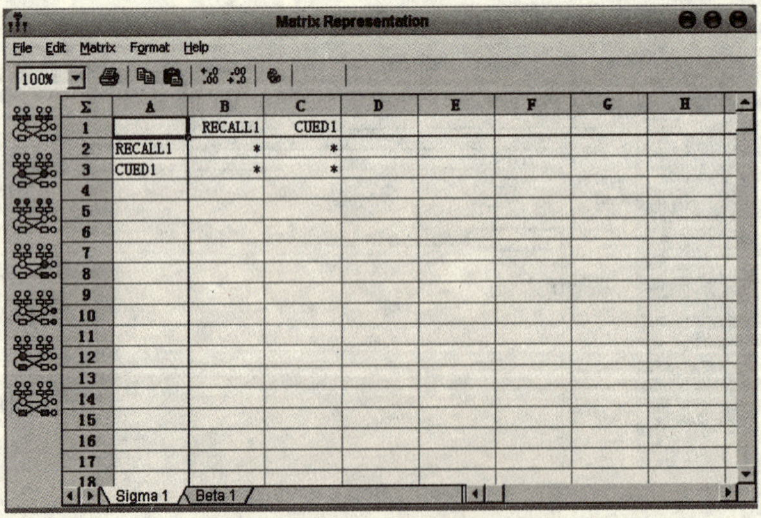

图 4-34　Matrix Representation 窗口

这时，将光标放在 Matrix Representation 窗口中 A1 格并点击鼠标左键，然后点击窗口上方工具栏中的 Edit 命令并在下拉菜单中点击 Edit→Paste，这样就将年轻被试组数据的参数限定复制到年长被试组的数据中了（如图 4 - 35 所示）。当模型复杂，要限定的条件比较多时，这种方式的优势就更加明显了。

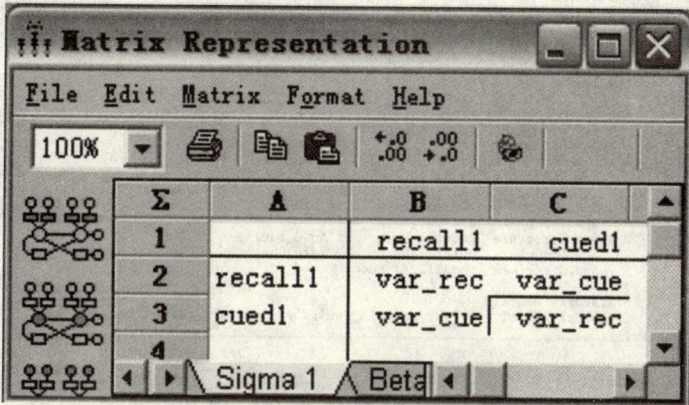

图 4 - 35　粘贴变量

最后，将这一模型命令作为 Model B 并保存。用 Title 工具为这一模型加注说明，如图 4 - 36 所示：

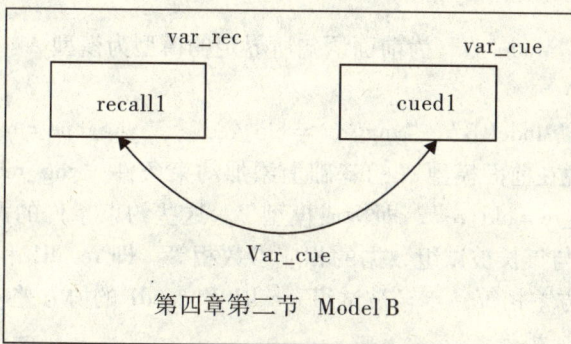

图 4 - 36　模型保存与加注

六、建立多重模型

（一）用 Amos Basic 建立多重模型

在 Amos Basic 中，建立多重模型与建立单个模型相似。我们先建立一个默认模型（这一模型的约束条件最少），然后在下面添加如下的模型说明语句来作出说明：

Sem. Model "Model A"

Sem. Model "Model B"，"yng_rec = old_rec"，"yng_cue = old_cue"，"yng_rc = old_rc"

这样就将模型 A 与模型 B 置于同一个文件中了，这样的模型即为多重模型。建立好

107

的模型显示如图 4 – 37 所示:

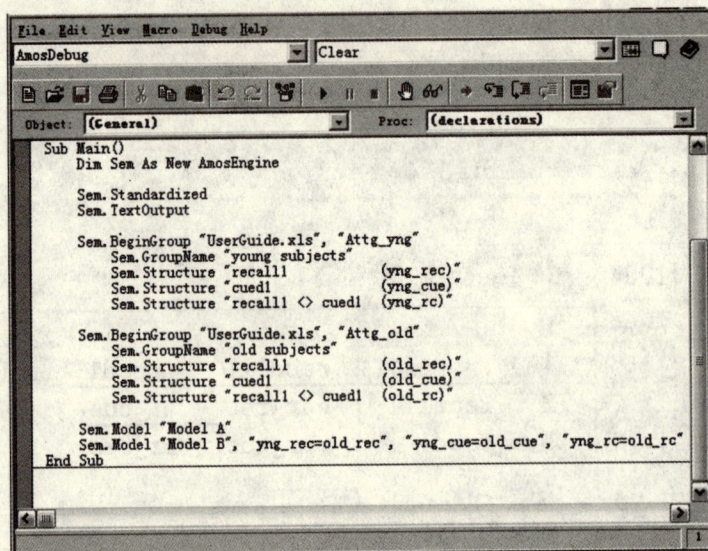

```
File Edit View Macro Debug Help
AmosDebug                              ▼  Clear                         ▼ ⊞ □ ◆

 🗋 🗁 🖫 🖨 | ✂ 🗐 🗐 | 🖾 ⭕ ⭕ | 😘 | ▶ ‖ ■ | ✋ 66'| → 🗐 🗐 | 📭 | 🖽 🖫

Object: (General)                      ▼  Proc: (declarations)            ▼

Sub Main()
    Dim Sem As New AmosEngine

    Sem.Standardized
    Sem.TextOutput

    Sem.BeginGroup "UserGuide.xls", "Attg_yng"
        Sem.GroupName "young subjects"
        Sem.Structure "recall1            (yng_rec)"
        Sem.Structure "cued1              (yng_cue)"
        Sem.Structure "recall1 <> cued1   (yng_rc)"

    Sem.BeginGroup "UserGuide.xls", "Attg_old"
        Sem.GroupName "old subjects"
        Sem.Structure "recall1            (old_rec)"
        Sem.Structure "cued1              (old_cue)"
        Sem.Structure "recall1 <> cued1   (old_rc)"

    Sem.Model "Model A"
    Sem.Model "Model B", "yng_rec=old_rec", "yng_cue=old_cue", "yng_rc=old_rc"
End Sub
```

图 4 – 37　Amos Basic 编程

在建立多重模型时,模型的说明语句应该紧跟在模型结果界定语句后,也就是在最后一个模型界定完以后,空一行就是模型的说明语句。在这里,模型说明语句的作用如下:

(1) Sem. Model "Model A" 为前面语句所界定的模型为模型 A (这是一个默认模型,即它的约束条件最少)。

(2) Sem. Model "Model B", "yng_rec = old_rec", "yng_cue = old_cue", "yng_rc = old_rc" 这一语句是说在前面模型 A 的基础上添加约束条件 "yng_rec = old_rec", "yng_cue = old_cue", "yng_rc = old_rc", 即构成模型 B。这些约束条件的意思是令年轻被试组数据的三个参数分别与年长被试组数据的相应参数相等。即 recall1 和 cued1 的方差相等, recall1 和 cued1 的协方差相等,年轻被试组 recall1 和 cued1 的协方差 yng_rc 与对应的年长被试组的协方差 old_rc 相等。

(二) 用 Amos Graphic 建立多重模型

用 Amos Graphic 建立多重模型的方法与上面介绍的用 Amos Basic 方法相似。为变量加上参数名字,为路径加上标签就可以了。不过需要注意的是给两组数据的路径图所添加的参数名字以及路径标签必须相同。还有,在为路径图添加参数名及路径标签时要确保目标属性窗口中的 All groups 选项没被选中,即前面的小方框内没有 "√"。查看目标属性窗口的方法如下:

点击 View/Set→Object Properties→Parameters, 如图 4 – 38 所示:

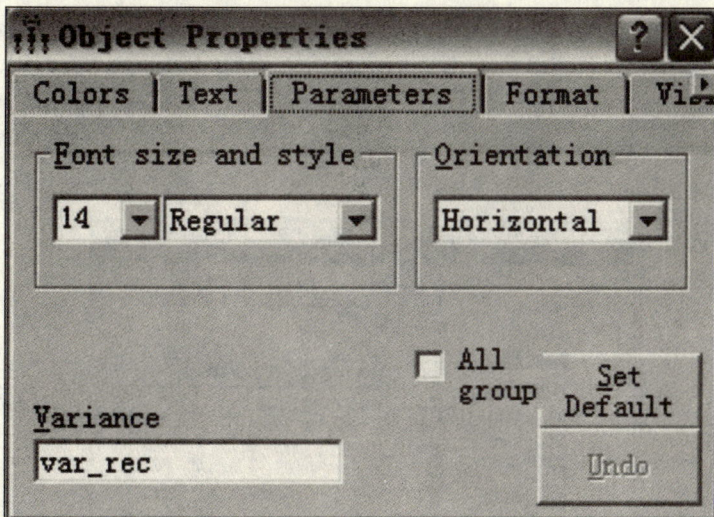

图 4 – 38　目标属性定义窗口

　　这时，不管 Amos Graphics 路径图窗口中为哪一组数据的路径图，只要作了以上界定，Amos Graphics 在随后的分析中就都能理解所有这些参数名字。

　　现在，我们就可以在 Amos Model Manager（模型管理栏内）框内对多重模型作出说明。用鼠标双击模型管理栏内相应的模型 B，将弹出如图 4 – 39 所示的对话窗口：

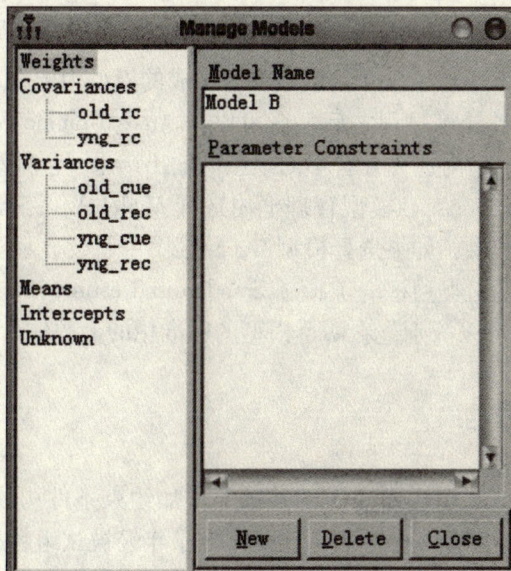

图 4 – 39　在管理模型中创建 Model B

　　在图 4 – 39 的对话窗口中，在 Parameter Constraints（参数限定框）内为模型 B 设置相应的约束条件：

old_cue = yng_cue

old_rec = yng_rec

old_rc = yng_rc

模型设置好后，模型管理对话窗口如图 4 - 40 所示：

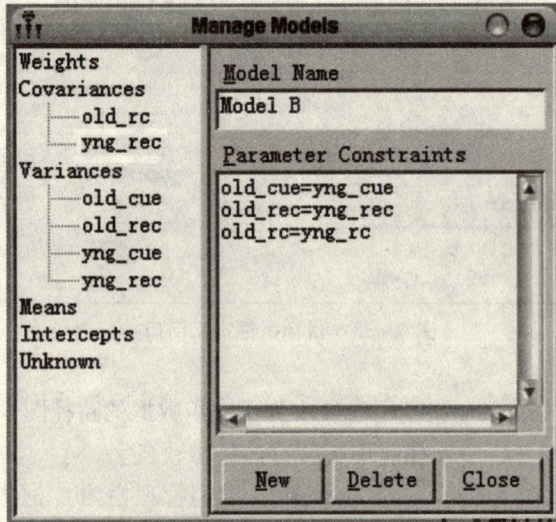

图 4 - 40 "导入 Parameter Constraints"或"增加约束条件"

这样，我们用 Amos Graphic 建立多重模型就已经完成了。没有任何约束的模型为模型 A；在模型 A 的基础上增加了 3 个约束条件所构成的模型为模型 B。

这时，运行参数估计计算过程之后，就可以在 Amos Graphic 窗口左边工具栏中的模型管理（Manage Model）栏内选择查看不同模型的输出结果了。如果在结果输出类型框内选择 Unstandardized estimation，在模型管理框内选择 Model A，路径图中就会显示模型 A 的非标准化的参数估计结果，如果选择模型 B，路径图中就会显示模型 B 的非标准化参数估计结果。如果在结果输出类型框内选择了 Standardized estimation，通过在模型管理框内选择模型 A 或模型 B 就可以分别查看两个模型的标准化的参数估计结果。

七、多重模型的分析结果

模型 B 的输出结果

基本输出：因为模型 B 是在模型 A 的基础上增加约束条件构成的，所以模型 B 的分析结果只有 3 个参数，而不是 6 个。因为已经限定了年轻被试组数据的 3 个参数与年长被试组数据的相应参数相等，这样 6 个参数两两相等，所以就变成了 3 个参数值。这里还需说明的是，因为模型 B 增加了约束条件，待估参数从 6 个变为 3 个，其自由度也就自然增大，变成了 3 而不再是 0。图 4 - 41 为模型 B 的输出结果。

```
Computation of degrees of freedom

                    Number of distinct sample moments:    6
           Number of distinct parameters to be estimated:    3
                                   ----------------------------
                                  Degrees of freedom:    3
```

图 4 - 41 模型 B 的输出结果

从模型拟合分析结果看，在常规显著水平上模型 B 是可以接受的，如图 4 - 42 所示：

```
Chi-square = 4.588
Degrees of freedom = 3
Probability level = 0.205
```

图 4 - 42 常规显著水平上的模型 B

图 4 - 43 为以模型 B 对年轻被试组的数据进行参数估计所得的结果。

```
Covariances:                         Estimate   S.E.    C.R.
Label
-----------                          --------   ------  ------
-------

              recall1 <-----> cued1    4.056    0.780   5.202    yng_rc

Correlations:                        Estimate
-------------                        --------
              recall1 <-----> cued1    0.729

Variances:                           Estimate   S.E.    C.R.
Label

-------

                      recall1         5.678    0.909   6.245
yng_rec
                      cued1           5.452    0.873   6.245
yng_cue
```

图 4 - 43 年轻被试组数据的参数估计结果

从分析结果中，读者可以发现，以模型 B 分析得出的年轻被试组数据的 3 个参数与年长被试组数据的 3 个参数完全相同，这是因为模型 B 对这些参数作了相等的约束。但值得我们注意的是，以模型 B 分析得出的所有参数的标准误（0.780，0.909，0.873）都比以模型 A 分析结果中相应参数的标准误小（0.944，1.311，0.953）。这一结果有力地说明了多重模型要比单独模型做参数估计更为精确。

图 4 – 44 是 Amos Graphics 从模型 B 输出的标准化参数估计结果。

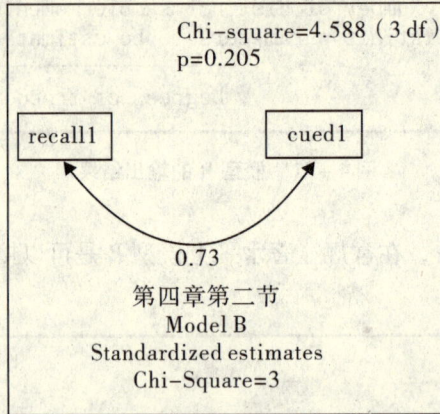

图 4 – 44　模型 B 输出的标准化参数估计结果

第三节　均值的估计和假设检验

一、目的

（1）介绍如何用 AMOS 估计平均值。

（2）介绍如何用 AMOS 进行均值差异假设检验。对于大样本来说，这种分析相当于多元方差分析。

二、绪论

AMOS 以及类似的软件多用于方差、协方差和回归权重等参数的估计及与这些参数相关的假设检验，却很少涉及关于均值的估计及相关假设检验。在回归方程中，也很少讨论截距问题。这是因为，对于现有的软件来说，在构建结构方程和因素分析模型中对诸如此类的参数加以限定存在一定的困难。

不过，运用 AMOS 可以很容易地计算均值和截距。从本章开始，我们将引入多个例子向读者介绍 AMOS 在这方面的应用。在本例中，所涉及的参数包括方差、协方差和均值，至于与回归路径或截距相关的问题将留在后面的章节中讨论。

三、数据

这里我们再次选用 Attig（1983）关于空间记忆的一组实验数据，被试分为年轻被试组和年长被试组。这里我们只选用 recall1 和 cued1 两个变量。这组数据以 Excel 格式存储，文件名为 UserGuide. xls。两个被试组的数据分别存储为两个工作表，名字为 Attg_yng 和 Attg_old。

四、多重样本模型 A——年轻被试组和年长被试组

这里，我们的主要工作是检验 recall1 和 cued1 年长被试组和年轻被试组在两个变量中

有相同的方差、协方差和均值。我们将这一模型称为模型 A。

（一）Amos Graphics 的均值结构模型

打开 Amos Graphics 程序，调用本章第二节中的模型 B。该模型已经指定了两个被试组在 recall1 和 cued1 变量上具有相同的方差和协方差。这里我们只需指定模型输出均值估计结果就可以了。具体做法如下：

点击 Amos Graphics 窗口左面工具栏中的分析属性定义工具图标（ ），在弹出的 Analysis Properties 的对话框中点击 Estimation，然后选中 Estimate means and intercepts 选项，如图 4－45 所示：

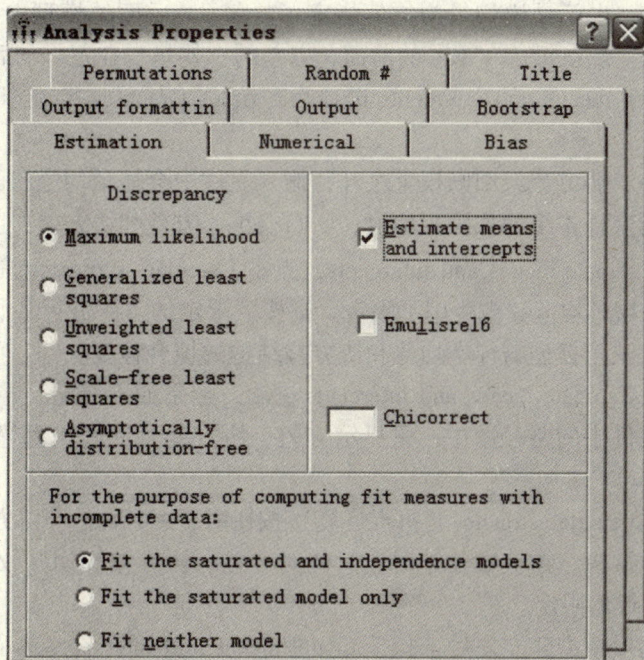

图 4－45　分析属性定义窗口

在输出结果定义窗口中选中 Estimate means and intercepts 选项之后，AMOS 就自动将均值/截距参数添加到路径结构模型中。这时，路径图也会有所变化。

如果在 Amos Graphics 窗口左面的工具栏中选中 Input 图标（ ）并将结果呈现方式设为 Unstandardized，这时路径图就如图 4－46 所示：

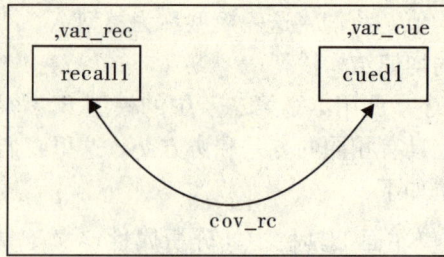

图 4 - 46　路径图

从图 4 - 46 可以看到，两个变量的方差标签 var_rec 和 var_cue 左面多了一个逗号。如果给均值作了限定，也就是说如果为均值指定了标签，（后面的模型 B 中作详细介绍），均值的参数标签就呈现在每一个逗号的前面，方差的标签呈现在逗号的后面。

当选择 Estimate means and intercepts 选项后，Amos Graphics 会在以下几个方面发生变化：

（1）除了方差、协方差或回归权重之外，输入文件中会显示均值和截距。

（2）可以对所有样本组的截距、均值、回归权重、方差和协方差加以限定。

（3）选择了 Estimate means and intercepts，点击 Calculate estimates 按钮（⦀），估计均值和截距——如果对均值和截距用了限定，则按照限定的条件进行参数估计。

（4）卡方值反映了模型与样本均值和协方差结构的拟合程度。

如果没有选择 Estimate means and intercepts 选项，会是如下情况：

（1）在输入文件中的路径图中，只显示方差、协方差和回归权重等参数，也只能对这些参数加以限定。

（2）当点击 Calculate estimates（执行运算）按钮时，AMOS 估计协方差结构，但不会估计均值与截距的结构。在参数估计时，只能对方差、协方差和回归权重加以限定，对均值和截距不能作任何限定。

（3）如果在均值模型建立之后选择 Estimate means and intercepts 选项，在运行 Calculate estimates 过程后再将 Estimate means and intercepts 选项去掉，输出的路径图将继续显示均值和截距。如果在路径图中不想输出均值和截距，要在运行 Calculate estimates 过程之前就确定 Estimate means and intercepts 选项没有被选中。

（4）卡方值只反映模型与协方差结构模型的拟合程度。

模型建好后，保存为 Ex4-3-a. amw。

如果理解了规则，那么理解和使用均值模型的估计和假设检验是非常简单的。

（二）用 Amos Basic 建立均值结构模型 A

图 4 - 47 为模型 A 的 Amos Basic 程序。它在本章第二节模型 B 的方差和协方差模型的基础上增加了一些限制条件，即在两组中分别增加了变量均值这一参数。

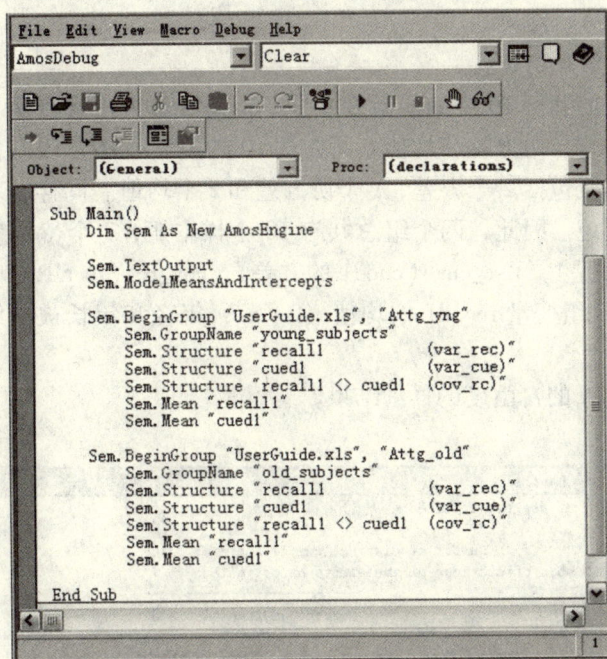

图 4 – 47　模型 A 的 Amos Basic 程序

Amos Basic 程序语言中 Sem. ModelMeansAnIntercepts 命令语句用来计算均值和截距的估计值。当用 Amos Basic 程序语言调用 Sem. ModelMeansAndIntercepts 命令语句时，均值和（协）方差的信息用来估计模型和检验模型与数据的拟合情况。

Sem. Mean 命令语句用以计算变量 recall1 和 cued1 的均值估计值。除了 Sem. Mean 命令语句外，模型的其他部分与本章第二节中模型 B 完全一样。当我们使用 Sem. Mean 命令语句时，Amos Basic 程序将计算由 Sem. Mean 引导的外生变量的均值估计值。那些没有由 Sem. Mean 引导的其他外生变量的均值被假设为 0，这一点在使用 Amos Basic 建立模型并使用 Sem. Mean 命令时很容易被忽略，这是值得提醒大家注意的一点。

在使用 Amos Basic 建立模型时，如果使用了 Sem. ModelMeansAndIntercepts 命令语句，就必须记住在要估计均值的每一个外源变量前加 Sem. Mean 命令。如果外源变量前面没有添加这个命令，就等于假设它的均值为 0。

这一点与 Amos Graphics 有所不同，对于 Amos Graphics 来说，如果选中了 Estimate means and intercepts 选项，就会对所有外生变量的均值进行估计，如果要假设某一外源变量的均值为 0，则必须对这一外源变量的均值加以限定。

模型建好后，将其保存为 Ex4-3-a. AmosBasic。

对于均值的估计与假设检验来说，需要注意的问题还有很多，我们会在后面的章节中逐渐展开。

（三）模型 A 的分析结果

1. Amos Basic 的结果输出

此模型中的自由度和例 10 中的模型 B 相同，但是计算方法却有所不同。在这里我们使用的样本矩包括方差、协方差和均值。而在例 10 的模型 B 中却没有使用均值。对于年轻被试组来说，样本矩包括 2 个方差、1 个协方差和 2 个均值。同样，对于年长被试组来说，也包括 5 个样本矩。因此，两个组总共有 10 个样本矩，7 个待估参数，分别为 var_rec（recall1 的公共方差），Var_cue（cued1 的方差），cov_rc（recall1 和 cued1 之间的协方差），年轻和年长被试组变量 recall1 的均值（2 个），年轻和年长被试组变量 cued1 的均值（2 个）。

图 4-48 是模型 A 的自由度的详细结果。

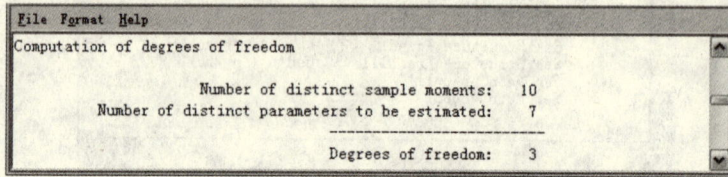

```
File Format Help
Computation of degrees of freedom

                    Number of distinct sample moments:    10
    Number of distinct parameters to be estimated:     7
                                                    ------------
                                Degrees of freedom:     3
```

图 4-48　模型 A 的自由度详细结果

卡方值与第二节中模型 B 的相同，从图 4-49 所示的模型拟合度的分析结果看，模型是可以接受的。也就是说，年轻和年长被试组具有相同的方差和协方差这个假设是成立的。

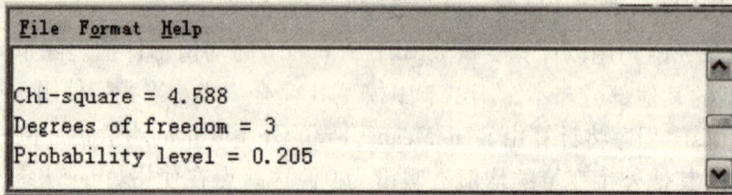

```
File Format Help

Chi-square = 4.588
Degrees of freedom = 3
Probability level = 0.205
```

图 4-49　模型拟合度分析结果

以下是年轻被试样本的参数估计值：

Means:		Estimate	S.E.	C.R.	Label
	recall1	10.250	0.382	26.862	
	cued1	11.700	0.374	31.292	
Covariances:		Estimate	S.E.	C.R.	Label
	recall1 <-----> cued1	4.056	0.780	5.202	cov_rc
Variances:		Estimate	S.E.	C.R.	Label
	recall1	5.678	0.909	6.245	var_rec
	cued1	5.452	0.873	6.245	var_cue

图 4-50　年轻被试样本的参数估计值

以下是年长被试样本的参数估计值：

图4-51 年长被试样本的参数估计值

除了均值，这些估计值和第二节中模型 B 的完全相同，标准误和临界比也相同。这说明在没有任何限制条件的情况下，均值的估计值对其他参数和标准误的估计没有任何影响。

2. Amos Graphics 的结果输出

图4-52 是两个被试组以路径图显示的分析结果，均值的估计值在变量方差估计值的左边。例如，在年轻被试组中，变量 recall1 的均值估计值为 10.25，方差的估计值为 5.68。均值和方差的估计值以逗号隔开，成对出现，显示在外生变量旁边。

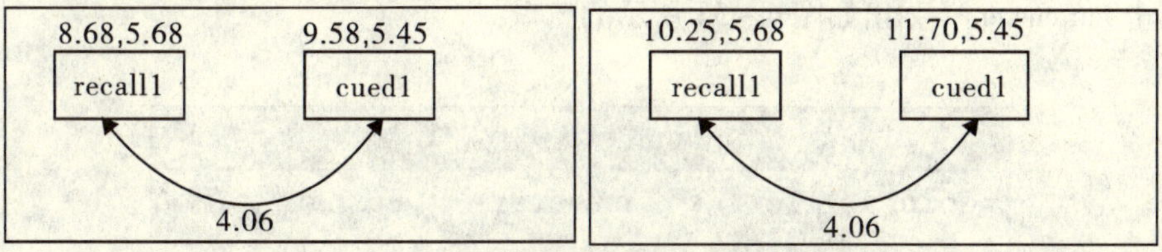

图4-52 两个被试组以路径图显示的分析结果

五、多重样本模型 B

从上面的分析得知模型 A 是正确的。现在我们在这一模型的基础上，进一步假设对于两个被试样本组来说，recall1 和 cued1 两个变量的均值具有跨样本不变性。建立模型 B，检验我们的假设是否成立。

（一）Amos Graphics 建立多重样本模型 B

假设模型 A 为正确模型，在模型 A 的基础上进一步增加约束条件，检验变量 rccall1 和 cued1 的均值对于两个样本总体相同这一假设是否成立。将增加这一假设后的模型称为多重样本模型 B。

首先，调用模型 C，更改模型标题。具体操作方法是在打开的模型 A 的路径图下面的文字区双击鼠标左键。弹出如图 4 – 53 所示的 Object Properties（目标属性定义）对话窗口。

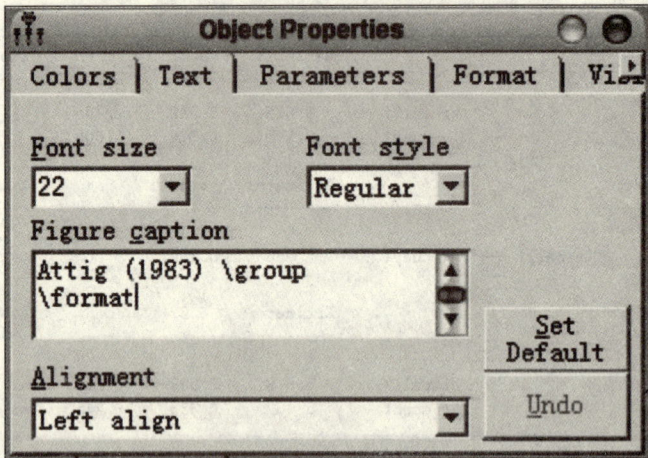

图 4 – 53　目标属性定义窗口

在 Figure caption 下面的框中输入如下文字即可：

Example Ex4-3-b：Model B

Invariant means and（co –）variances

Attig（1983）\group

\format

接下来增加约束条件，指定对于变量 recall1 和 cued1 均值对于年轻被试样本与年长被试样本来说取相同的值。具体操作方法是在路径图中双击变量 recall1，弹出一个对话窗口，点击 Parameters，弹出如图 4 – 53 所示的窗口：

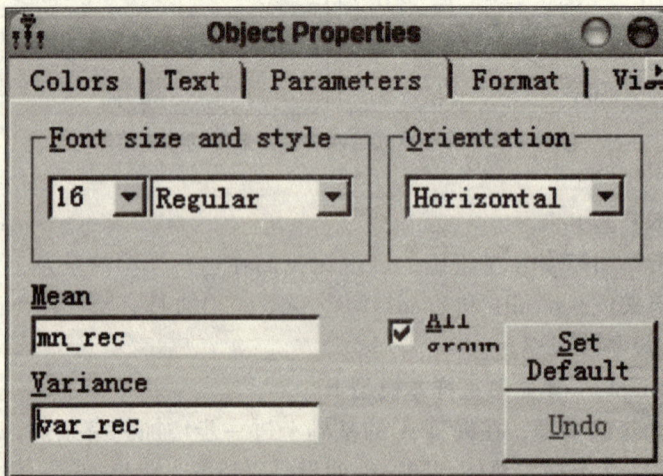

图 4 – 54　目标属性定义窗口

在 Mean 下面的框中为变量均值指定一个标签，这里我们用 mn_rec 作为标签。必须提醒的是，一定要选中 All group 选项，限定年轻被试样本与年长被试样本共同使用这一变量标签。再以同样的方法为变量 cued1 指定标签 mn_cue，并选中 All group 选项。关闭 Object Properties 窗口，这时路径图如图 4 - 54 所示：

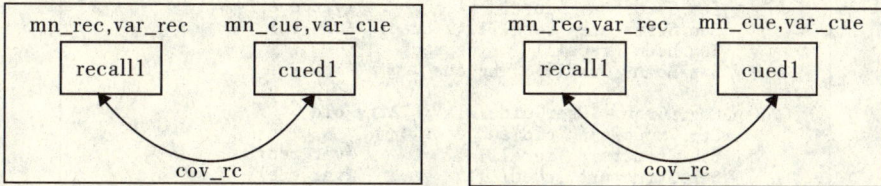

图 4 - 55　路径图

这样，模型就建立完了，我们将这一模型保存为文件 Ex4-3-b. amw。

（二）用 Amos Basic 建立模型 B

图 4 - 56 为用 Amos Basic 建立的模型 B，将其保存为文件 Ex4-3-b. AmosBasic。从图 4 - 56可以看出，除了两个变量的方差和协方差跨样本不变外，同时，也限定了两个变量的均值跨样本不变。

```
Sub Main()
    Dim Sem As New AmosEngine

    Sem.TextOutput
    Sem.ModelMeansAndIntercepts

    Sem.BeginGroup "UserGuide.xls", "Attg_yng"
        Sem.GroupName "young_subjects"
        Sem.Structure "recall1          (var_rec)"
        Sem.Structure "cued1            (var_cue)"
        Sem.Structure "recall1 <> cued1  (cov_rc)"
        Sem.Mean "recall1",  "mn_rec"
        Sem.Mean "cued1",  "mn_cue"

    Sem.BeginGroup "UserGuide.xls", "Attg_old"
        Sem.GroupName "old_subjects"
        Sem.Structure "recall1          (var_rec)"
        Sem.Structure "cued1            (var_cue)"
        Sem.Structure "recall1 <> cued1  (cov_rc)"
        Sem.Mean "recall1",  "mn_rec"
        Sem.Mean "cued1",  "mn_cue"

End Sub
```

图 4 - 56　Amos Basic 建立的模型 B

六、多重样本复合模型

接下来，我们将模型 A 和模型 B 加以联合，建立一个复合样本。建立复合模型，既可以用 Amos Graphics 也可以用 Amos Basic 来实现。建立复合模型的好处在于在分析结果中我们可以得到由模型 A 与模型 B 相比较而得出的卡方值以及相应的 P 值。图 4 - 57 为用 Amos Basic 建立的复合模型。我们将其保存为文件 Ex4-3-c. AmosBasic。

```
Sub Main()
    Dim Sem As New AmosEngine

    Sem.TextOutput
    Sem.ModelMeansAndIntercepts

    Sem.BeginGroup "UserGuide.xls", "Attg_yng"
        Sem.GroupName "young subjects"
        Sem.Structure "recall1           (var_rec)"
        Sem.Structure "cued1             (var_cue)"
        Sem.Structure "recall1 <> cued1  (cov_rc)"
        Sem.Mean "recall1", "yng_rec"
        Sem.Mean "cued1", "yng_cue"

    Sem.BeginGroup "UserGuide.xls", "Attg_old"
        Sem.GroupName "old subjects"
        Sem.Structure "recall1           (var_rec)"
        Sem.Structure "cued1             (var_cue)"
        Sem.Structure "recall1 <> cued1  (cov_rc)"
        Sem.Mean "recall1", "old_rec"
        Sem.Mean "cued1", "old_cue"

    Sem.Model "Model_A", ""
    Sem.Model "Model_B", "yng_rec = old_rec", "yng_cue = old_cue"

End Sub
```

图 4 – 57　Amos Basic 建立的复合模型

用 Amos Graphics 建立复合模型的方法与此相似。前面的章节中已经详细介绍过如何运用 Amos Graphics 建立复合模型，所以这里不再展开，不过这一复合模型已经建好，文件名为 Ex13-all. amw。如果读者有兴趣，可以直接打开这一文件进行详细了解。

（一）　模型 B 的结果分析

这里需要强调的是，前面所做的几个复合模型，如将复合模型命名为模型 C，但在分析结果中，却没有说明模型 C 的结果。其实复合模型是由几个模型组成的，分析结果也是组成复合模型的各模型的结果。这里复合模型 C 由模型 A 和模型 B 组成，因此，我们既可以单独考察模型 A 和模型 B 的结果，也可以对两个模型的结果进行比较分析。

图 4 – 58 为模型 B 的自由度及其计算。因为在模型 A 上进一步增加了约束条件，所以，模型 B 的自由度为 5，而不再是 3。

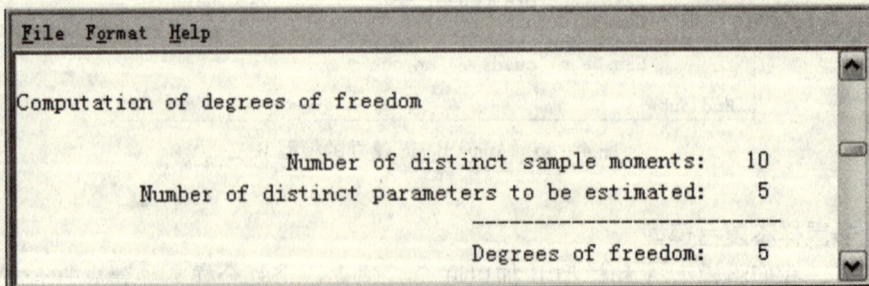

```
File  Format  Help

Computation of degrees of freedom

                Number of distinct sample moments:       10
      Number of distinct parameters to be estimated:      5
                -----------------------------
                              Degrees of freedom:          5
```

图 4 – 58　模型 B 的自由度

图 4 – 59 为模型 B 的拟合程度，从分析结果看，模型 B 的拟合程度达不到可以接受的水平。

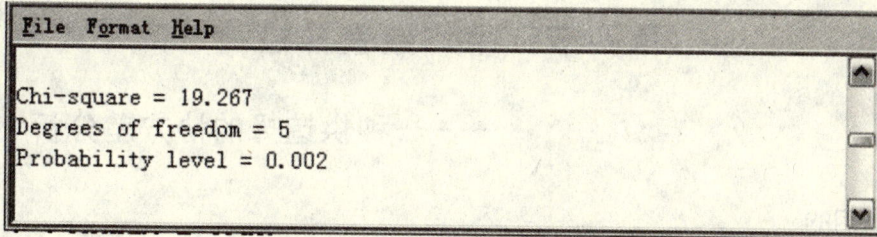

图 4-59　模型 B 的拟合程度

（二）模型 A 和模型 B 的比较

上面刚刚提到，建立复合模型的一个最大好处就是可以将多个模型加以对比分析。在这里，我们将模型 A 与模型 B 结合建立了复合模型。图 4-60 为这两个模型对比分析所得的模型拟合情况。从结果可以看出，假如模型 A 是正确的，模型 B 就应该被拒绝。也就是说在这里我们应该接受模型 A，拒绝模型 B。模型 B 所作的假设（两组均值相等）是不成立的。

图 4-60　模型拟合结果

经过对比，模型 A 与模型 B 所得的卡方值差异是 14.679，自由度为 2。因为模型 B 是在模型 A 的基础上增加限制条件建立的，假设模型 B 是正确的，就等于在自由度为 2 的卡方分布上随机抽取而得到一个观察值 14.679，在这种卡方分布中得到如此大（或更大）卡方值的概率为 0.001，也就是说这几乎是不可能的，因此，模型 B 正确，这个假设成立的可能性是极小的。所以，我们应该拒绝模型 B 而接受模型 A，即两组具有不同的均值。

事实上，AMOS 做均数差异检验与传统的 MANOVA 相似，唯一区别就在于 AMOS 所得的卡方值是渐进正确的，而传统的 MANOVA 方法所得的 F 值是一个精确值，即使是小样本。

本节内容介绍了一个用 AMOS 分析进行均值差异检验的简单例子，主要目的是让读者知道 AMOS 有此功能。但在实际应用中，这样的问题一般是用 MANOVA 来处理，A-MOS 主要用来研究更复杂的结构方程模型，尤其是在小样本统计量的精确分布未知的情况下。

第四节　平均数差异检验

——一种供选择的协方差分析

一、目的

本章向读者介绍另外一种不要求变量之间严格存在共变关系的协方差分析方法。本章只作简要介绍，更深入、更复杂的问题将在后面的章节中作进一步介绍。

二、介绍

首先，我们对协方差分析（ANCOVA）的有关知识作一简要回顾。协方差分析是实验研究和准实验研究中频繁使用的一种数据分析技术。在这些研究中，协方差分析用于排除实验之前由于实验分组不合理，实验各处理之间存在差异而产生的误差变异。我们知道，通过随机分组，可以消除实验分组带来的系统误差，也就是说可以使实验的各种处理之间无系统差异。但在这种情况下，协方差分析依然可以在更为精确地评价不同处理效应方面发挥作用。但是，当没有采用随机分组，各种处理之间确实有可能存在差异的情况下，依据协方差分析结果可以对实验组与控制组之间的相同协变效应作出有条件的推论。

协方差分析结果的实用价值取决于对每个协变量测量的可靠性程度。当然，除此之外，协方差分析还有一些其他的假设。但协方差分析方法的研究专家（如 Cook 和 Campbel，1979）却把协变关系的可靠性假设作为焦点。他们指出，如果这一假设不成立，也就是说在这种协变量关系假设不成立的条件下使用协方差分析，其结果将会导致非常严重的问题。如果对协变问题处理不当，就会导致错误结论。例如，一种处理效应在统计上具有显著意义，但实际上这种处理并没有真正的显著效应，也可能是处理确实产生了显著的效应，但统计结果却不显著。

下面是李河等（2004）在其研究中所举的例子。将 33 只大白鼠分为三组，分别饲以A、B、C 三种饲料，对其在同期内的进食量与体重增加量加以分析，看不同饲料组中的大白鼠的体重增加量有无差别。如果不考虑实验期间各组的进食量，只考虑三种不同饲料组大白鼠的体重增加量之间的差异，方差分析结果为 $F = 0.34$，$P = 0.7131$，饲料对白鼠的体重增加量的效应不显著。但如果将这期间各组白鼠进食量的差异考虑进来，将进食量作为协变量来进行协方差分析，也就是排除这一因素的作用，那么所得出的三种饲料组大白鼠的体重增加量之间的差异分析结果为 $F = 3.97$，$P = 0.029$。也就是说不同饲料对白鼠的体重增加量产生的效应达到了显著水平。由此可以看出，如果存在协变量关系而不予以考虑，简单地作平均数差异检验，就会得出错误的结论。但同时我们也得注意另外一种情况，协方差分析所要求的假设往往很难满足。这种情况让研究人员感到难以处理。

本章将通过实例，向读者介绍另外一种不要求满足这种严格意义上具有共变关系假设的分析方法。这种方法允许协变量的测量存在误差。Bentler 和 Woodward 在 1979 年所做的研究中就使用过这一方法。本章以一个较为简单的例子让读者对这种方法有基本了解，更为复杂的问题将留在后面章节中予以介绍。

下面要介绍的例子包含两种实验处理和一个协变量。当然以同样的方法也可以分析包含多个处理组和多个协变量的问题。

三、数据

1973 年，Olsson 在两种不同的施测条件下对 213 名被试进行了 8 种不同测验。被试为 11 岁学生，他们被分为实验组和控制组两个被试组。实验组为 108 人，这里为了容易理解，我们只选其中的同义词测验（synonyms reasoning test）、反义词测验（opposites reasoning test）两个测验的测试结果加以分析。两个测验对于实验组被试和控制组被试都施测两次。实验组被试在两次施测之间接受一种能提高这两种测验测试成绩的特殊训练，控制组被试不接受这种训练。这样，所收集的数据为两组被试在两种不同条件下接受两种测验所得的结果。每个被试会得到 4 个测验分数，表 4－3 为数据所包含的变量及其解释。

表 4－3　数据变量及其解释

得　分	解　释
Pre_syn	同义词测验的前测得分
Pre_opp	反义词测验的前测得分
Post_syn	同义词测验的后测得分
Post_opp	反义词测验的后测得分
Treatment	实验处理：实验组被试为 1，控制组被试为 0

图 4－61 是由实验数据求出的 5 个变量的相关系数和标准差，并将其存储为 Excel 格式文件，取文件名为 Amex4. xls。

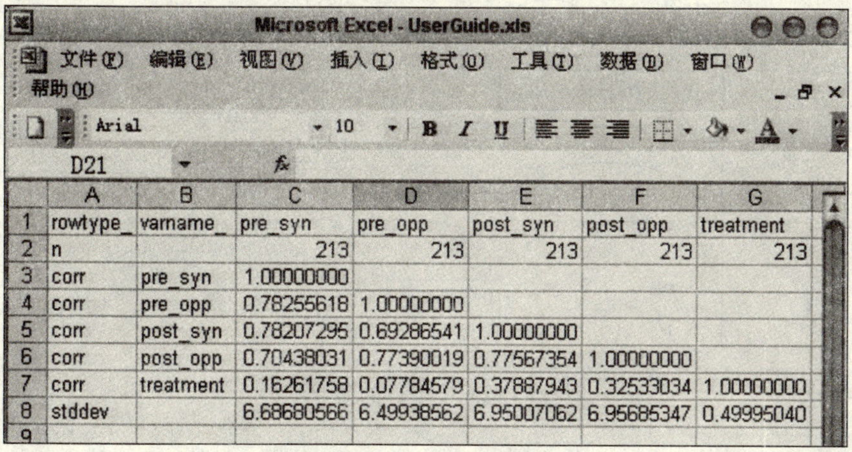

	A	B	C	D	E	F	G
1	rowtype_	varname_	pre_syn	pre_opp	post_syn	post_opp	treatment
2	n		213	213	213	213	213
3	corr	pre_syn	1.00000000				
4	corr	pre_opp	0.78255618	1.00000000			
5	corr	post_syn	0.78207295	0.69286541	1.00000000		
6	corr	post_opp	0.70438031	0.77390019	0.77567354	1.00000000	
7	corr	treatment	0.16261758	0.07784579	0.37887943	0.32533034	1.00000000
8	stddev		6.68680566	6.49938562	6.95007062	6.95685347	0.49995040
9							

图 4－61　矩阵图

从图4-61看，实验处理变量与所有的后测得分之间均存在正相关（实验处理变量的取值为：实验组取值1，对照组取值0），表明实验组的后测成绩比控制组的后测成绩好。实验处理变量与所有的前测得分之间存在正相关，但相关系数非常小，表明在前测中实验组与控制组的成绩相关不大。因为被试是随机分配到实验组和控制组的，所以两组前测成绩相近，这是合理的。

四、协方差分析

协方差分析（ANCOVA）是一种分析训练效果的传统统计分析方法。对于前、后测实验研究来说，常将后测结果作为反应变量，将相对应的前测结果作为协变量。合理使用协方差分析，要求协变量的测量具有可靠性。对于本例来说，要求不管是同义词测验的前测还是反义词测验的前测都必须可靠。

（一）模型 A

假设任何一个测验都或多或少地受到无关因素的影响，另外由于测验自身的问题，也不能完全否定测验所测量的不是单一的一种心理特征。因此，这里我们假设4个测验均受到模型之外的因素影响，也就是说除了人们的语词能力之外，还有其他的未知因素影响测验结果。当然，这四次测验的结果应该主要取决于被试的语词能力，而语词能力就是我们所不能观测的变量，在这里我们称之为潜变量。

由于被试被分成了实验组与控制组，实验组在前、后两次测验之间接受了一种特殊训练，所以我们可以假设被试在前后两次测试时的语词能力可能有变化，而且基于心理发展的连续性特点，也就是说，人们的心理发展都是在前有的发展基础上展开的，所以被试第一次测试时的能力水平对后继的第二次测试时的语词能力水平会产生影响。由于被试接受两种不同的处理，实验组接受训练，而控制组不接受训练，所以不同的处理对被试的第二次测量结果可能也会产生影响。这样我们接受 Olsson 等人的研究设想，设计如下的模型（模型A），我们将其命名为Ex4-4-a. amw。

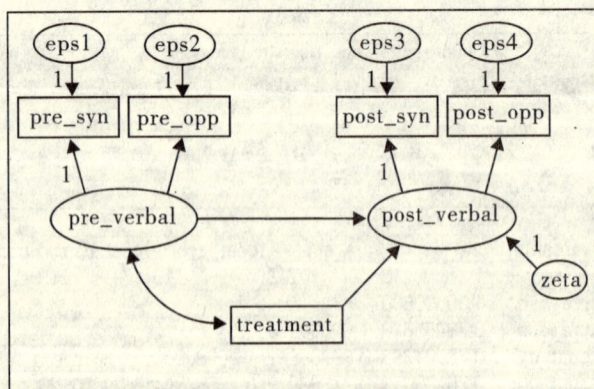

图4-62　模型A的路径图

从图4-62所示的路径图可以看出，pre_syn 和 pre_opp 都是观察变量，分别表示同义词测验、反义词测验的前测成绩。这两个变量作为被试前测时语词能力的预测变量，且这两个变量的测量都存在未知的干扰因素。特异因子 eps1 和 eps2 代表在 pre_syn 和 pre_opp 中的测量误差和模型中无法解释的所有影响 pre_syn 和 pre_opp 两个变量测验结果的其他因素。

同样，同义词测验、反义词测验的后测成绩（post_syn 和 post_opp）也被假定存在测量误差，这两个变量作为后测时被试语词能力水平的预测变量。特异因子 eps3 和 eps4 分别代表 post_syn 和 post_opp 的测量误差以及模型以外所有影响这两个测试成绩的其他因素。

从模型路径图可以看出，对被试语词能力后测水平具有解释意义的变量有两个，一是前测的语词能力水平；二是实验处理。应该说，在本研究中，最关心的是实验处理对被试语词能力后测水平的影响。但依据经验，人们的心理发展具有继承性，后继发展是在先前发展的基础上展开的，所以这里把前测的语词能力水平作为协变量。

接下来我们要检验这个模型是不是成立，也就是说数据与这一模型是否拟合。

（二）模型识别

模型中，有 7 个非观测变量的测量单位是不确定的。我们通过将从这些变量发出的单箭头路径系数限定为 1，从而将它们的测量单位加以确定。这样路径图中相应的 7 个路径就被标注为 1，表明我们对模型识别作了限定。

（三）模型 A 的拟合检验结果

图 4-63 为模型 A 的卡方值和自由度。

```
Chi-square = 33.215
Degrees of freedom = 3
Probability level = 0.000
```

图 4-63　模型 A 的卡方值和自由度

从图 4-63 中可以看出，模型 A 与数据的拟合程度是不可以接受的。假设模型 A 与数据的拟合程度可以接受的话，那么考查、分析由变量 treatment 指向潜变量 post_verbal 的路径系数就是下一步的工作了。但现在看，再分析这一路径系数已经没有意义。我们只能从头开始探寻正确的模型。对"处理效应"的检验与分析必须以正确的模型为基础。

（四）探寻优化模型

首先我们考虑对模型加以修改，以提高其拟合程度。那么，以什么作为依据对模型加以修改呢？AMOS 可以提供修正指数（MI）作为修正模型的参考依据。通过这种修正指数就可以知道对哪些路径加以修改可以最明显地提高模型的拟合程度。

怎么得出修正指数呢？如果使用 Amos Graphic 分析数据，在分析属性设定窗口将 Output 对话框中的 Modification indices 选中即可。在这里，如果将模型修正指数筛选值设为 4（如图 4-64 所示），这样就可以给出最为有效的修正指数了。

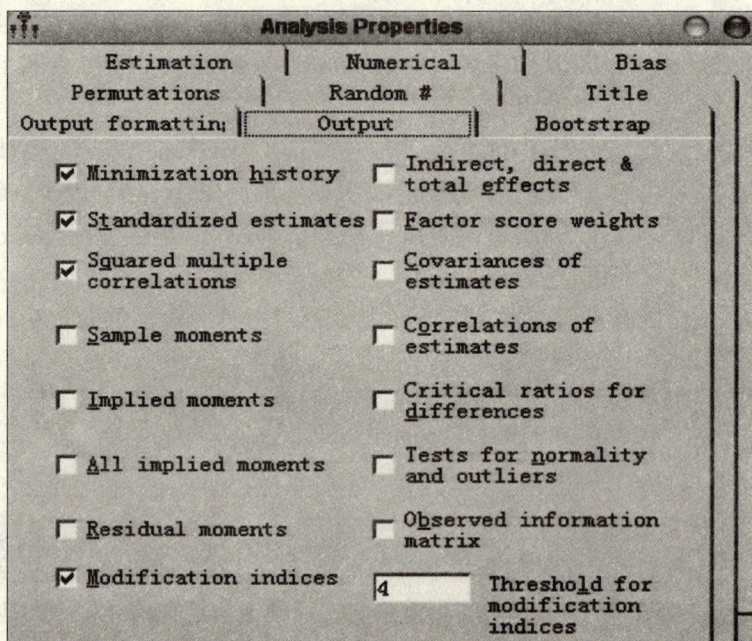

图4-64 最有效的修正指数

如果用 Amos Basic 建立模型，只需在模型文件中添加一个 Sem. Mods4 语句，即可在分析结果中得到模型修正指数。图4-65 为 Amos Basic 分析得出的结果。

```
Modification Indices
--------------------

Covariances:                              M. I.      Par Change
                                          -------    -----------
        eps2 <----------------> eps4      13.161         3.249
        eps2 <----------------> eps3      10.813        -2.822
        eps1 <----------------> eps4      11.968        -3.228
        eps1 <----------------> eps3       9.788         2.798


Variances:                                M. I.      Par Change
                                          -------    -----------

Regression Weights:                       M. I.      Par Change
                                          -------    -----------
```

图4-65 Amos Basic 的分析结果

从图4-65 中 M. I. 一栏可以看出，如果将特异因子 eps2 和 eps4 的协方差等于 0 这一约束释放，也就是说，如果允许模型特异因子 eps2 和 eps4 的协方差作为一个待估参数，那么模型的卡方值将会减小 13.161（事实上还可能以更大的幅度减小）。通过这一方式提高模型拟合程度要以增加一个自由度为代价。由于 13.161 为最大的修正指数，我们首先应该考虑针对这一修正指数对模型加以修正，并考虑如果允许特异因子 eps2 和 eps4 相关是否合乎情理。

在这里，eps2 和 eps4 为对应于同一测验在不同施测情境下的两个特异因子，如果假设这两个因子相关，那么也就意味着除了测验所欲测量的目标特征外，影响测验结果的残余因素也具有一定的稳定性。在测量学方面，这一现象是经常发生的，因此，这两个因子之间存在相关是合乎情理的，而且从图 4 – 65 所示的 Par Change（参数变化）一栏中可以看出，如果允许这两个特异因子存在相关的话，其相关为正值，这也正好符合了特异因子相对稳定的这一假设。

eps2 和 eps4 存在相关这一假设的合理性，对于另外两个因子 eps1 和 eps3 来说也是成立的，并且从图 4 – 65 所示的 Par Change 一栏中可以看出，如果允许这两个特异因子存在相关，其相关值也为正值，而且其修正指数也是比较大的。不过，在这里将允许特异因子 eps2 和 eps4 之间的协方差不为 0，也就是说，只将特异因子 eps2 和 eps4 的协方差作为一个待估参数，对模型 A 加以修正，修正后的模型称为模型 B。

（五）模型 B

如果以 Amos Graphics 表达模型 B，只需在模型 A 的基础上稍作修改即可，也就是在特异因子 eps2 和 eps4 之间连一条代表协方差的双向箭头。如果以 Amos Basic 表达模型 B，则在前面已经建好的模型 A 的基础上增加一个语句 eps2 ←——→eps4 即可。图 4 – 66 为模型 B 的 Amos Graphic 形式，我们将其保存为文件 Ex4-3-b. amw。

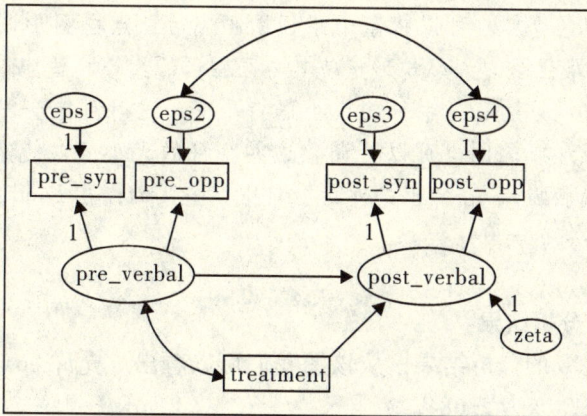

图 4 – 66　Amos Graphic 形式的模型 B

图 4 – 67 为以 Amos Basic 表达的模型 B。

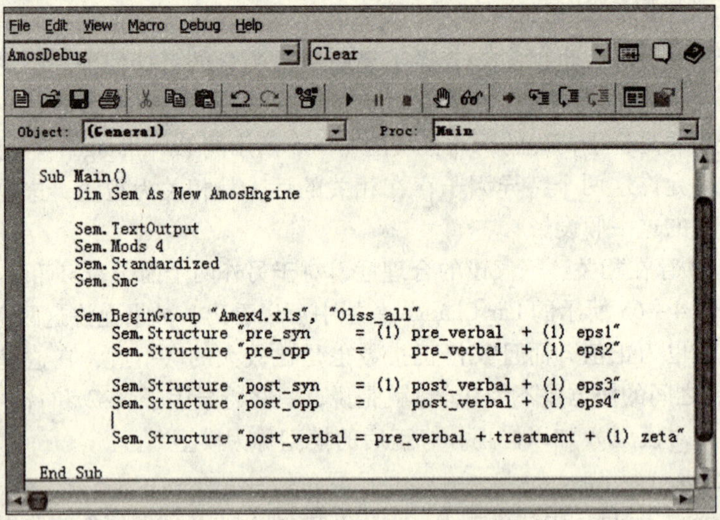

图 4 – 67 Amos Basic 形式的模型 B

注：为大家介绍一个新的工具。

图标为路径图图形调整工具。使用 Amos Graphics 绘制路径图时，如果发现有些部分已经超出了画图区边界，可以将整个路径图画完后，点击图形调整工具图标，Amos Graphics 会自动调整路径图的大小和形状使其与画图区的大小相适应。

路径图被调整后，变量名等字符的大小保持不变，这时可能会发现一些变量的名字超出了表示变量的矩形或椭圆，可以再调整这些字符的大小，以使字符不超出图形。双击变量标识（矩形或椭圆），在弹出的对话窗口中点击 Text，在 Font size 下面的框内输入适当数字即可调整字符的大小。

（六）模型 B 的分析结果

图 4 – 68 为模型 B 的分析结果，从该图我们可以看出，允许 eps2 和 eps4 相关之后，卡方值戏剧性地减小，变为 2.684。

```
Chi-square = 2.684
Degrees of freedom = 2
Probability level = 0.261
```

图 4 – 68 模型 B 的分析结果

回头再看一下前面从模型 A 所得出的模型修正指数，如果允许特异因子 eps1 和 eps3 相关，也有一定的道理，而且相应的修正指数值为 9.788。也就是说，如果将这两个特异因子的协方差作为一个待估参数，卡方值将会至少减小 9.788。允许 eps2 和 eps4 相关，卡方值已经减小到 2.684，如果在这个基础上再减小 9.788，卡方值就成了负值，显然是没有道理的。

对模型各参数的估计结果作出解释时，必须参照对模型所作的识别限定。尤其是对于非观测变量来说，更应该如此。就本例来说，通过将同义词测验的两次测量与潜变量 pre_verbal 和 post_verbal 的路径系数指定为 1，限定了这两个潜变量使用相同的测量单位。这一点在对参数的估计结果作出解释时不容忽略。图 4−69 为模型 B 分析的文本式结果。

```
Regression Weights:              Estimate    S.E.      C.R.     Label
--------------------             --------   -------   -------   -------
  post_verbal <----- pre_verbal    0.889     0.053    16.900
  post_verbal <------ treatment    3.640     0.477     7.625
  pre_syn <--------- pre_verbal    1.000
  pre_opp <--------- pre_verbal    0.881     0.053    16.606
  post_syn <------- post_verbal    1.000
  post_opp <------- post_verbal    0.906     0.053    16.948

Covariances:                     Estimate    S.E.      C.R.     Label
------------                     --------   -------   -------   -------
  pre_verbal <------> treatment    0.467     0.226     2.066
  eps2 <-----------------> eps4    6.797     1.344     5.059

Variances:                       Estimate    S.E.      C.R.     Label
----------                       --------   -------   -------   -------
               pre_verbal        38.491     4.501     8.552
                treatment         0.249     0.024    10.296
                     zeta         4.824     1.331     3.625
                     eps1         6.013     1.502     4.004
                     eps2        12.255     1.603     7.646
                     eps3         6.546     1.501     4.360
                     eps4        14.685     1.812     8.102
```

图 4−69　模型 B 分析的文本式结果

从图 4−69 可以看出，eps2 和 eps4 之间的协方差是正值，这一点与前面的预期相吻合。最值得关注的是实验处理 treatment 对潜变量 post-verbal 的影响，其临界比为 7.62，表明实验处理对语词能力的后测结果产生了极其显著的作用。接下来，我们还会通过修改模型 B 来进一步检验这一影响的显著性。

图 4−70 为以 Amos Graphics 显示的模型 B 的标准化分析结果，包含多重相关平方值在内。多重相关平方值提供的是观察变量的测量效度信息。例如，观测变量 pre_syn 的多重相关平方为 0.86，表示在同义词测验的第一次测量中，被试得分的变异的 86% 由潜变量 pre_verbal（前测时被试的语词能力差异）所决定。换言之，就是前测时被试的语词能力差异能够解释同义词测验第一次测量被试得分变异的 86%。其他观察变量的多重相关平方值的含义与此相同。

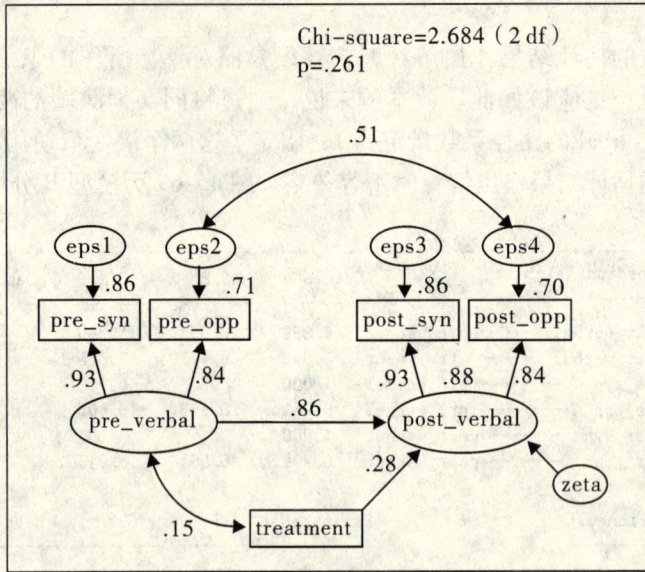

图 4 - 70　模型 B 的标准化分析结果

这里我们所关注的是对一系列假设的检验，参数的估计问题不是重点。首先对各参数的估计结果是否合理作一点分析。例如，我们可能并不太关心 eps2 和 eps4 之间相关系数有多大，但至少我们可以预期这两者之间的相关为正值才合乎情理。同样，如果本例中的任何一个回归系数出现负值，我们都可能会感到不可理解。我们知道，在任何一个模型中变量的方差都不能取负值，因此，任何情况下，如果模型得出的变量方差为负值都是不合理的。当遇到类似情况时，不管从卡方值看模型的拟合程度有多好，都应该对模型作认真的审查。

（七）模型 C

从前面的分析来看，模型 B 是非常理想的一个模型。但是，下面我们再做一次新检验。假如我们认为实验处理对被试的测试成绩没有任何影响，模型是否还成立呢？也就是说如果将变量 treatment 与潜变量 post_verbal 之间的路径系数的值限定为 0，模型是不是还成立呢？在模型 B 的基础上增加这么一个限定，建立新的模型，并将之称为模型 C。

图 4 - 71 为用 Amos Basic 建立的模型 C，将其保存为 Ex4-4-c. AmosBasic，如图所示：

```
File Edit View Macro Debug Help

AmosDebug                                   ▼  Clear                                        ▼  ▣ ☐ ◈

▣ ☞ ▤ ☐ | ✂ ▤ ▤ | ⟲ ⟳ | ☜ | ▶ ‖ ■ | 🖑 66' | ➡ ☜ ☜ ☜ | ▦ ▣

Object:  (General)                          ▼    Proc:  (declarations)                       ▼

    Sub Main()
        Dim Sem As New AmosEngine

        Sem. TextOutput
        Sem. Mods 4
        Sem. Standardized
        Sem. Smc

        Sem. BeginGroup "Amex4.xls", "Olss_all"
        Sem. Structure "pre_syn    = (1) pre_verbal  + (1) eps1"
        Sem. Structure "pre_opp    =     pre_verbal  + (1) eps2"

        Sem. Structure "post_syn   = (1) post_verbal + (1) eps3"
        Sem. Structure "post_opp   =     post_verbal + (1) eps4"

        Sem. Structure "post_verbal = pre_verbal + (0) treatment + (1) zeta"

        Sem. Structure "eps2 <---> eps4"

    End Sub
```

图 4 – 71 Amos Basic 建立的模型 C

在 Amos Graphics 中建立模型 C 相当简单，在模型 B 的基础上点击 treatment 与 post_verbal 之间的路径（单箭头），在弹出的对话窗口中点击 Parameters，在 Regression weight 下面的框中输入数值 0 即可。这样就将路径 treatment→post_verbal 的值设置为 0 了，关闭对话窗口后，路径图中这个路径箭头上面就被标注了数值 0（如图 4 – 72 所示）。将 Amos Graphics 建立的模型 C 保存为 Ex4-4-c. amw。接下来，可以通过建立一个复合模型来检验模型 C 的正确性。

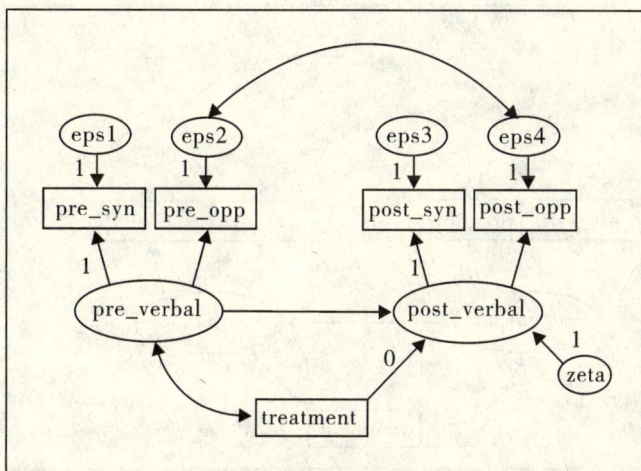

图 4 – 72 设置回归权重为 0

（八）建立复合模型

现在，将模型 A、模型 B 和模型 C 结合起来，建立一个复合模型，对 3 个模型的合理性进行检验。将这一复合模型称为 Ex4_3_all。图 4 – 73 是以 Amos Basic 建立的这一复合模型（称为 Ex4-4-all. AmosBasic）：

```
File Edit View Macro Debug Help
AmosDebug                    ▼ Clear                    ▼
Object: (General)            ▼ Proc: Main               ▼
Sub Main()
    Dim Sem As New AmosEngine

    Sem.TextOutput
    Sem.Mods 4
    Sem.Standardized
    Sem.Smc

    Sem.BeginGroup "Amex4.xls", "Olss_all"
        Sem.Structure "pre_syn    = (1) pre_verbal  + (1) eps1"
        Sem.Structure "pre_opp    =     pre_verbal  + (1) eps2"

        Sem.Structure "post_syn   = (1) post_verbal + (1) eps3"
        Sem.Structure "post_opp   =     post_verbal + (1) eps4"

        Sem.Structure "post_verbal = pre_verbal + (effect) treatment + (1) zeta"

        Sem.Structure "eps2 <——> eps4 (cov2_4)"

    Sem.Model "Model_A", "cov2_4 = 0"
    Sem.Model "Model_B"
    Sem.Model "Model_C", "effect = 0"
End Sub
```

图 4 – 73　复合模型

如果使用 Amos Graphics 建立复合模型，按照如下步骤操作：

打开模型 B，为 eps2 和 eps4 之间的协方差设定标签 cov2_4，为从 treatment 指向 post_verbal 的回归路径（表示实验处理 treatment 对后测结果产生的效应）设定标签 effect。设置好的复合模型如图 4 – 74 所示（将其保存为 Ex4-4-all. amw）：

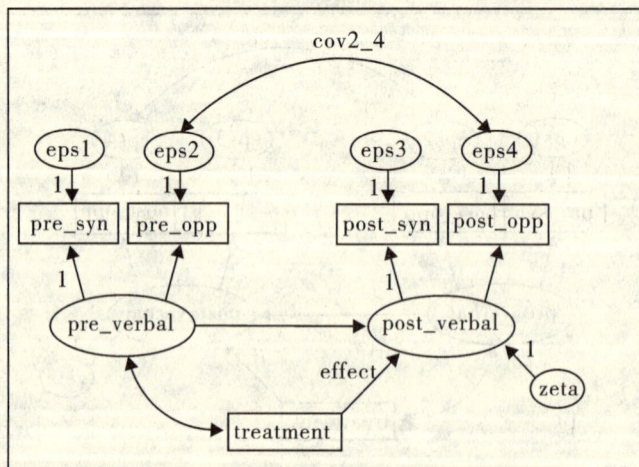

图 4 – 74　Amos Graphics 建立的复合模型

现在，将模型 B 视为最一般的模型，模型 A 是在模型 B 的基础上增加约束条件 cov2_4 = 0，模型 C 是在模型 B 的基础上增加约束条件 effect = 0。

现在界定各个模型，双击路径图左面工具栏上部的模型管理框中的 Your models 弹出如图 4－75 所示的对话框：

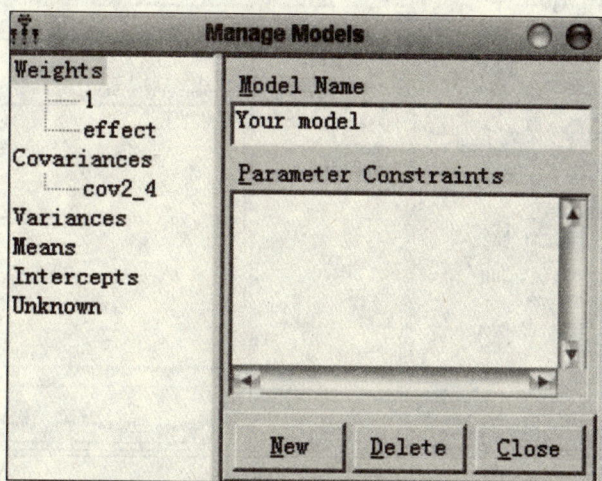

图 4－75　模型对话框

首先在 Model Name 框中输入 Model B，在 Parameter Constraints 框中不作任何限制。然后点击对话框下方的 New 按钮，界定模型 A。在 Model Name 下面的框内输入 Model A，然后双击左面的参数栏中的 cov2_4，cov2_4 就出现在 Parameter Constraints 下面的框中，然后在其后面输入 =0，就将模型 A 界定好了（如图 4－76 所示）。

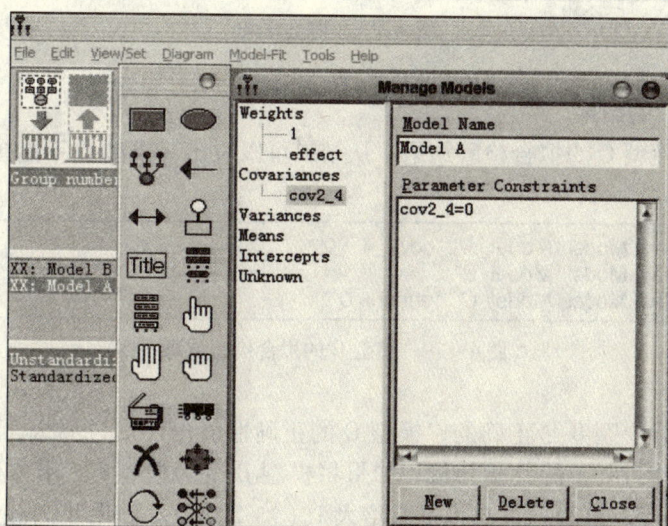

图 4－76　模型 A

接下来再点击对话框下方的 New 按钮，在 Model Name 下面的框内输入 Model C，双击左面的参数栏中的 effect，effect 就出现在 Parameter Constraints 下面的框中，然后在其后

面输入 =0，就将模型 C 界定好了（如图 4 - 77 所示）。

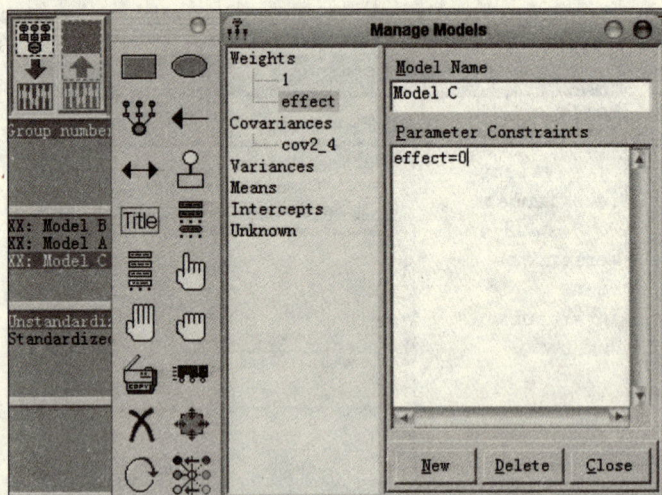

图 4 - 77　模型 C

用 Amos Basic 建立复合模型，只需在模型 B 的基础上增加如图 4 - 78 所示的陈述语句即可：

```
Sem.Model "Model_A", "cov2_4 = 0"
Sem.Model "Model_B"
Sem.Model "Model_C", "effect = 0"
```

图 4 - 78　陈述语句

（九）模型 C 的结果

图 4 - 79 为模型 C 的拟合检验结果，从结果可以看出，模型 C 不能接受.

```
Sem.Model "Model_A", "cov2_4 = 0"
Sem.Model "Model_B"
Sem.Model "Model_C", "effect = 0"
```

图 4 - 79　模型 C 的拟合检验结果

如果我们假设模型 B 是正确的，模型 C 的正确性值得怀疑，那么，可以用以下方法对模型的正确性作进一步的检验分析。如果将模型 B 变为模型 C，卡方值将增大 52.712（55.396 - 2.684 = 52.712），而自由度只增大 1（3 - 2 = 1）。如果我们假设模型 C 是正确的，那么意味着从一个符合自由度为 1 的卡方分布的随机变量所得到的一个观察值为 52.712，但根据卡方分布的特点，这种随机变量存在的可能性是极其微小的。这就是说，与模型 C 相比较，我们理所当然地应该接受模型 B，也就是说，实验处理 treatment 对 post_verbal 有显著效应。

第五章　验证性因子分析

现实生活中的事物是错综复杂的，在科学研究中，我们往往要探索的不是单一的自变量和单一的因变量之间的关系，而是多种现象之间的复杂关系。因此，多元分析方法在科学研究中发挥的作用越来越大。因子分析就是其中一种非常重要的处理降维的方法。它将具有错综复杂关系的变量（或样品）综合为少数几个因子，以再现原始变量与因子之间的相互关系，同时根据不同因子还可以对变量进行分类。它实际上就是一种用来检验潜在结构是怎样影响观测变量的方法。因子分析主要有两种基本形式：探索性因子分析（exploratory factor analysis）和验证性因子分析（confirmatory factor analysis）。探索性因子分析（EFA）致力于找出事物内在的本质结构；而验证性因子分析（CFA）是用来检验已知的特定结构是否按照预期的方式产生作用。矩结构模型技术为验证性因子分析提供了极大的便利。本章将用三节的内容向读者介绍如何运用 AMOS 作普通验证性因子分析、多个被试组的联合因子分析和含均值参数的因子分析。这样，学完本章后，读者对因子分析技术将会有更为全面深入的认识。

第一节　普通验证性因子分析

一、目的

通过本节内容，向读者介绍如何使用 AMOS 执行验证性因子分析。该例只涉及一个被试组，而且不涉及均值参数，所以将其称为普通验证性因子分析。

二、数据

1939 年，Holzinger 和 Swineford 在芝加哥的两所学校对 301 名七到八年级的学生进行了 26 个心理测验。这里我们使用其中某一所学校（the Grant-White school）的 73 名女孩的测试结果。下表为数据变量名称及其解释。

数据变量名称及其解释

Test（测验）	解　释
Visperc	视知觉分数
Cubes	空间想象得分
Lozenges	空间定向得分
Paragraph	段落理解得分
Sentence	完成句子得分
Wordmean	词语理解得分

用 SPSS 建立的数据文件，存储为 Grnt_fem. sav。图 5 – 1 为部分被试在 6 个测验上的得分。

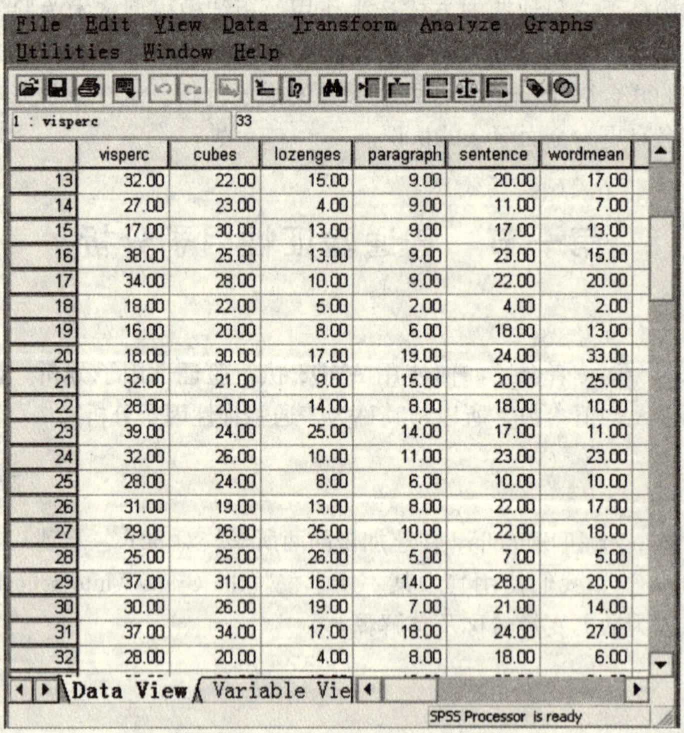

File Edit View Data Transform Analyze Graphs Utilities Window Help

1 : visperc   33

	visperc	cubes	lozenges	paragraph	sentence	wordmean
13	32.00	22.00	15.00	9.00	20.00	17.00
14	27.00	23.00	4.00	9.00	11.00	7.00
15	17.00	30.00	13.00	9.00	17.00	13.00
16	38.00	25.00	13.00	9.00	23.00	15.00
17	34.00	28.00	10.00	9.00	22.00	20.00
18	18.00	22.00	5.00	2.00	4.00	2.00
19	16.00	20.00	8.00	6.00	18.00	13.00
20	18.00	30.00	17.00	19.00	24.00	33.00
21	32.00	21.00	9.00	15.00	20.00	25.00
22	28.00	20.00	14.00	8.00	18.00	10.00
23	39.00	24.00	25.00	14.00	17.00	11.00
24	32.00	26.00	10.00	11.00	23.00	23.00
25	28.00	24.00	8.00	6.00	10.00	10.00
26	31.00	19.00	13.00	8.00	22.00	17.00
27	29.00	26.00	25.00	10.00	22.00	18.00
28	25.00	25.00	26.00	5.00	7.00	5.00
29	37.00	31.00	16.00	14.00	28.00	20.00
30	30.00	26.00	19.00	7.00	21.00	14.00
31	37.00	34.00	17.00	18.00	24.00	27.00
32	28.00	20.00	4.00	8.00	18.00	6.00

Data View / Variable Vie

SPSS Processor is ready

图 5 – 1　部分被试在 6 个测验上的得分

三、因子模型的建立

我们将以下面的路径图对数据做验证性因子分析：

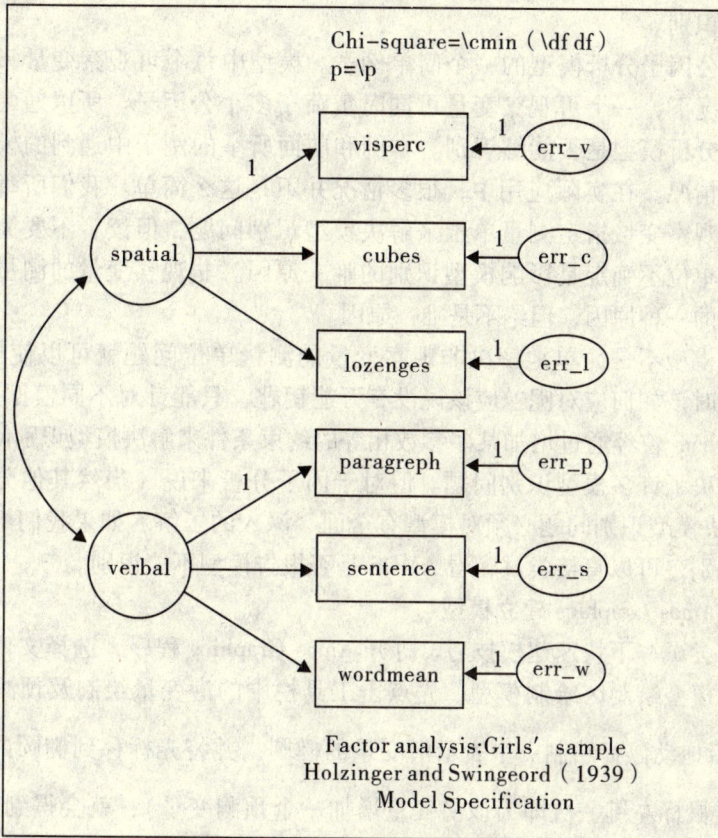

图 5 - 2　路径图

从图 5 - 2 可以看出，模型假设 visperc，cubes 以及 lozenges 这 3 个观测变量测量的是潜变量 spatial。也就是说，spatial 这一潜在能力决定了 visperc，cubes 以及 lozenges 这 3 个测验成绩的变化。另外，这 3 个测验的成绩除了受 spatial 影响外，还各自受一个特异因子的影响。这 3 个特异因子分别是 err_v，err_c 和 err_l。对于 visperc 来说，err_v 代表了除 spatial 以外的所有影响 visperc 测验成绩的因素，其中既包括 visperc 的测量误差，也包括其他影响 visperc 测验成绩的因素。

这是一个常见的验证性因子分析模型。其中非观察变量 spatial 叫做公因子，另外 3 个非观察变量 err_v，err_c 和 err_l 叫做特异因子。路径图中的非观测变量 verbal 也是一个公因子。另外 3 个非观察变量 err_p，err_s 和 err_w 为特异因子。3 个观察变量 paragraph，sentence 和 wordmean 为公因子 verbal 的预测变量。模型假设 spatial 和 verbal 这两个公因子之间存在相关关系；特异因子之间以及特异因子与其他公因子之间不相关。由公因子指向观测变量的路径系数被称为因子载荷。

四、模型识别

除了非观察变量的测量单位不确定以外，该模型其他方面都是可以识别的。我们通过给一些回归权重指定数值1，给这些非观察变量限定测量单位。通过这些约束条件可以使得模型得以识别。

该模型是公因子分析模型的一个简单例子。模型中每个可观察变量只负荷于一个公因子。通常情况下，一个可观察变量可同时负荷于多个公因子。所以通常情况下，很难确定一个因子分析模型是否能够识别。本例和前面所举的例子中遇到的模型识别问题都是比较简单的情况。在实际应用中，很多情况并不是这么简单。我们所举的例子中多数都是通过为非观察变量指定测量单位来解决模型识别问题，但读者不要简单地认为非观察变量的测量单位不确定是影响模型识别的唯一原因。非观察变量的测量单位不确定是影响模型识别的一种原因，但绝不是唯一原因。

还有一些模型不是简单地解决非观察变量的测量单位问题就可以使模型得以识别。遇到这种情况时该如何应对呢？应该说没有万能钥匙，只能针对不同模型采取不同方法。Jǒreskog 与 Sǒrbom 曾经通过增加某些参数相等的约束条件来解决模型识别问题。通过这种方法，他们解决了许多模型识别问题。但对于因子分析来说（当然其他分析方法也是这样），要想解决模型识别问题必须对模型有全面、深入的了解。如果我们不能确定一个模型是否能够识别，可以直接尝试，看 AMOS 是否报告模型不能识别。

（一）用 Amos Graphics 建立模型

我们再来尝试一下快速建模技巧。打开 Amos Graphics 程序，选择文件下拉菜单中的 New 命令。在模型绘制区绘制模型。先点击工具栏中的潜变量绘制及预测变量添加工具（ ），然后拖动鼠标绘制一个表示潜变量的椭圆，并将光标移到椭圆内单击鼠标左键三次（每点击鼠标左键一次即为该潜变量增加一个预测变量），就会得到如图 5－3 所示的结果。

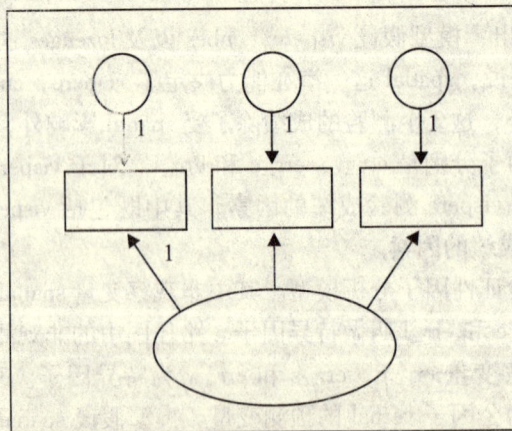

图 5－3　快速建模结果

点击工具栏中的目标方向更改工具（ ），将光标移到模型绘制区的椭圆内点击鼠标左键一次，所绘制图形就沿顺时针方向发生 90 度的改变。旋转好的图形如图 5－4 所示：

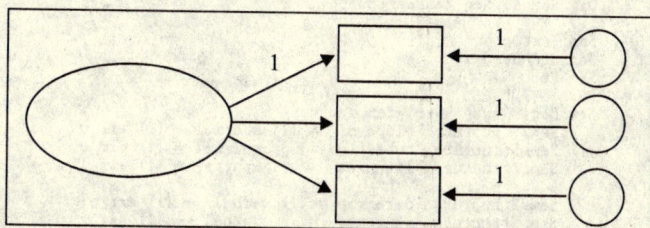

图 5－4　旋转好的图形

然后点击工具栏中所有目标工具（ ），这时模型绘制区的所有图形被选中，都显示为蓝色。

点击工具栏中的复制工具（ ），然后将光标移到模型绘制区中的椭圆内，按下鼠标左键拖动将光标移至要复制的图形欲放置的位置，松开鼠标左键，在模型绘制区就复制出了另外一组图形（如图 5－5 所示）。

然后用双箭头连线将两个椭圆连接，这样模型就建成了。接下来为模型指定数据文件并为模型输入变量名。模型建立完后，将其存储为 Ex08. amw。

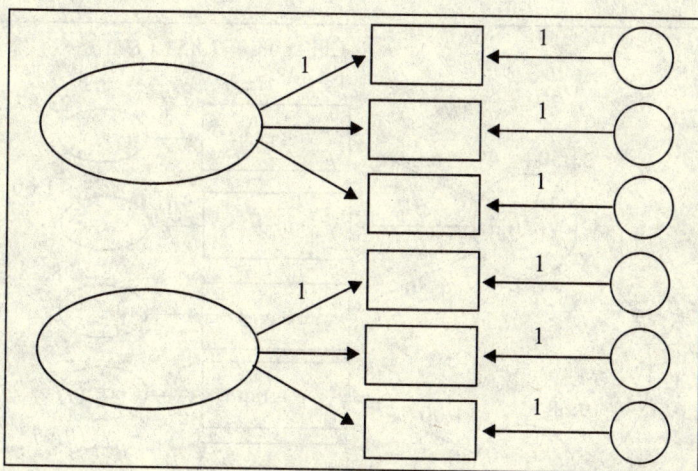

图 5－5　复制图形

（二）用 Amos Basic 建立模型

图 5－6 所示的文件是用 Amos Basic 建立的模型，其中规定了对 Holzinger 和 Swineford 数据进行因子分析的方程式。

图 5 – 6   Amos Basic 建立的模型

模型中不用专门指定公因子 spatial 和 verbal 相关，也不需规定特异因子与公因子之间以及特异因子相互之间不相关，因为这些是 Amos Basic 的默认假设。

五、分析结果

图 5 – 7 显示的是非标准化分析结果。图形右上角的结果显示，这个模型与数据的拟合程度较好。

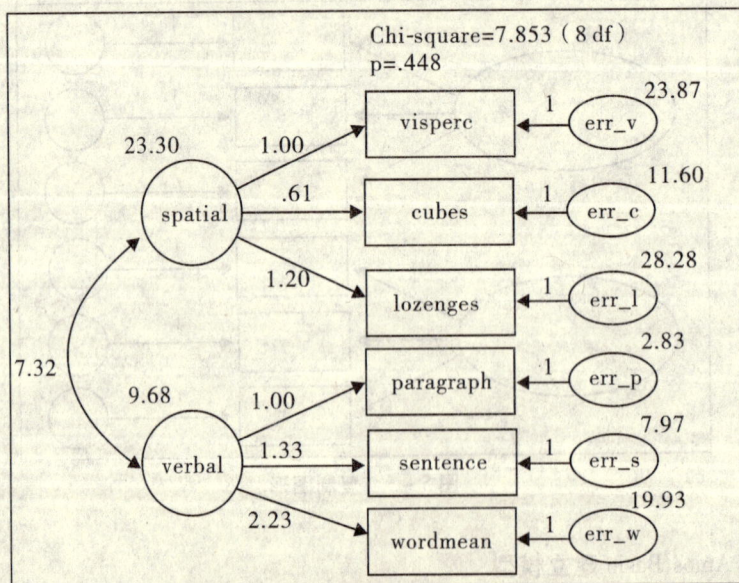

图 5 – 7   模型的非标准化分析结果

也许读者对自由度的问题感兴趣，AMOS 的分析结果中会输出自由度的计算方法及结果，如图 5 - 8 所示：

```
Computation of degrees of freedom

                    Number of distinct sample moments:      21
      Number of distinct parameters to be estimated:        13
                                    ---------------------------
                                    Degrees of freedom:        8
```

图 5 - 8　AMOS 的分析结果中的自由度

模型分析中既给出了按照原来指定的测量单位所得出的结果，也给出了标准化的分析结果。从图 5 - 9 所示的分析结果中我们可以看出，两个公因子正相关，各预测变量对公因子的回归系数也为正值，这一分析结果符合情理。

```
Regression Weights:                  Estimate     S.E.      C.R.      Label
----------------------               --------   --------   --------   --------
      visperc <------ spatial          1.000
        cubes <-------- spatial        0.610      0.143     4.250
     lozenges <------ spatial          1.198      0.272     4.405
    paragraph<------ verbal            1.000
     sentence <------ verbal           1.334      0.160     8.322
     wordmean <------- verbal          2.234      0.263     8.482

Standardized Regression Weights:     Estimate
----------------------------------   --------
          visperc <------ spatial      0.703
            cubes <-------- spatial     0.654
         lozenges <------ spatial       0.736
        paragraph<------ verbal        0.880
         sentence <------ verbal       0.827
         wordmean <------ verbal       0.841

Covariances:                         Estimate     S.E.      C.R.      Label
------------                         --------   --------   --------   --------
      spatial <------> verbal          7.315      2.571     2.846

Correlations:                        Estimate
-------------                        --------
      spatial <------> verbal          0.487

Variances:                           Estimate     S.E.      C.R.      Label
----------                           --------   --------   --------   --------
              spatial               23.302      8.123     2.868
               verbal                9.682      2.159     4.485
                err_v               23.873      5.986     3.988
                err_c               11.602      2.584     4.490
                err_l               28.275      7.892     3.583
                err_p                2.834      0.868     3.263
                err_s                7.967      1.869     4.263
                err_w               19.925      4.951     4.024
```

图 5 - 9　模型的分析结果

图 5 - 10 是由 Sem. Smc 命令语句得出的多重相关的平方：

Squared Multiple Correlations:	Estimate
wordmean	0.708
sentence	0.684
paragraph	0.774
lozenges	0.542
cubes	0.428
visperc	0.494

图 5 - 10   Sem. Smc 命令语句

我们也可以对分析属性加以设定，指定 Amos Graphics 计算标准化估计值。在窗口上面的工具栏中找到 View/Set，并点击它，然后按照如下步骤执行：View/Set→Analysis Properties→Output，最后选中对话窗口中的 Standardized estimates 选项。图 5 - 11 为标准化估计结果。

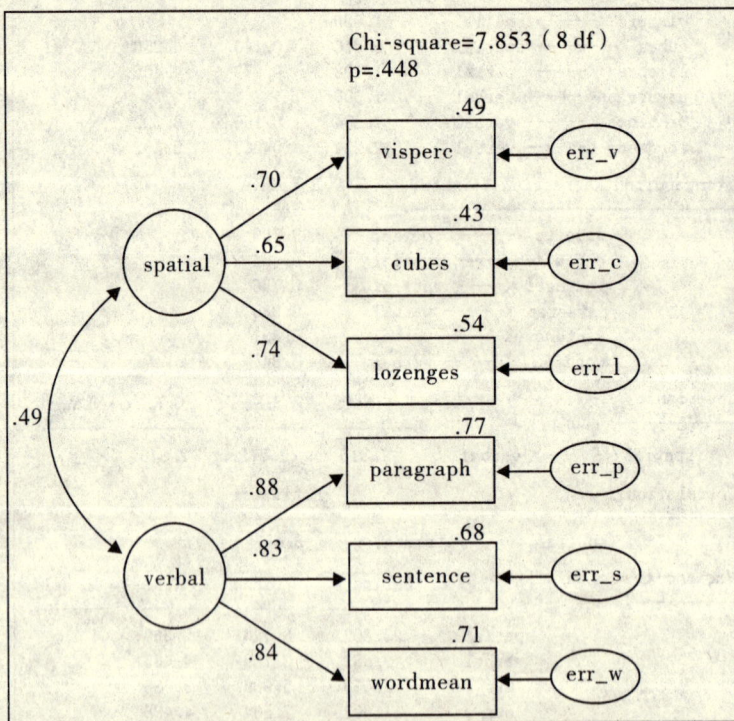

图 5 - 11   模型的标准化估计结果

本例中，对多重相关平方可以作以下解释：对于变量 wordmean 来说，其多重相关的平方为 0.71，这就意味着该变量变异的 71% 可以在本模型中得到解释，其余 29% 不能由这个模型解释，只能将其归结为特异因子err_w。本例中只有一个潜变量（或称为公因子）有单向箭头指向该观测变量，因此，其多重相关平方 0.71 就等于由 verbal 指向 wordmean

的路径系数 0.84 的平方。在这里，如果特异因子err_w仅仅代表测量随机误差，那么，我们可以说 wordmean 的测验信度是 0.71。但事实上 err_w 还可能包含系统误差，如果是这样，那么我们就可以说这一测验的测量信度下界为 0.71。

在许多关于因子分析的讨论中，经常引用的是 Holzinger 和 Swineford 的数据。这里使用的因子模型也是 Jöreskog 和 Sorbom（1984）年曾经使用过的一个例子。由于这里使用的数据大都被多次使用，所以模型与数据的拟合程度较好。

第二节　多个被试组的联合因子分析

一、目的

（1）向读者介绍如何采用因子分析方法分析来自不同被试总体的数据。

（2）通过例子向读者介绍如何检验来自不同被试总体的数据是否具有相同的因子模型，即对于同一因子模型的不同被试总体的参数值是否相同。

二、数据

采用第一节中用过的 Holzinger 和 Swineford（1939）的数据。不过，这里将同时分析两组数据：一组为 73 名格兰特白种人女生的数据，另一组为 72 名格兰特白种人男生的数据。女生数据的数据文件为 Grnt_fem. sav。男生数据的数据文件为 Grnt_mal. sav。

图 5 - 12 是男生数据的数据文件：

	visperc	cubes	lozenges	paragrap	sentence	wordmean
1	23.00	19.00	4.00	10.00	17.00	10.00
2	34.00	24.00	22.00	11.00	19.00	19.00
3	29.00	23.00	9.00	9.00	19.00	11.00
4	16.00	25.00	10.00	8.00	25.00	24.00
5	27.00	26.00	6.00	10.00	16.00	13.00
6	32.00	21.00	8.00	1.00	7.00	11.00
7	38.00	31.00	12.00	10.00	11.00	14.00
8	34.00	28.00	24.00	14.00	22.00	26.00
9	25.00	31.00	18.00	7.00	12.00	11.00
10	40.00	23.00	20.00	10.00	23.00	35.00
11	24.00	16.00	14.00	5.00	17.00	11.00
12	40.00	26.00	26.00	13.00	24.00	25.00
13	42.00	27.00	27.00	7.00	13.00	4.00
14	31.00	21.00	5.00	13.00	19.00	19.00
15	31.00	23.00	11.00	4.00	16.00	16.00

图 5 - 12　男生数据的数据文件

三、多重样本模型 A

在前面第一节中，我们曾使用过该例，但只分析了女生的数据。这里，我们同时分析男生和女生两组数据，并假设模型对于男生样本和女生样本来说都成立，也就是说，两组数据拥有共同的因子模型。

首先，建立多重样本模型，将其称为模型 A。

在 Amos Graphics 中建立多重样本模型。运用我们前面介绍过的建立模型图的方法，相信大家应该可以很快就将下面的因子模型图绘制出来。这里，将女生的数据作为第一个样本组，将男生的数据作为第二个样本组，建立多重样本模型。这里将建立好的模型命名为 Ex5-2-a. amw。

图 5 – 13 为女生样本组的路径图，男生样本组的路径图与此类似。

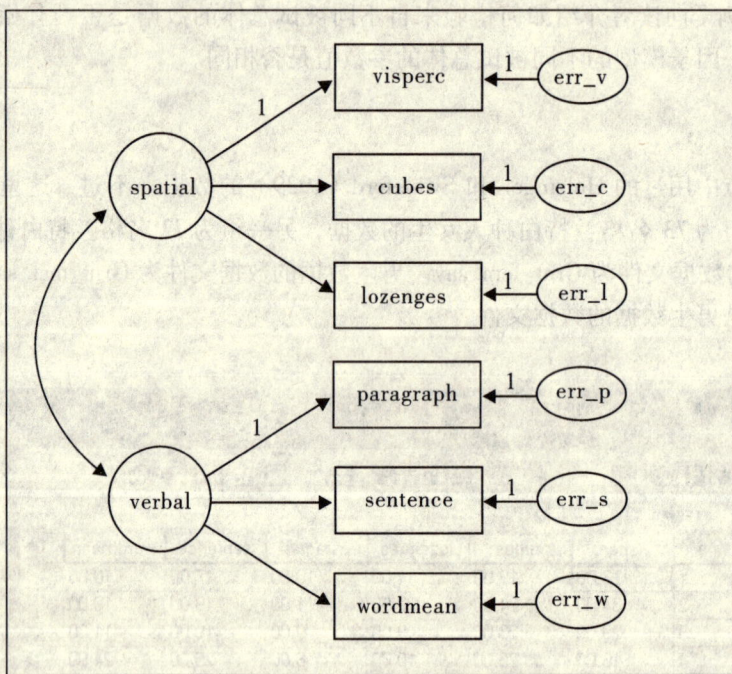

图 5 – 13　女生样本组的路径图

用 Amos Basic 建立的多重样本因子模型 A 的命令语句如图 5 – 14 所示，我们将其保存为文件 Ex5-2-a. AmosBasic。

```
Sub Main()
    Dim Sem As New AmosEngine

    Sem.TextOutput
    Sem.Standardized
    Sem.Smc

    Sem.BeginGroup "Grnt_fem.sav"
        Sem.GroupName "Girls"
        Sem.Structure "visperc  = (1) spatial + (1) err_v"
        Sem.Structure "cubes    =     spatial + (1) err_c"
        Sem.Structure "lozenges =     spatial + (1) err_l"

        Sem.Structure "paragraph= (1) verbal  + (1) err_p"
        Sem.Structure "sentence =     verbal  + (1) err_s"
        Sem.Structure "wordmean =     verbal  + (1) err_w"

    Sem.BeginGroup "Grnt_mal.sav"
        Sem.GroupName "Boys"
        Sem.Structure "visperc  = (1) spatial + (1) err_v"
        Sem.Structure "cubes    =     spatial + (1) err_c"
        Sem.Structure "lozenges =     spatial + (1) err_l"

        Sem.Structure "paragraph= (1) verbal  + (1) err_p"
        Sem.Structure "sentence =     verbal  + (1) err_s"
        Sem.Structure "wordmean =     verbal  + (1) err_w"

End Sub
```

图 5-14　多重样本因子模型 A 的命令语句

在这里，我们再次强调，虽然为男生和女生样本的数据指定了共同的结构模型，但我们并没有限定这两个模型的参数相同，这两组数据的参数估计结果是可以不同的。

四、模型 A 的分析结果

在计算模型的自由度时，例 8 中所有的数据都扩大了两倍，这一点非常容易理解。因为这里为模型指定了两个样本数据，所以样本矩就扩大了一倍，当然因为要分别估计两个样本的参数，所以待估参数的数目也扩大了一倍，相应地自由度也增加了一倍，从图 5-15 中可以看出自由度为 16，而不再是 8。

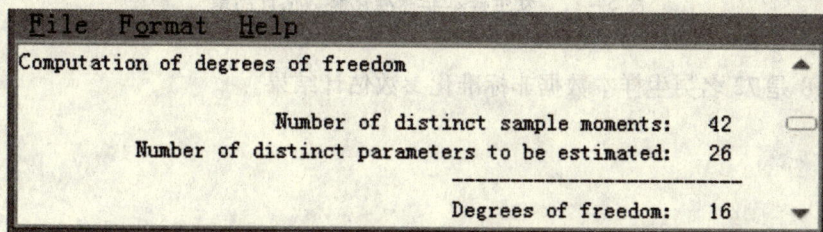

```
File  Format  Help
Computation of degrees of freedom

                Number of distinct sample moments:      42
    Number of distinct parameters to be estimated:      26
                -----------------------------------
                Degrees of freedom:    16
```

图 5-15　模型 A 分析结果的自由度

图 5-16 为模型拟合程度的分析结果。从分析结果可以看出，模型是可以接受的。这就是说，男生样本组和女生样本组具有共同的因子结构这个假设是成立的。如果从拟合分析结果看，模型拟合程度达不到可接受的水平时，也就是说模型 A 被拒绝时，我们就

必须对路径图加以修改，至少改变一个被试组的路径图。

```
File  Format  Help
Chi-square = 16.480
Degrees of freedom = 16
Probability level = 0.420
```

图 5 – 16   模型拟合程度的分析结果

图 5 – 17 是 73 名女生样本非标准化的参数估计值。可以看出，这些参数估计值和前面第一节中单独研究女生样本的估计值相同。

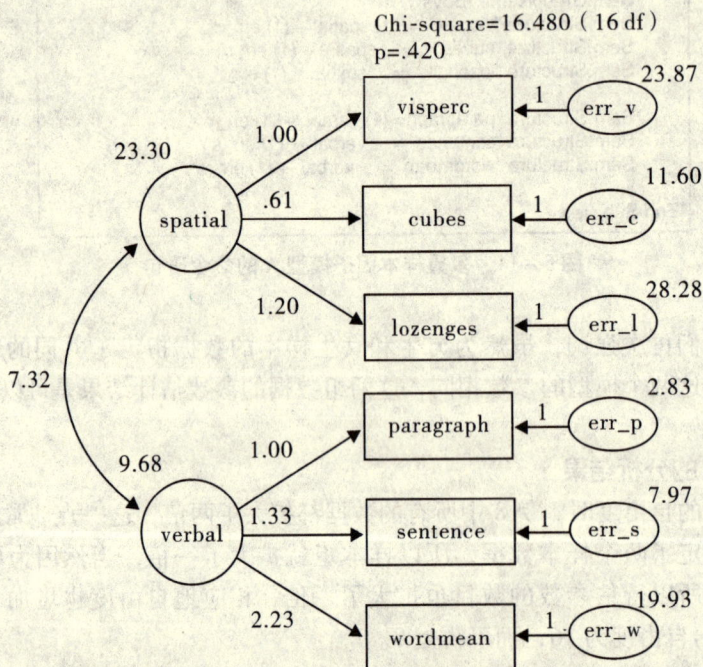

图 5 – 17   女生样本非标准化参数估计结果

图 5 – 18 是 72 名男生样本数据非标准化参数估计结果。

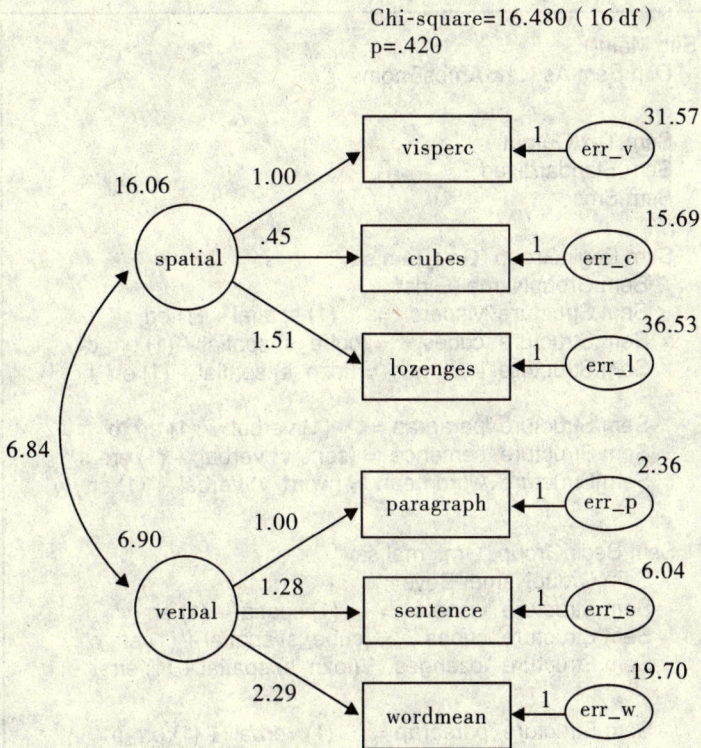

Chi-square=16.480（16 df）
p=.420

图 5 – 18 男生样本非标准化参数估计结果

对比两个样本组的参数估计结果，我们可以发现，两组之间的回归权重有所不同。接下来，我们建立新的模型（模型 B）来检验两个被试组的数据是否具有相同的路径值。

五、多重样本因子分析模型 B

从前面模型 A 的分析结果得知，男生样本组和女生样本组具有共同的因子结构。现在我们进一步检验这两个样本组是否具有共同的参数值。

在这里，我们并不要求两个样本组相对应的参数全部相等，只假定两个样本组具有相同的因子载荷（即回归权重）。建立新的模型（模型 B），限定两个样本组的因子载荷相同，其他参数允许两个样本组取不同的值。

用 Amos Basic 建立的模型 B 如图 5 – 19 所示，我们将其保存为文件 Ex5-2-b. AmosBasic。

```
Sub Main()
  Dim Sem As New AmosEngine

  Sem.TextOutput
  Sem.Standardized
  Sem.Smc

  Sem.BeginGroup "Grnt_fem.sav"
    Sem.GroupName "Girls"
    Sem.Structure "visperc  =      (1) spatial + (1) err_v"
    Sem.Structure "cubes    = (cube_s) spatial + (1) err_c"
    Sem.Structure "lozenges = (lozn_s) spatial + (1) err_l"

    Sem.Structure "paragrap =      (1) verbal  + (1) err_p"
    Sem.Structure "sentence = (sent_v) verbal  + (1) err_s"
    Sem.Structure "wordmean = (word_v) verbal  + (1) err_w"

  Sem.BeginGroup "Grnt_mal.sav"
    Sem.GroupName "Boys"
    Sem.Structure "visperc  =      (1) spatial + (1) err_v"
    Sem.Structure "cubes    = (cube_s) spatial + (1) err_c"
    Sem.Structure "lozenges = (lozn_s) spatial + (1) err_l"

    Sem.Structure "paragrap =      (1) verbal  + (1) err_p"
    Sem.Structure "sentence = (sent_v) verbal  + (1) err_s"
    Sem.Structure "wordmean = (word_v) verbal  + (1) err_w"

End Sub
```

图 5－19　Amos Basie 建立的模型 B

用 Amos Graphics 建立模型 B 可以分为两步：

第一步：为路径图添加标签。用鼠标双击模型中由共同的潜在因子 spatial 指向观察变量的单箭头路径，在弹出的对话窗口中点击 Parameters，在 Regression Weight 下面的框内输入路径标签，如图 5－20 所示：

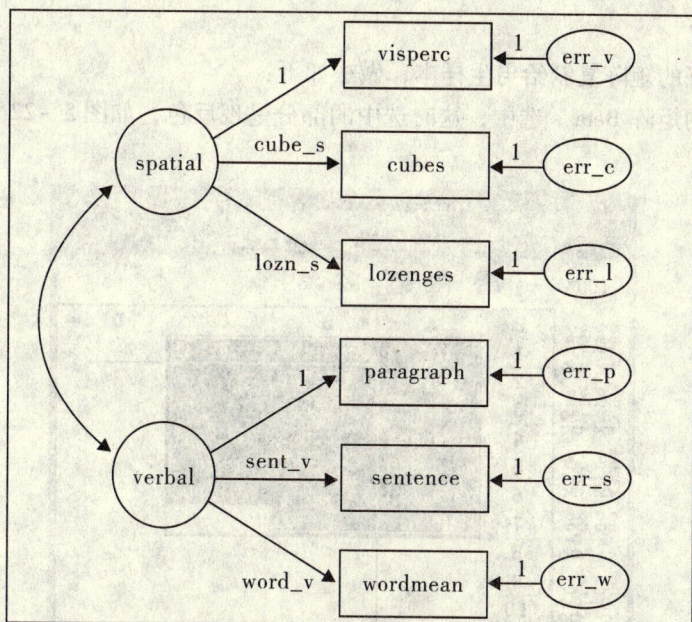

图 5 - 20　添加标签的路径图

第二步：将路径标签约定为两个样本组共享。点击 View/Set→ Matrix Representation，使权重矩阵 Beta 1 处于工作状态。然后，拖动 Drag indicator variables 图标（左面工具栏中最上面第一个图标）到2A 区。然后，再拖动 Drag indicator variables 图标（上面数第二个图标）到1B 区域，AMOS 以表格形式显示参数的标签，如图 5 - 21 所示：

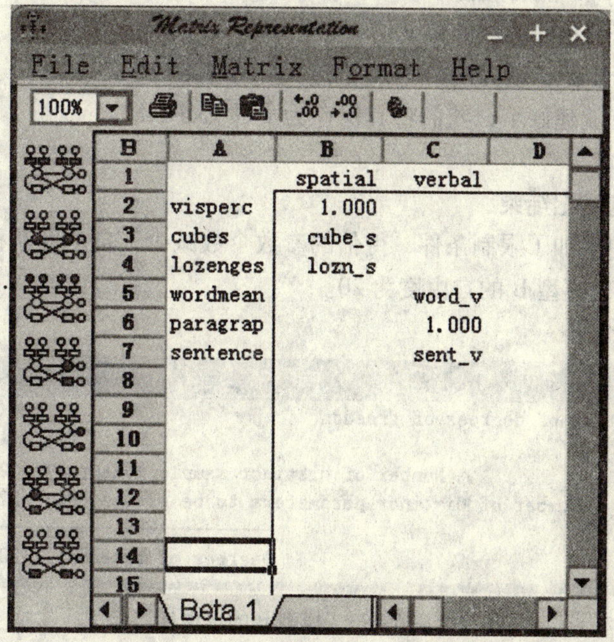

图 5 - 21　以表格形式显示的参数标签

再将定义好的矩阵复制给男生样本，做法如下：

将定义好的矩阵 Beta 1 选中，这时选中的部分呈现反色，如图 5-22 所示：

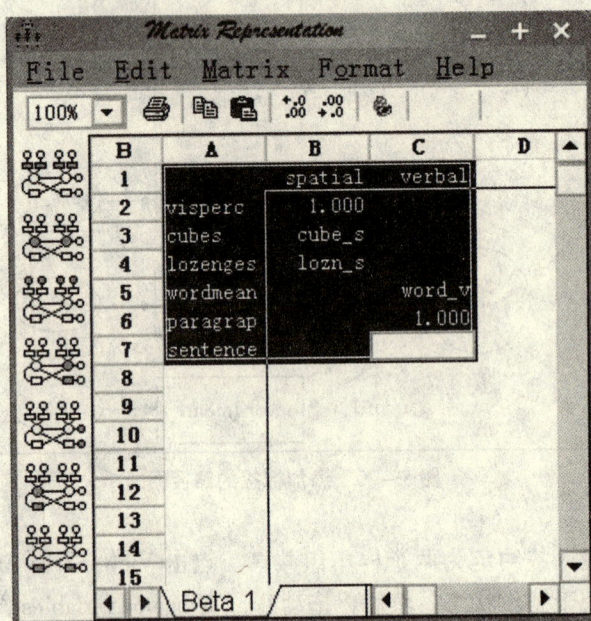

图 5-22　样本复制

点击 Edit→Copy，然后点击 Amos Graphics 窗口左面工具栏中的 Group box 中的 boys，在新的矩阵表中选中相同区域的单元格，点击 Edit→Paste。

经过以上两个步骤，就为两个样本指定了相同的路径标签。

这样，模型 B 就建好了，我们将其保存为文件 Ex5-2-b. amw。

六、模型 B 的输出结果

因为模型 B 中附加了限制条件，待估的参数个数减少，自由度就相应增大了。从图 5-23 中可以看出，模型 B 的自由度为 20。

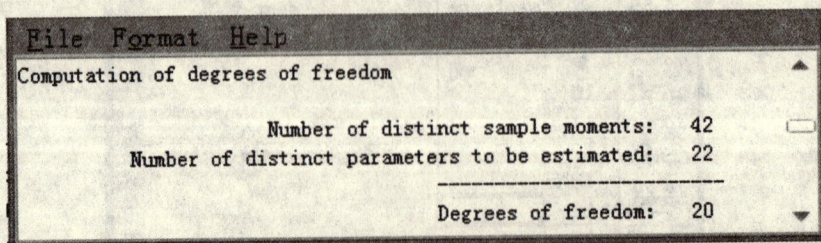

图 5-23　模型 B 的自由度

图 5 – 24 为模型拟合分析结果，可以看出模型是可以接受的。

```
File  Format  Help
Chi-square = 18.292
Degrees of freedom = 20
Probability level = 0.568
```

图 5 – 24　模型拟合分析结果

从分析结果看，模型 A 与模型 B 的卡方值不同，相差 18.292 – 16.480 = 1.812。表明在两个模型中不存在显著差异。也就是说，两个样本不仅具有共同的因子结构，而且因子负荷值相同这个假设是成立的。

图 5 – 25 为 73 名女生数据的参数估计结果。

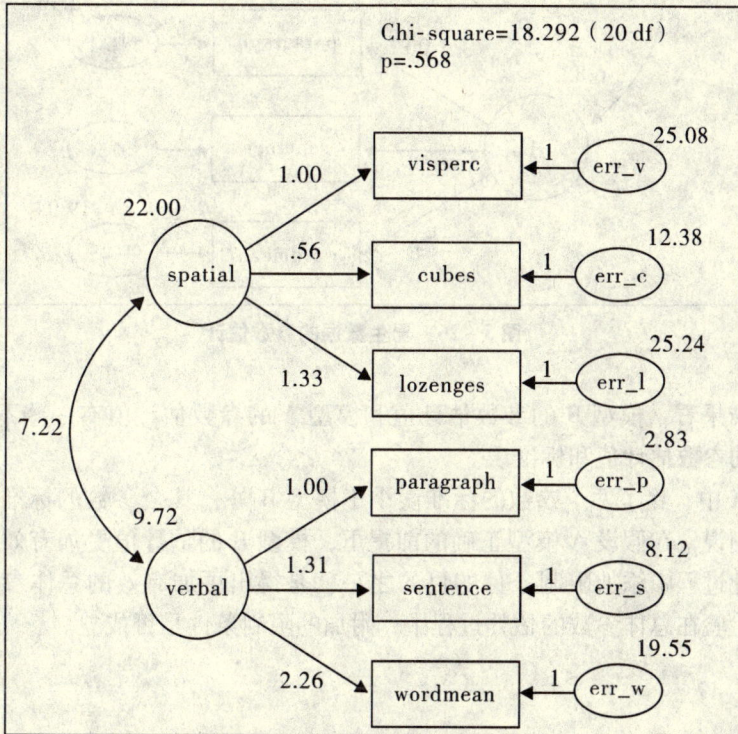

图 5 – 25　女生数据的参数估计

图 5 – 26 为 72 名男生数据的参数估计结果。

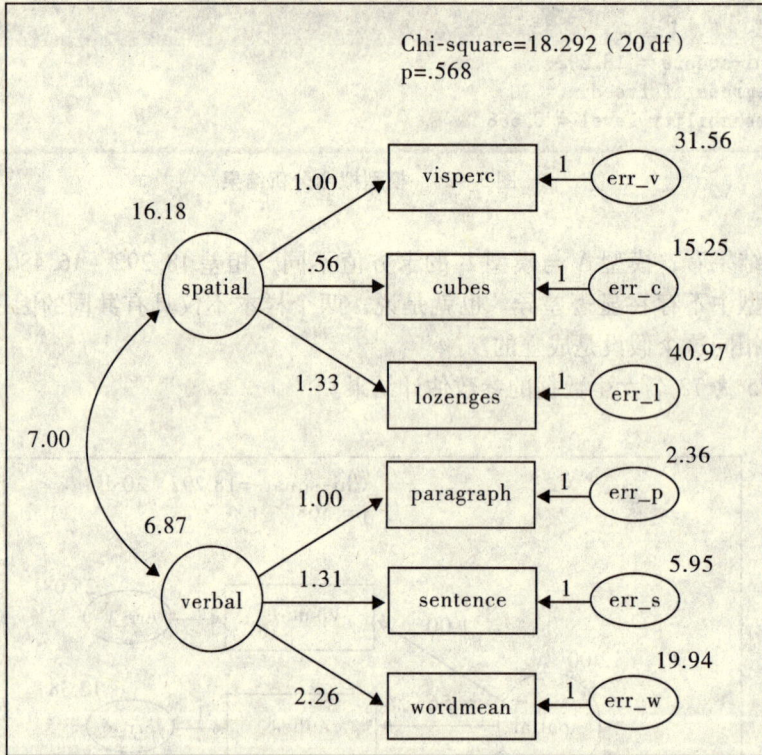

图 5 – 26　男生数据的参数估计

　　从分析结果看，模型 B 的参数估计值和模型 A 的参数估计值有一些不同，图 5 – 27 为两个模型的参数估计值和标准误。

　　在模型 A 中，除了两个参数的标准误小于模型 B 外，其余参数的标准误都比模型 B 大。因此我们说，在假设 A 模型正确的前提下，模型 B 的估计值更加有效。事实上，在模型参数估计过程中添加限制条件的目的之一就是得出更加有效的总体参数估计值，另一个目的是检验在总体参数的估计过程中，附加的限制条件是否成立。

Parameter	Model A		Model B	
Girls' sample	**Estimate**	**Standard Error**	**Estimate**	**Standard Error**
g: cubes <--- spatial	0.610	0.143	0.557	0.114
g: lozenges <--- spatial	1.198	0.272	1.327	0.248
g: sentence <--- verbal	1.334	0.160	1.305	0.117
g: wordmean <--- verbal	2.234	0.263	2.260	0.200
g: spatial <---> verbal	7.315	2.571	7.225	2.458
g: var(spatial)	23.302	8.124	22.001	7.078
g: var(verbal)	9.682	2.159	9.723	2.025
g: var(err_v)	23.873	5.986	25.082	5.832
g: var(err_c)	11.602	2.584	12.382	2.481
g: var(err_l)	28.275	7.892	25.244	8.040
g: var(err_p)	2.834	0.869	2.835	0.834
g: var(err_s)	7.967	1.869	8.115	1.816
g: var(err_w)	19.925	4.951	19.550	4.837
Boys' sample	**Estimate**	**Standard Error**	**Estimate**	**Standard Error**
b: cubes <--- spatial	0.450	0.176	*(same as for girls' sample)*	
b: lozenges <--- spatial	1.510	0.461	*(same as for girls' sample)*	
b: sentence <--- verbal	1.275	0.171	*(same as for girls' sample)*	
b: wordmean <--- verbal	2.294	0.308	*(same as for girls' sample)*	
b: spatial <---> verbal	6.840	2.370	6.992	2.090
b: var(spatial)	16.058	7.516	16.183	5.886
b: var(verbal)	6.904	1.622	6.869	1.465
b: var(err_v)	31.571	6.982	31.563	6.681
b: var(err_c)	15.693	2.904	15.245	2.934
b: var(err_l)	36.526	11.532	40.974	9.689
b: var(err_p)	2.364	0.726	2.363	0.681
b: var(err_s)	6.035	1.433	5.954	1.398
b: var(err_w)	19.697	4.658	19.937	4.470

图 5 - 27　两个模型的参数估计值和标准误

第三节　含均值参数的因子分析

一、目的

以具体例子介绍如何用同一因子模型对来自不同被试总体的数据做含有均值估计的因子分析。

二、内容简介

通常公因子分析模型不能用于变量均值与方差的假设检验，尤其是关于公因子均值的假设。事实上，对于单样本数据来说，运用传统的因子分析根本不可能对公因子的均值作出估计，也不可能检验任何与公因子均值相关的假设。

1974 年，Sorborn 等人提出了运用多样本数据做联合因子分析实现公因子均值推论统计的方法。运用 Sorborn 的方法，虽然不能同时估计每个样本总体的所有公因子的均值，但通过多样本数据进行联合因子分析却可以检验各样本总体之间公因子的均值差异。前面已经介绍过如何做多样本联合因子分析，但重点检验的是某一共同的因子分析模型是否适合多样本数据，而没有检验两个被试样本总体的公因子均值的差异。运用 Sorborn 的方法对前面两节中的数据做联合因子分析，我们依然不能同时估计出两个被试样本的公因子均值，但可以检验两个被试样本的公因子均值是否存在差异。具体做法是，先固定一个被试样本的公因子均值，再估计出另外一个样本的公因子均值，然后检验不同被试样本总体之间各公因子均值差异的显著性。

需要强调的是，在涉及有关因子均值问题时，联合因子分析经常会出现模型不能识别的问题。

三、数据

我们再次使用本章第一、二节中曾使用过的数据，即 Holzinger 和 Swineford（1939）研究空间能力与言语能力问题时所收集的数据。采用联合因子分析法分析女生样本数据和男生样本数据。其中男生包括 72 名被试，女生包括 73 名被试。这两组数据分别存储为文件 Grnt_fem. sav 和 Grnt_mal. sav。

四、联合因子分析模型 A

（一）用 Amos Graphics 建立模型

首先，我们建立模型 A 检验的一个原假设：男生样本所属总体与女生样本所属总体在空间能力和言语能力两个公因子上的平均水平相同。模型中空间能力和言语能力均由三个测量变量来预测。为了使假设具有真正的意义，首先应该保证对于两个样本组来说空间能力和言语能力的含义相同。也就是说，在模型中针对两个样本来说，这两个公因子的界定完全相同。然后再为两个样本指定相同的回归参数值和截距。

此模型的建立和本章第二节中模型 B 的建立方法相似。不过，在执行 Galculate and Estimates 分析之前，应该确认已经在分析属性（Analysis properties）定义窗口选中 Estimate means and intercepts 选项。模型将每个观测变量的因子载荷及截距都设为跨样本不变。而且，对于男生被试样本来说，空间能力和言语能力两个因子的均值限定为 0，而女生被试样本这两个因子的均值设为待估参数。模型建好后如图 5 - 28 所示，我们将模型存储为文件 Ex5-3-a. amw。

图 5－28 为女生被试样本的结构模型。

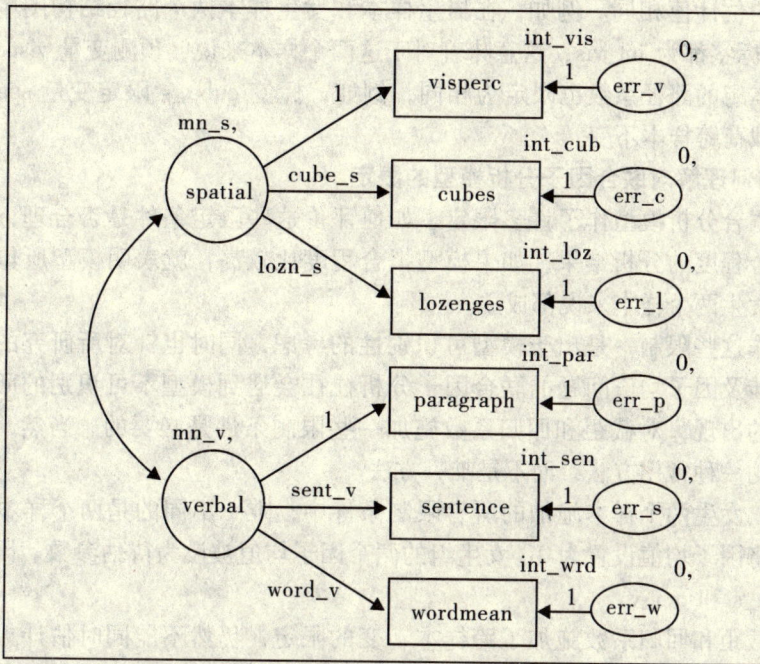

图 5－28　女生被试样本的结构模型

图 5－29 为男生被试样本的结构模型。

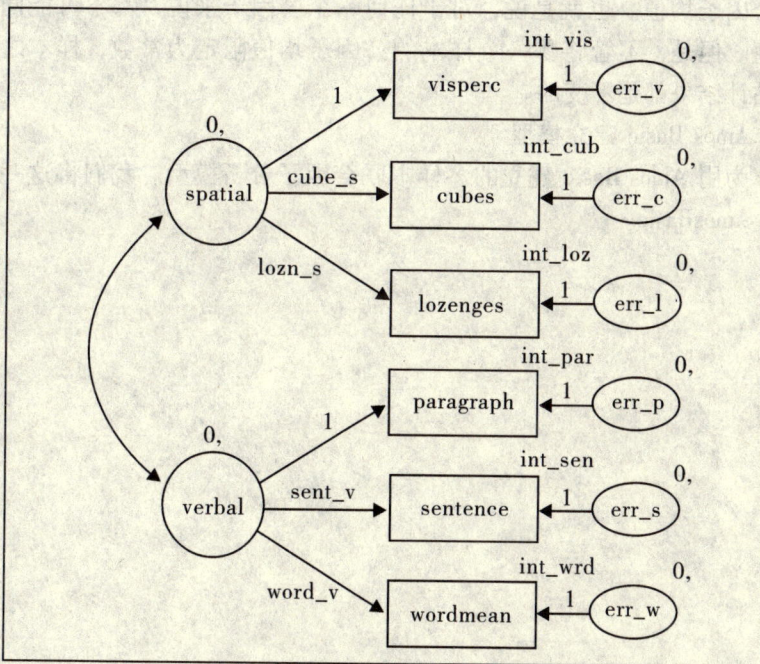

图 5－29　男生被试样本的结构模型

从上面两个路径图中可以看出，所有的观测变量都要估计截距，并且男生和女生两个样本截距的估计值相同。例如，在男生样本和女生样本两个路径结构图中，给预测变量 visperc 的标签都为 int_vis，这意味着对于这两个样本来说，预测变量 visperc 的截距相同。两个样本组的路径系数也限定为相同，例如，标签 cube_s 限定变量 spatial 和 cupes 之间的因子载荷跨样本不变。

（二）如何理解对联合因子分析模型的限定

前面对联合分析模型作了许多限定，如何评价这些限定条件是否合理，主要是看模型与数据拟合程度的分析结果，如果模型拟合程度比较高，就表明模型所作的限定条件对于男生和女生两个样本来说都成立。

对模型作这些限制一是出于模型可识别性的考虑，同时也针对所研究的问题。前面已经提到，涉及因子均值问题的联合因子分析往往会遇到模型不可识别的问题。为了避免这一问题的出现，对截距和回归系数施加一些限制条件是必要的。当然，这只是使模型得以识别的一种常用方法，而不是唯一方法。

对于男、女生两个样本施加的所有限制条件中，唯一不同的是两个样本的公因子均值。男生组将因子均值设置为 0，女生组的两个因子均值被设为待估参数。因子均值的标签分别为 mn_s 和 mn_v。

即使对截距和回归系数施加了跨样本不变的限定，仍然不能同时估计男生和女生两个样本组的公因子均值。因此，这里将男生组的两个公因子均值限定为 0，使得模型可以识别。也就是说，将男生的两个公因子均值限定为一个常数（如限定为 0），模型就能够估计出女生组的公因子均值。当然也可以反过来，将女生的公因子均值限定一个常数来估计男生的公因子均值。也就是说，对于任何一个公因子来说，都不可能同时估计出两个样本的均值。但是，不管将哪一个样本的公因子均值限定为常数，样本之间公因子均值的差异性估计结果都是不变的。

（三）用 Amos Basic 建立模型

图 5-30 为用 Amos Basic 建立的多样本联合因子分析模型。我们将这一模型存储为文件 Ex5-3-a. AmosBasic。

```
Sub Main()
   Dim Sem As New AmosEngine

   Sem.TextOutput
   Sem.Standardized
   Sem.Smc
   Sem.ModelMeansAndIntercepts

   Sem.BeginGroup "Grnt_fem.sav"
      Sem.GroupName "Girls"
      Sem.Structure "visperc  = (int_vis) +      (1) spatial + (1) err_v"
      Sem.Structure "cubes    = (int_cub) + (cube_s) spatial + (1) err_c"
      Sem.Structure "lozenges = (int_loz) + (lozn_s) spatial + (1) err_l"

      Sem.Structure "paragrap = (int_par) +      (1) verbal + (1) err_p"
      Sem.Structure "sentence = (int_sen) + (sent_v) verbal  + (1) err_s"
      Sem.Structure "wordmean = (int_wrd) + (word_v) verbal  + (1) err_w"

      Sem.Mean "spatial", "mn_s"
      Sem.Mean "verbal", "mn_v"

   Sem.BeginGroup "Grnt_mal.sav"
      Sem.GroupName "Boys"
      Sem.Structure "visperc  = (int_vis) +      (1) spatial + (1) err_v"
      Sem.Structure "cubes    = (int_cub) + (cube_s) spatial + (1) err_c"
      Sem.Structure "lozenges = (int_loz) + (lozn_s) spatial + (1) err_l"

      Sem.Structure "paragrap = (int_par) +      (1) verbal + (1) err_p"
      Sem.Structure "sentence = (int_sen) + (sent_v) verbal  + (1) err_s"
      Sem.Structure "wordmean = (int_wrd) + (word_v) verbal  + (1) err_w"

      Sem.Mean "spatial", "0"
      Sem.Mean "verbal", "0"

End Sub
```

图 5 – 30　多样本联合因子分析模型

　　从模型中可以看出，结构语句（Sem. Structure）部分界定了各观测变量的测量模型，包括方程的截距项。均值语句（Sem. Mean）部分界定了女生被试样本组的空间能力和言语能力两个公因子的均值为待估参数，男生的公因子的均值被限定为常数 0。在 Amos Basic 中，0 为公因子均值的默认值。所以，界定男生公因子均值为常数 0 的语句也可以不要。

五、模型 A 的结果

（一）Amos Basic 模型的输出结果

从图 5 – 31 所示的分析结果来看，模型 A 是可以接受的。

```
File  Format  Help

Chi-square = 22.593
Degrees of freedom = 24
Probability level = 0.544
```

图 5 – 31　模型 A 的分析结果

（二）Amos Graphics 模型的输出结果

我们建立本模型的初衷是检验两个被试样本总体的公因子均值是否相同，而不是考察其他参数的估计值。不过，在任何时间都不能单独地考察某一项指标。所以，这里我们应该对所有的分析结果进行总体考察，使所得结论更为合理。图 5 - 32 是 73 名女生的非标准化参数估计的结果。

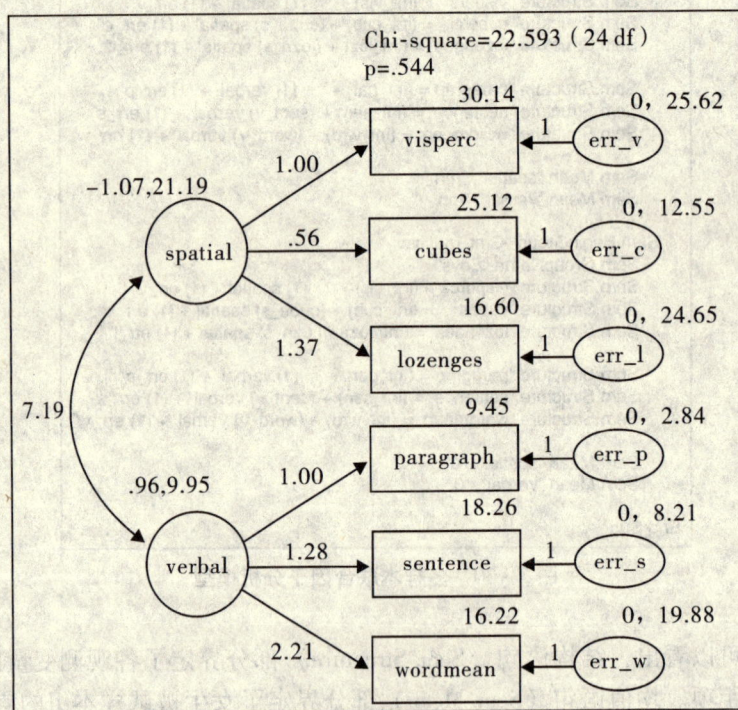

图 5 - 32　女生组参数的非标准化估计结果

图 5 - 33 为男生组参数的非标准化估计结果。对比男生组与女生组的分析结果可以看出，男生组两个公因子的均数被限定为常数 0，与女生组两个公因子的均数估计结果不同，没有被限定的变量方差与女生组的方差估计结果也不相同。除此以外，男生组大部分参数的估计结果与女生样本的估计结果完全一样。

女生组空间能力平均数的估计值为 - 1.07，男生组空间能力平均数为 0。女生组的空间能力估计值比男生组的空间能力估计值低 1.07 个单位。这种差异不受我们最初为男生组的平均数指定的常数影响。假如把男生组的平均数值设定为 10，那么女生组的估计值将为 8.93。其差异依然保持 1.07 个单位。如果将女生组空间能力平均数值设为 0，那么男生组的估计值就会是 1.07。

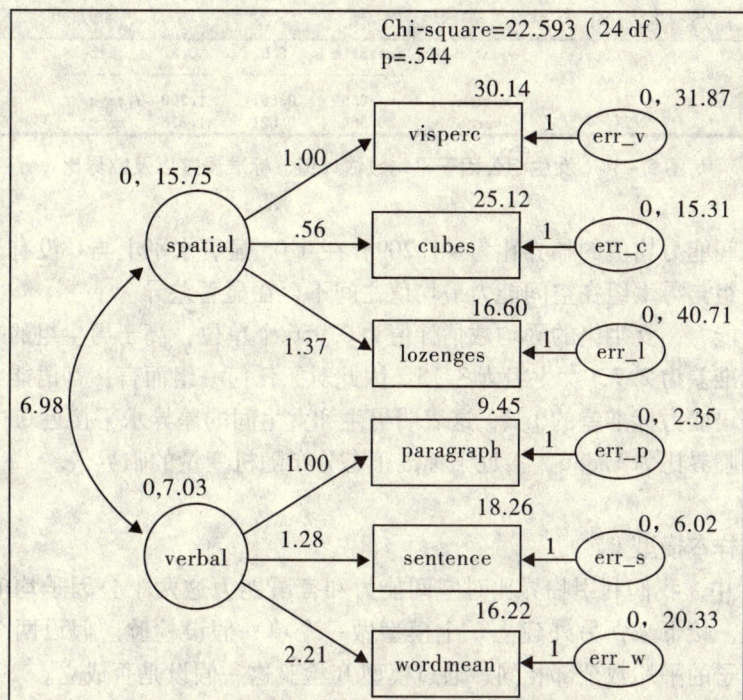

图 5-33　男生组参数的非标准化估计结果

前面我们说，两个样本言语能力均值的差异为 1.07 个单位。那么这里的单位是什么含义？对单位尺度的含义不清晰，也就不能把握差异为 1.07 个单位意味着什么。从模型 B 中我们知道，通过变量 visperc 对空间（公因子 spatial）能力的回归系数限定为常数 1 确定了空间能力这一变量与变量 visperc 具有相同的单位。当然，这一信息对于理解这种差异是否有意义呢？关键还得知道 visperc 这一测验的性质。在这里，visperc 为一个观察变量，其测验分数的含义是非常清晰的。

另外，我们还可以从另外一个角度来理解两个样本在言语能力均值相差 1.07 个单位的含义。从分析结果看，男生组空间能力标准差是 4.0，女生组空间能力的标准差是 4.6。因为标准差很大，所以一般意义上可以认为相差 1.07 个单位并不算太大的差别。在这里，由于 Holzinger 和 Swineford 的数据算是中等样本，这种差别就更不算什么。从这一角度来理解两个样本之间公因子均值的差异不受对变量 visperc 的理解的影响。

在空间能力方面，女生和男生之间相差 1.07 个单位的统计意义很好评价。因为将男生组的空间能力平均值设置为 0，那么，女生组与男生组在空间能力方面平均值的差异问题也就成了女生组空间能力平均值与 0 的差异问题。前面已经提到，在 AMOS 分析结果中，临界比符合近似标准正态分布。那么通过空间能力平均值的临界比就可以判定空间能力平均值是否与 0 存在显著差异。图 5-34 为女生组公因子平均数估计值、标准误差以及临界比。

159

```
File  Format  Help
Means:                              Estimate    S.E.      C.R.     Label
                                    --------   ------    ------   ------
                    spatial          -1.066     0.881    -1.209    mn_s
                    verbal            0.956     0.521     1.836    mn_v
```

图 5 – 34　女生组公因子平均数估计值、标准误差以及临界比

女生组空间能力均值的临界比为 – 1.209，在 0.05 显著水平上与 0 没有显著差异。也就是说，女生组与男生组在空间能力平均值之间不存在显著差异。

再看言语能力，女生组的平均数估计值为 0.956 个单位，高于男生组的平均数。男生组言语能力标准差为 2.7，女生组为 3.15。因此对于任何一组而言，言语能力的 0.956 个单位相当于言语能力标准差的 1/3，这表明男生和女生间的差异水平接近 0.05。女生组言语能力均值的临界比为 1.836，接近于标准正态分布随机变量的临界值。

六、多重样本模型 B

在模型 A 中，我们利用临界比对空间能力和言语能力这两个公因子均值的样本组间差异做了检验。接下来，另外建立一个模型做一个单一假设检验。假设两个性别的被试组之间所有因子的平均数全部相同，通过模型 B 检验这一假设是否成立。

要完成这一分析，必须在前面所作的分析的基础上，限定不同性别被试组空间能力和言语能力的平均值都相等。在前面的分析中，我们设定男生的两个公因子均值为 0，在此，我们同样也将女生的两个公因子均值设为 0，以使得两个性别被试组之间的公因子均值相等（模型语句如图 5 – 35 所示）。

```
File  Edit  View  Macro  Debug  Help
AmosDebug                    [Clear]
Object: [(General)]              Proc: Main

    Sem.TextOutput
    Sem.Standardized
    Sem.Smc
    Sem.ModelMeansAndIntercepts
    Sem.BeginGroup "userguide.xls", "grnt_fem"
        Sem.GroupName "Girls"
        Sem.Structure "visperc  = (int_vis) +       (1) spatial + (1) err_v"
        Sem.Structure "cubes    = (int_cub) + (cube_s) spatial + (1) err_c"
        Sem.Structure "lozenges = (int_loz) + (lozn_s) spatial + (1) err_l"

        Sem.Structure "paragraph = (int_par) +       (1) verbal + (1) err_p"
        Sem.Structure "sentence  = (int_sen) + (sent_v) verbal + (1) err_s"
        Sem.Structure "wordmean  = (int_wrd) + (word_v) verbal + (1) err_w"

        Sem.Mean "spatial", "0"
        Sem.Mean "verbal", "0"

    Sem.BeginGroup "userguide.xls", "grnt_mal"
        Sem.GroupName "Boys"
        Sem.Structure "visperc  = (int_vis) +       (1) spatial + (1) err_v"
        Sem.Structure "cubes    = (int_cub) + (cube_s) spatial + (1) err_c"
        Sem.Structure "lozenges = (int_loz) + (lozn_s) spatial + (1) err_l"

        Sem.Structure "paragraph = (int_par) +       (1) verbal + (1) err_p"
        Sem.Structure "sentence  = (int_sen) + (sent_v) verbal + (1) err_s"
        Sem.Structure "wordmean  = (int_wrd) + (word_v) verbal + (1) err_w"

        Sem.Mean "spatial", "0"
        Sem.Mean "verbal", "0"
End Sub
                                                              43
```

图 5 – 35　多样本联合因子分析模型 B

七、复合模型 C

现在我们将模型 A 与模型 B 结合在一起，建立复合模型 C，以获得更合理的分析结果。

（一）用 Amos Basic 建立复合模型 C

通过前面章节的学习，相信读者完全可以运用 Amos Basic 建立复合模型 C。模型建好后如图 5 - 36 所示，我们将其存储为文件 Ex5-3-c. AmosBasic，运行这一模型可以对 A、B 两个模型作比较分析。

```
File  Edit  View  Macro  Debug  Help
AmosDebug                        ▼   Clear                          ▼
Object: [General]                ▼        Proc:  Main                ▼

Option Explicit
' Example 5-3-c
Sub Main()
    Dim Sem As New AmosEngine

    Sem.TextOutput
    Sem.Standardized
    Sem.Smc
    Sem.ModelMeansAndIntercepts

    Sem.BeginGroup "Grnt_fem.sav"
        Sem.GroupName "Girls"

        Sem.Structure "visperc  = (int_vis) +        (1) spatial + (1) err_v"
        Sem.Structure "cubes    = (int_cub) + (cube_s) spatial + (1) err_c"
        Sem.Structure "lozenges = (int_loz) + (lozn_s) spatial + (1) err_l"

        Sem.Structure "paragrap = (int_par) +        (1) verbal  + (1) err_p"
        Sem.Structure "sentence = (int_sen) + (sent_v) verbal  + (1) err_s"
        Sem.Structure "wordmean = (int_wrd) + (word_v) verbal  + (1) err_w"

        Sem.Mean "spatial", "mn_s"
        Sem.Mean "verbal", "mn_v"

    Sem.BeginGroup "Grnt_mal.sav"
        Sem.GroupName "Boys"

        Sem.Structure "visperc  = (int_vis) +        (1) spatial + (1) err_v"
        Sem.Structure "cubes    = (int_cub) + (cube_s) spatial + (1) err_c"
        Sem.Structure "lozenges = (int_loz) + (lozn_s) spatial + (1) err_l"

        Sem.Structure "paragrap = (int_par) +        (1) verbal  + (1) err_p"
        Sem.Structure "sentence = (int_sen) + (sent_v) verbal  + (1) err_s"
        Sem.Structure "wordmean = (int_wrd) + (word_v) verbal  + (1) err_w"

        Sem.Mean "spatial", "0"
        Sem.Mean "verbal", "0"

    Sem.Model "Model A"                      ' Sex difference in factor mean
    Sem.Model "Model B", "mn_s=0", "mn_v=0"  ' Equal factor means.

End Sub

Idle.                                                              41
```

图 5 - 36　复合模型 C

（二）用 Amos Graphics 建立复合模型

在这里，复合模型由模型 A 和模型 B 两个模型组合而成。其中模型 A 为限制条件较少的一个，我们将其作为基础模型，然后在其基础上增加约束条件构成模型 B。通过 Model Manage（模型管理工具）完成模型的界定。

打开模型 A 后，点击窗口上方菜单栏中的 Model-Fit 命令，在下拉菜单中选择 Manage

Models …，打开模型管理窗口，如图 5 - 37 所示：

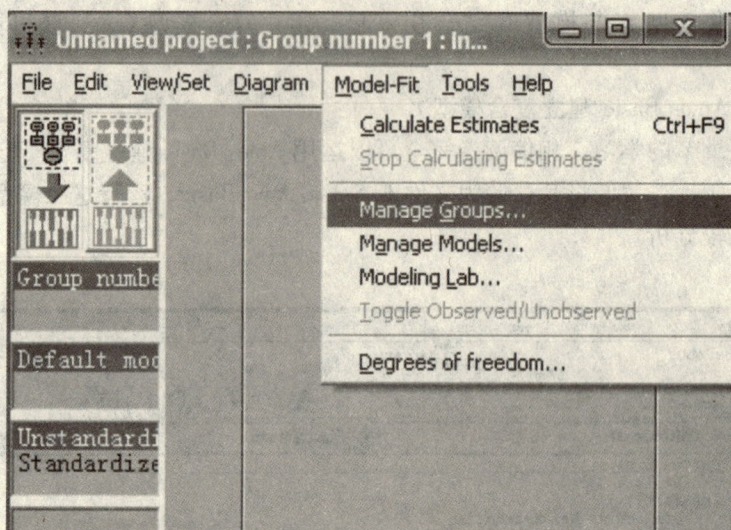

图 5 - 37　模型管理窗口

　　模型管理窗口如图 5 - 37 所示，在这一窗口中，对模型 A 不再附加任何限制条件。模型 B 将在模型 A 的基础上增加了两个参数限制，如图 5 - 38 所示：

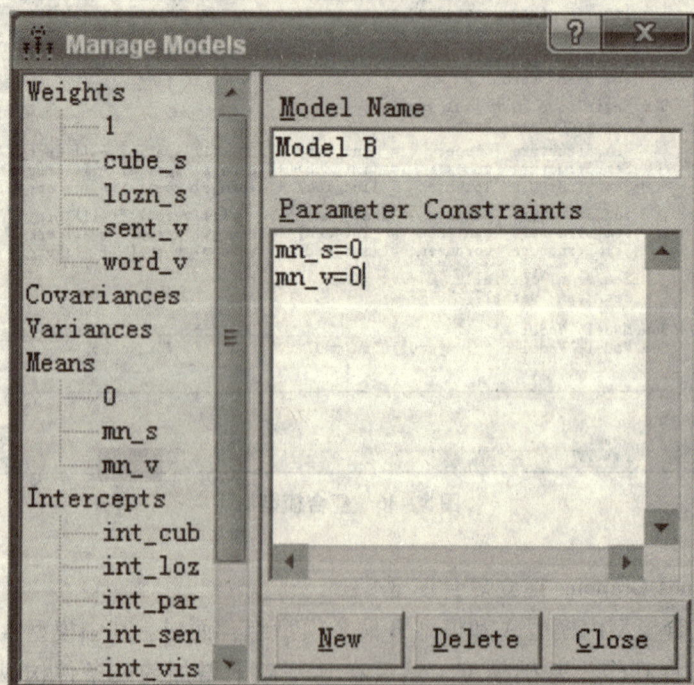

图 5 - 38　模型管理窗口

将模型建好后，保存为文件 Ex5-3-c. amw。

八、复合模型 C 的分析结果

（一）模型 B 的结果

如果我们前面不考虑模型 A 的话，从图 5 – 39 所示的模型 B 的拟合分析结果来看，从统计学意义上说，模型 B 是可以接受的。

```
File  Format  Help

Chi-square = 30.624
Degrees of freedom = 26
Probability level = 0.243
```

图 5 – 39　模型 B 的拟合分析结果

（二）模型 A 与模型 B 的对比分析

模型 B 是在模型 A 的基础上建立的一个约束条件更多的模型。我们应该以这两个模型的对比分析来得出模型是否可以接受的结论。模型对比分析结果如图 5 – 40 所示。在模型 A 正确的前提下，模型 B 的卡方值为 8.030，自由度为 2，相应的 P 值为 0.018，在 0.05 显著水平上应该拒绝模型 B。

```
File  Format  Help
Model Comparisons
─────────────────

Assuming model Model A to be correct:

                                         NFI       IFI       RFI       TLI
             DF     CMIN      P       Delta-1   Delta-2    rho-1     rho-2
   Model B    2    8.030    0.018     0.003     0.003     0.004     0.004
```

图 5 – 40　模型 A 与模型 B 的对比分析

也许读者会感到奇怪，既然是复合模型 C 的分析结果，怎么会没有出现模型 C 分析结果的字样？这一问题在前面的章节中已经作了说明，为了加深印象，这里再作简要解释。我们知道，模型 C 是由模型 A 和模型 B 组合而成的，因此，我们既可以分别独立考察模型 A 和模型 B 的分析结果，也可以将模型 B 的结果与模型 A 的结果作对比分析。因此，分析结果中不存在单独的模型 C 的分析结果。

第六章　因果分析方法

科学研究可以简单地理解为运用科学的方法探索客观事物的特征以及多种现象之间复杂关系的过程。科学研究可以分为描述性研究（对事物特征进行客观描述的过程），相关研究（探索事物之间规律性的协变关系的过程），因果研究（探索现象之间因果关系的过程）。通过描述性研究，可以对事物的特点以及现象的空间、时间分布等有更为深入的了解。通过相关研究，可以对事物的变化有所了解，进而对事物的发展做出初步预测。例如，当我们知道了人们的身高与体重之间存在某种程度的正相关之后，我们就可以根据一个人的身高推测其大概体重，或者根据其体重初步推测其身高。因果研究可以使我们了解事物发生变化的依据，也就是因果研究旨在探索一个结果变量（因变量）的发生与变化与其依存变量（自变量）之间的关系。通过因果研究，不仅可以对事物的发展变化加以预测，而且可以通过对依存变量的变化加以控制，进而对结果变量进行干预和控制。我们知道，科学研究不仅能开拓人们的视野，还能使人们对客观事物的特征产生更深刻的认识，更重要的是要根据客观事物之间的规律性联系来对事物的发展变化加以预测，以做出应对性措施，尤其重要的是，我们要根据事物之间的因果联系，对客观事物的发展变化加以干预和控制，运用我们的主观能动性去改造世界，营造我们美好的生活。因此，因果研究的意义更为深远。回归分析是描述事物之间定量性因果关系的重要方法，近年来，研究人员又在克服传统回归分析的基础上发展出了通径分析模型、多层线性模型等。本章分为三节，分别介绍线性回归、回归方程的截距以及路径分析。

第一节　线性回归

一、目的

（1）举例说明传统的统计分析方法——回归分析，由三个观察变量的线性组合预测一个观察变量。

（2）引入模型识别度（identifiability）的概念。

二、数据

Warren，White 和 Fuller（1974）研究了 98 个农场合作社的管理人员，以测验法探索管理人员业务知识、工作价值观和工作满意度对工作绩效的影响。表 6 - 1 是对每个管理人员进行的测验项目：

表 6 - 1　测验项目

测验项目	解释说明
工作绩效（performance）	24 个测验项目，包括计划、组织、控制、合作和指导等
业务知识（knowledge）	26 个测验项目，包括对利润直接管理的经济发展阶段和关于产品的知识等
工作价值观（value）	30 个测验项目，包括合理评估经济破产的发展趋势等
工作满意度（satisfaction）	11 个测验项目，包括对管理角色的满意度等

在此例中，我们采用 Excel 工作簿存储数据。大家知道，一个 Excel 文件可以包含多个工作表，所以在分析指定数据文件时，必须在指定 Excel 工作簿文件的同时，指定具体的工作表名称。本例数据存在文件名为 UserGuide. xls，工作表名为 Warren5v。另外一个值得注意的问题是，本例使用的数据是方差、协方差数据，一定要注意数据文件的形式（如图 6 - 1 所示），因为没有原始数据，文件中必须包括样本数据量，即 n 对应的一行。

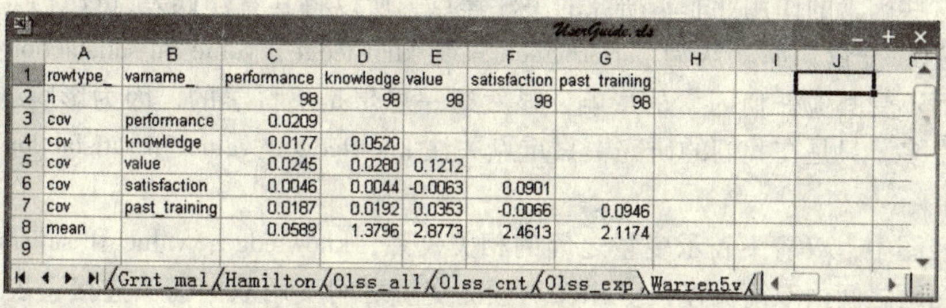
UserGuide.xls

	A	B	C	D	E	F	G	H	I	J
1	rowtype_	varname_	performance	knowledge	value	satisfaction	past_training			
2	n		98	98	98	98	98			
3	cov	performance	0.0209							
4	cov	knowledge	0.0177	0.0520						
5	cov	value	0.0245	0.0280	0.1212					
6	cov	satisfaction	0.0046	0.0044	-0.0063	0.0901				
7	cov	past_training	0.0187	0.0192	0.0353	-0.0066	0.0946			
8	mean		0.0589	1.3796	2.8773	2.4613	2.1174			
9										

Grnt_mal　Hamilton　Olss_all　Olss_cnt　Olss_exp　Warren5v

图 6 - 1　数据

工作表 Warren5v 包含样本方差矩阵和均值，没有原始数据。采用 AMOS 分析数据时，在已知样本矩（如均值、方差和协方差）的情况下，一般不需要原始数据。不过，本例中只需要分析样本的方差、协方差，而不需要分析样本的均值，AMOS 将会自动忽略样本的均值。

三、数据分析

我们知道，一个管理人员的业务知识、工作价值观、工作满意度都会对其工作绩效产生影响，因为这里我们假设用 knowledge，value 和 satisfaction 三个变量为自变量，performance 为因变量，即用 knowledge，value 和 satisfaction 的线性组合预测 performance。因为一个管理人员的工作绩效会受很多变量的影响，这里我们只考虑了三个自变量，所以不可能完全预测因变量，所以回归模型中因变量 performance 包括一个 error 项。

以下是 knowledge，value，satisfaction 和 performance 变量之间关系的路径图：

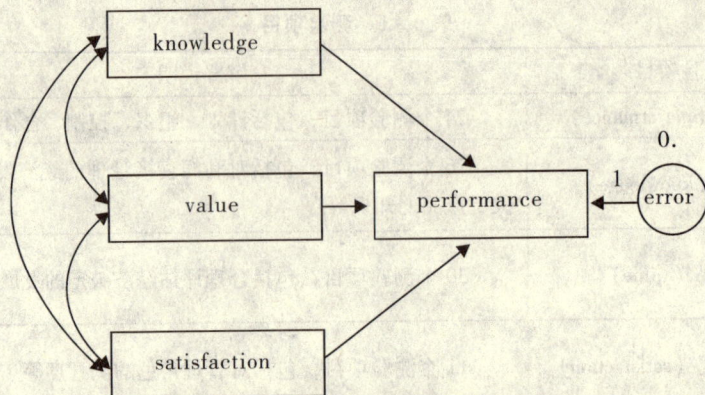

图6-2　变量之间关系的路径图

　　单向箭头表示变量之间成线性依从关系，例如，从 knowledge 指向 performance 的单向箭头表示 performance 变量受 knowledge 的影响，即 performance 为因变量，knowledge 为自变量。在模型中，因为变量 error 不是观察变量，所以用圆圈表示。error 变量表示除模型中三个自变量外，所有对 performance 产生影响的其他因素对 performance 的影响作用，例如，可以是年龄因素的影响，也可以是社会经济状况的影响，或者是语言表达能力的影响，因为这些因素的作用并非本研究的关注焦点，所以将其看作误差（error）。这里如果没有 error 这一变量，那就认为 performance 只受 knowledge，value 和 satisfaction 三个变量的影响，而不受其他任何因素的影响。显然这一思想是不科学的，因为影响 performance 的因素非常多，只是在我们的研究中只重点关注 knowledge，value 和 satisfaction 三个变量的影响。

　　在路径图中，双箭头表示变量之间的相关关系，knowledge，value 和 satisfaction 为预测变量，两两之间由双箭头连接。error 与预测变量之间不用双向箭头连接，表示 error 与预测变量不相关——这是线性回归分析的基本假设。performance 与其他变量之间都是单向影响关系，所以也不用双向箭头连接。

四、Amos Graphics 建立和检验模型

　　在画路径图之前，我们需要熟悉三个画图工具。第一个工具是 Draw unobserved variable（椭圆），即 ⬭。点击此按钮或者点击菜单中的 diagram 选项，然后点击下拉菜单中的 Draw unobserved variable 选项，可以画出圆或椭圆，圆或椭圆表示 error 变量。

　　第二个工具是 Change the shape of objects（4 个双向箭头），即 ✥，点击此按钮并拖动鼠标就可以改变图形形状或大小。

　　第三个工具是 Draw paths（单向箭头），即 ⬅，点击此按钮，图形变亮，然后点击外生变量或者预测变量（knowledge，value，satisfaction 或 error），按住鼠标左键，拖动鼠标，把箭头指向内生变量（performance），然后放开鼠标，就可以在外生变量与内生变量之间画上路径箭头。依此类推，可以在其他三个外生变量与内生变量之间画上路径

箭头。

　　为了使路径图完整，需要在预测变量之间画出 3 个协方差路径。采用 Draw covariance 工具，即 ◆──▶，连接各个外生观察变量（在这里，外生变量即预测变量，也称观察变量，即 knowledge，satisfaction 和 value），外生观察变量之间可以相关。

　　如果外生变量之间没有协方差的路径，那么 AMOS 将会输出警告信息如图 6 - 3 所示：

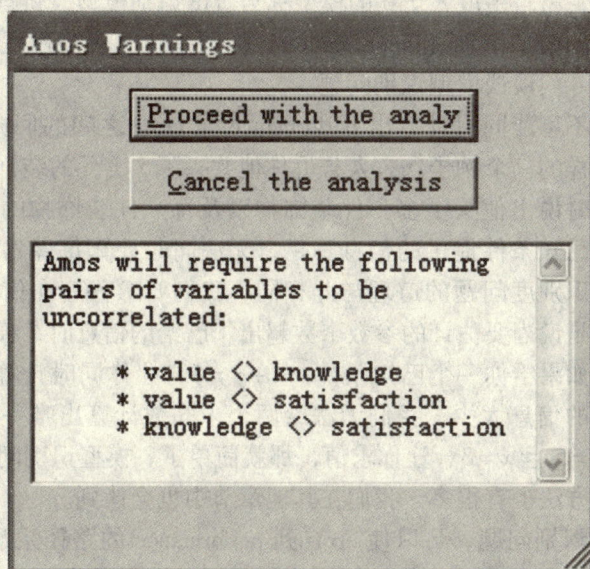

图 6 - 3　警告信息

　　计算参数的估计值可以采用工具 Calculate estimates，即 ▓▓▓，然而，当点击此按钮时，AMOS 将会输出错误信息，图 6 - 4 为错误信息的对话框：

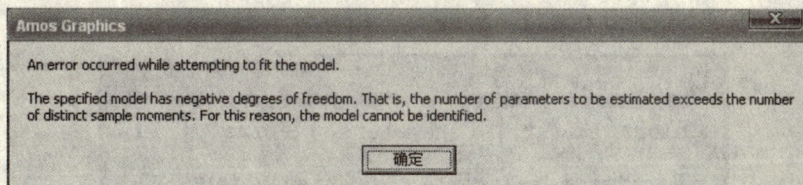

图 6 - 4　错误信息对话框

　　出现这一窗口的原因是因为模型的自由度出现了负值，使得模型无法识别。关于自由度的概念很多读者不一定全都明白，这里仅做简要说明。自由度就是一组数据中数据取值可以自由变化的数据个数。这个数目等于数据总个数减去约束条件个数所得的差。例如，我们知道张三与李四两个人的工资总和为 6 000 元，问张三与李四的工资各为多少。这一问题中涉及的数据是两个，即张三的工资和李四的工资，有一个约束条件，即他二人的工资总和为 6 000 元，所以其自由度为 1，即 2 - 1 = 1。也就是说，张三与李四的工资只允许一个人的变化，例如，张三的工资可变动，那么李四的就不能变了，因为有一个约束条件，即二人的工资总和为 6 000 元，如果两个人的工资都自由变化，就不能保证这一个条件成立了。如果再增加一个约束条件，张三的工资是李四的 2 倍，那么自由度也就为 0 了。张三的工资为 4 000 元，李四的工资为 2 000 元。如果再增加一个条件，李四的工资为张三的 2 倍，那么数据只有 2 个，但约束条件有 3 个，自由度就成为负值了，这样的问题就无法求解了。在路径模型中，一般将自由度为 0 的模型称为饱和模型，或称为恰好识别模型，将自由度大于 0 的模型称为过度识别模型，将自由度为负值的模型称为无法识别的模型。模型识别（identification）问题是建立模型过程中经常遇到的重要问题，因此，下面就专门谈谈模型识别问题。

此例中的问题是不可能同时计算出 performance 与 error 之间的回归权重和 error 的方差。其道理类似于这样的一个例子：有人告诉你他共买了 5 美元的装饰物，要求你根据他告诉你的这一信息同时说出他买了多少件装饰物以及每一件装饰物的价格。这一点你是肯定做不到的，因为已知条件提供的信息不足，无法同时计算每件物品的价格和物品的数量。本例中出现的识别度问题的道理与此相同。我们要求程序在信息不足的条件下去计算模型参数，也就是说当要估计的参数个数超出了已给的信息时，模型就无法识别。

再举一个例子。如果给你一个已知条件：$x+y=5$，让你同时计算出 x 和 y，你肯定感觉为难。因为所给的信息太少，我们无法给两个未知数计算出唯一解。如果所给条件是这样：已知，$x+y=5$ 且 $x=3$，让你求值，那就简单了。模型识别问题是一个重要的问题。解决这一问题的方法也有很多，我们在其他章节中也会谈到。

这里，解决模型识别问题，可以使 error 到 performance 的路径系数为任意的非 0 值，或者变量 error 的方差为任意的非 0 值。后面我们还将讨论这两种办法之间的权衡（trade-offs）。在这里，我们令路径系数为固定值，这一做法可以得出与采用传统的线性回归分析方法相似的参数估计值。

要添加限定条件，双击 error 和 performance 之间的单向箭头，将会出现 Object Properties 对话框，点击 Parameters 键，在 Regression Weight 下面的方框内键入"1"，如图 6-5 所示：

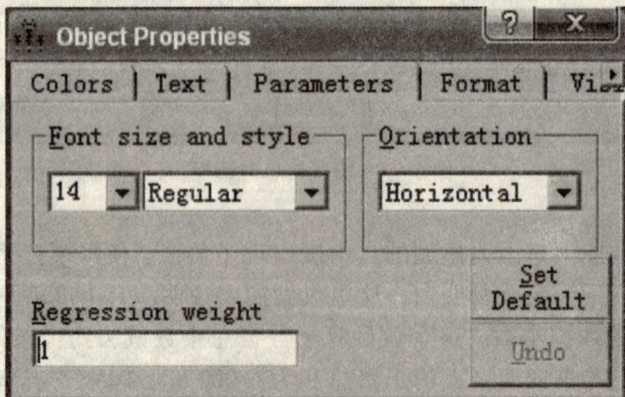

图 6-5　目标属性定义窗口

如果模型中存在多个特异变量（即 error 变量）时，要使得 error 与其他参数之间的路径系数为同一值，按上面所说的步骤操作是很繁琐的。Amos Graphics 采用默认值的方式解决这一问题。选用工具 Add a unique variable（圆与长方形相连），即 ⛿，然后点击内生变量，Amos Graphics 自动为内生变量添加一个特异变量，并将路径系数设为固定值"1"。多次点击观察变量可以改变 error 变量的位置，使得模型更为美观。

五、用 Amos Basic 建立和检验模型

此例介绍的是较为简单的线性回归方程，只包括一个内生变量。每一个单向箭头对应一个回归权重，即待估参数。运行这一模型就是要计算这些回归权重的估计值。图 6－6是用 Amos Basic 建立的回归模型：

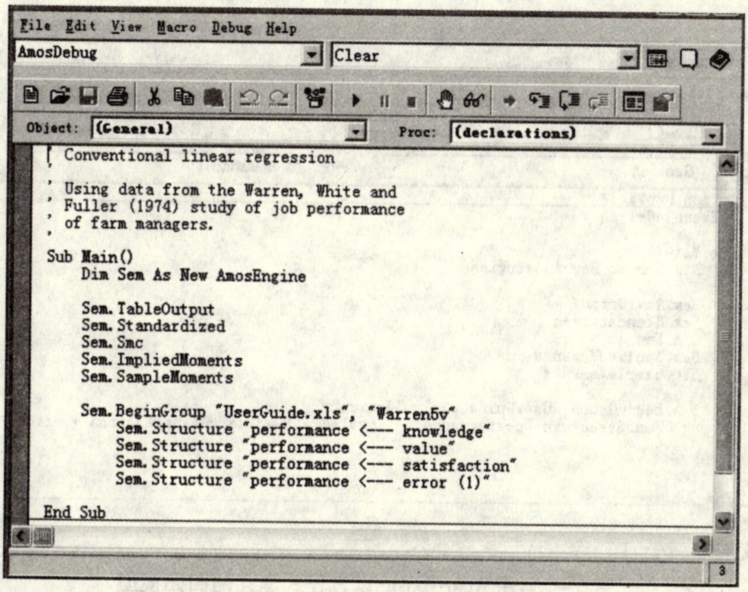

图6－6 用 Amos Basic 建立的回归模型

Sem. BeginGroup 陈述语句下面有4个命令语句，分别代表 Amos Graphics 路径图中的4个单向箭头。如果绘制箭头不方便，也可以用破折号作箭头的箭柄（如＜－－－）。在命令语句的最后一行中，用字符"（1）"表示 error 到 performance 的路径系数。

外生变量之间相关系数的默认设置。与 Amos Graphics 的模型不同，在 Amos Basic 的程序中，估计外生变量之间的相关系数（或协方差）为默认设置。Amos Basic 命令语句中的默认设置使得很多模型的设计简单化，特别是在模型包含参数较多时，这一便利就更为明显。下面是 Amos Graphics 与 Amos Basic 的不同点：

（1）无论是相关系数还是协方差结构，Amos Graphics 不采用默认值。也就是说，如果要估计两个外生变量之间的相关系数或协方差，必须在这两个变量之间绘制双向箭头，否则就不估计这些参数，也就是认为这些变量之间没有关系，Amos Graphics 将不会自动计算相关系数的估计值。

（2）在 Amos Basic 中，相关系数或协方差结构有默认设置，其规则如下：①单一的潜变量（如 error 项目或结构残差）与外生变量不相关。②所有观察变量相关，所有特异变量（潜在的外生变量）不相关。

Amos Basic 中的默认设置反映了传统线性回归分析的标准假设。即假设预测变量 knowledge，value 和 satisfaction 相关，而且，潜变量 error 与其他外生变量之间相互独立。

六、以方程方式建立模型

Amos Basic 还允许以方程式的形式建立模型。例如，图 6 - 7 是用 Amos Basic 以方程式形式建立的回归模型。其中 Sem. Structure 陈述语句描述了本例回归方程的路径模型，performance 依赖于其他三个观察变量和 error（误差）项。这一模型文件名为 Ex6-eq-1. AmosBasic：

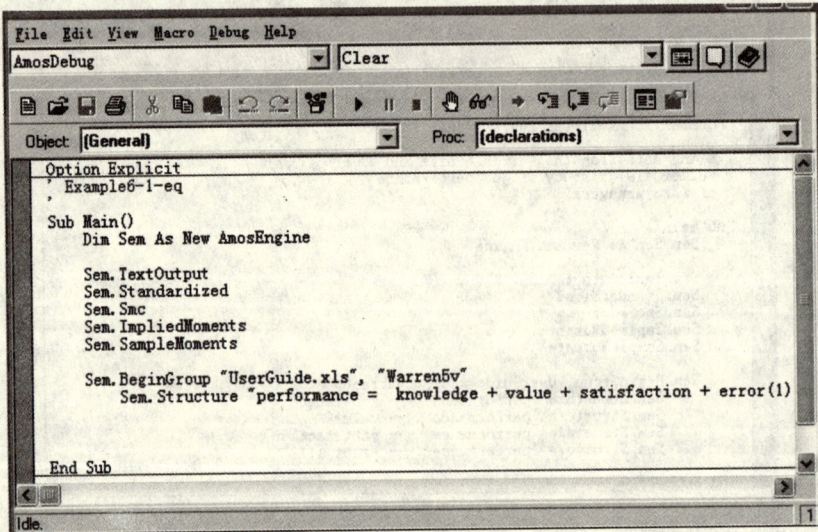

图 6 - 7　用 Amos Basic 以方程式建立的回归模型

在 Sem. Structure 命令语句中，每一个预测变量（方程式的右侧的变量，也称自变量）与依存变量（方程式左侧的变量，也称因变量）之间的回归权重都是模型要估计的参数。在回归方程式中，用一对圆括号（　）表示各个变量的权重，如下所示：

Sem. Structure" performance = （　）knowledge + （　）value + （　）satisfaction + error（1）"

其实，在建立模型时，这些括号可以省略，因为 Amos Basic 假设路径系数设为默认的待估参数，会自动估计每个预测变量的回归权重。采用 Amos Graphics 和 Amos Basic 两种方法编写输入文件，以文本形式输出的结果相同，所以使用哪一个程序来建立模型和呈现分析结果，其效果都一样，使用者可以依各人偏好而定。

七、结果分析
（一）以表格形式输出的结果

Amos Basic 可以以表格形式输出各变量之间回归权重和协方差的极大似然估计值，如图 6 − 8 所示：

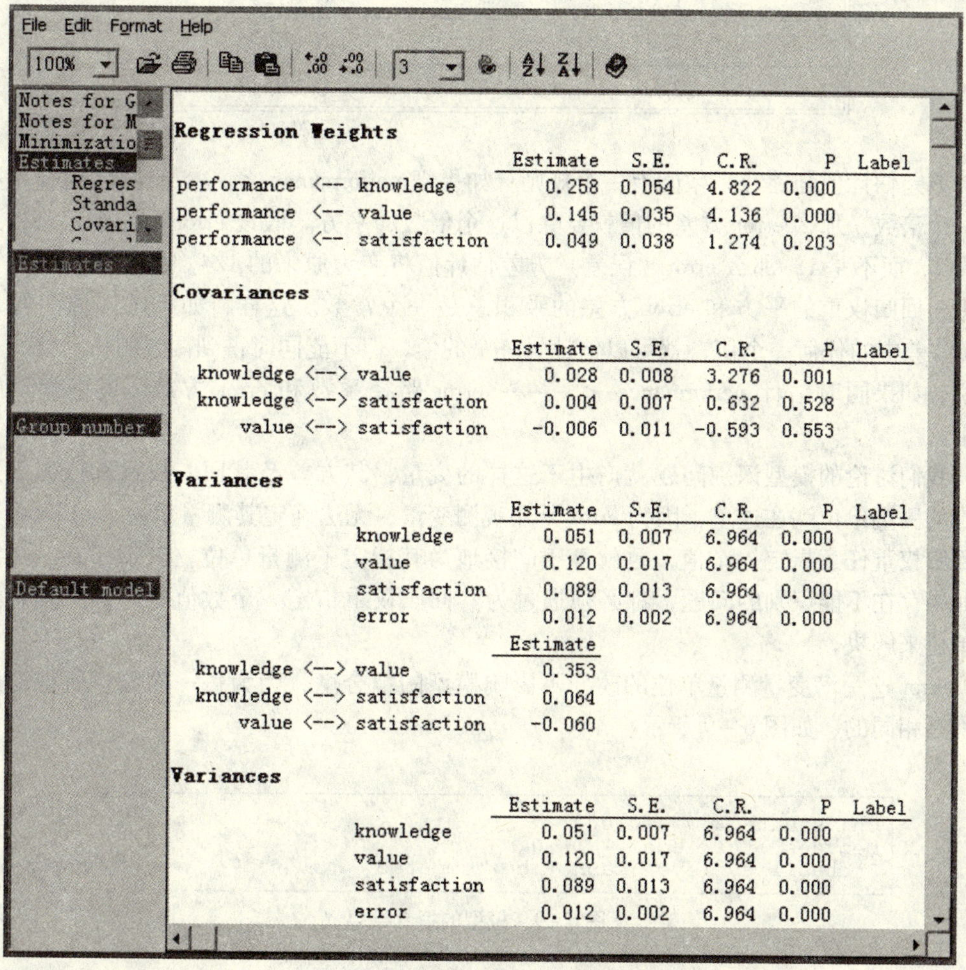

图 6 − 8 以表格形式输出的结果

因为模型中已经将 performance ＜ − − − error 之间的路径系数或协方差固定为"1"，所以 AMOS 没有输出两者之间的估计值。如果将其值设定为不同的常数，将会对其他参数的估计值产生什么样的影响？研究证明，将 performance ＜ − − − error 之间的路径系数或协方差固定为不同的常数，只有 error 的方差的估计值会发生变化，其他参数的估计值则保持不变。

表 6 − 2 是 performance ＜ − − − error 路径系数取不同的常数值时，error 的方差估计值的结果：

表6-2　方差估计值是路径系数的函数

Path Constraint	Variance of error
0.5	0.050
0.707	0.02
1.0	0.0125
1.414	0.00625
2.0	0.00313

方差估计值与路径系数间有一个规则：如果把 performance < - - - error 路径系数乘上一个倍数，那么 error 方差的值就要除以这个倍数的平方。假设 error（误差）路径系数定为 2，而不是 1，那么 error（误差）方差估计值将变为原来的 1/4。由此还可以进一步推出：回归权重的平方和 error 方差的乘积总是一个常数。这样，如果已知回归权重和 error方差中的任何一个值，就可以估计另一个的值，但不能同时得到两者的估计值。也就是说，如果同时估计 performance < - - - error 路径系数和 error 方差，模型就不能被识别。

我们讨论的模型识别问题就产生于这样的变量，其方差及其回归权重都依赖于这一变量的测量单位。在这里，因为 error 是非观测变量，无法确定其测量单位。给 error 变量的回归权重任意指定一个值，也就等于间接地为其指定了测量单位。对于任意一个潜变量如果存在不能识别的问题，都必须通过为其回归权重指定一个数值的方式为其确定测量单位来解决。

error 这一潜变量测量单位的改变不影响模型的拟合度，因为每一次分析所得拟合结果都是相同的，如图6-9所示。

```
Chi-square =        0.000
Degrees of freedom =    0
Probability level cannot be computed
```

图6-9　模型的拟合结果

此例中的样本矩总共10个，包括4个样本方差和6个协方差。需要估计的参数总共有10个，包括3个回归路径，4个模型方差和3个协方差。因此，模型的自由度为0，这种模型称为饱和模型或恰好识别模型（saturated or just-identified）。

各参数的标准化估计结果如图6-10所示。

如果以路径图方式呈现的结果与上面的结果相同，标准化的回归权重和相关系数与各变量的测量单位无关。因此，不管为 *error* 等潜变量的回归权重指定什么值都不会影响标准化的参数估计结果。

```
Standardized Regression Weights:              Estimate
--------------------------------              --------

    performance  <--------  knowledge          0.407
    performance  <------------  value          0.349
    performance  <-----  satisfaction          0.101


Correlations:                                 Estimate
-------------                                 --------

    knowledge  <------->  satisfaction         0.064
    value  <---------->  satisfaction         -0.060
    knowledge  <------------->  value          0.353
```

图 6 – 10　模型各参数的标准化估计结果

在 Amos Basic 程序中，Sem. Smc 语句为可选语句，也就是说在用 Amos Basics 编写文件时，可以用这一语句也可以不用。这一语句的功能是计算各内生变量复相关系数的平方，其数值也与各个变量的测量单位无关。有时这一数值非常有用，它表示了观测变量对因变量的贡献总量，即一个变量的复相关系数是指其方差由预测变量解释的比例，这一数值在测量模型中可以作为效度系数指标。本例中选用了这一语句，其输出的结果如图 6 – 11 所示：

```
Squared Multiple Correlations:              Estimate
------------------------------              --------

                      performance            0.399
```

图 6 – 11　有 Sem. Smc 语句时的输出结果

由图 6 – 11 可知，knowledge，value 和 satisfaction 对 performance 的解释率为 39.9%。

（二）路径图输出结果

以下介绍的是非标准化和标准化模型的输出结果。图 6 – 12 是非标准化参数估计的路径图：

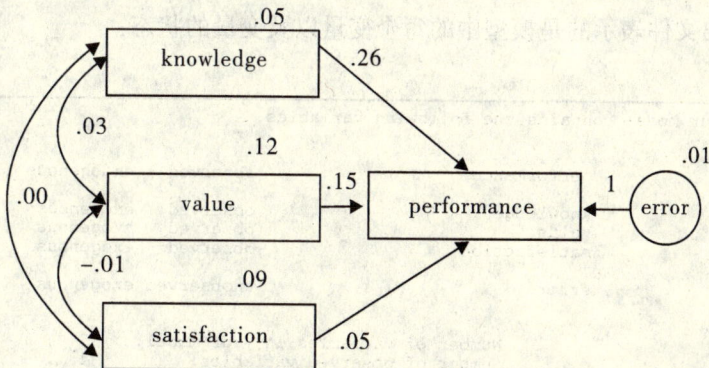

图 6 – 12　非标准化参数估计的路径图

图 6 – 13 是标准化参数估计的路径图：

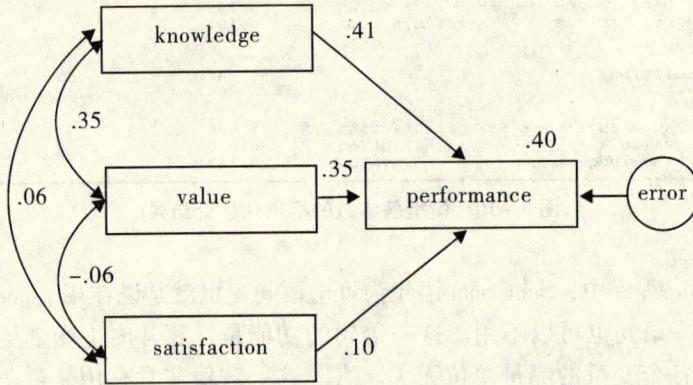

图 6 – 13　标准化参数估计的路径图

在路径图中，估计值的位置相对固定，估计值的位置按表 6 – 3 中的规则排列：

表 6 – 3　估计值排列

位　　置	非标准化参数估计	标准化参数估计
接近单向箭头	回归权重	标准化回归权重
接近双向箭头	协方差	相关系数
接近内生变量	截距	复相关系数平方
接近外生变量	均值和方差	—

（三）分析结果中的其他信息

在以文本方式呈现的 AMOS 分析结果中，开始部分表示的是对模型的描述。例如，图 6 – 14 中输出文件表示的是模型中的每个变量以及变量的状态：

图 6 – 14　模型中的变量以及变量的状态

内生变量指的是路径图中单向箭头指向的变量，即其他变量依赖的变量，或称因变量；外生变量指的是路径图中没有箭头指向它的变量，在回归模型中，外生变量是不依赖于其他变量的变量，或称自变量。

仔细观察上面关于模型的描述信息，可以发现建立模型时出现的一些错误。例如，如果模型中出现两次 performance，而后一次不小心打成了 performence，那么模型的描述信息中会将这两个不同的词一并列出。

以下信息提示的是所确定的模型为递归模型。也就是说，任意一个变量都不会有箭头从自身出发，最后再反馈回自身。

The model is recursive.

在后面的内容中，我们还会遇到非递归模型（nonrecursive model）。在这种情况下，如果检查路径图，选择一个变量，顺着单向箭头逐步查找，你就会发现单向箭头又指向相同的变量，如图 6 - 15 所示：

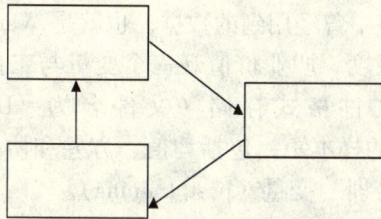

图 6 - 15　非递归模型的路径图

本例中的模型是饱和模型，所以其自由度为 0，并且由 Sem. Impliedmoments 陈述语句得到的方差、协方差的估计值如图 6 - 16 所示。对比图 6 - 8 的估计结果发其与样本数据中的估计值相同。

```
Implied Covariances

            satisfact value     knowledge performan
            --------- --------- --------- ---------
satisfacti   0.08918
value       -0.00624   0.11996
knowledge    0.00436   0.02771   0.05147
performanc   0.00455   0.02425   0.01752   0.02069
```

图 6 - 16　饱和模型的方差、协方差估计值

第二节　回归方程的截距

一、目的

通过例子向读者介绍在回归分析中如何估计回归方程的截距。

175

二、内容简介

通常情况下，在分析某一变量与其他变量之间的线性依存关系时，AMOS 默认线性方程含有一个常数项，即截距。例如，本章第一节中的变量 performance 与其他三个变量 knowledge， value 和 satisfaction 之间的线性方程可以用公式表述：

$$performance = a + b_1*knowledge + b_2*value + b_3*satisfaction + error$$

公式中，b_1，b_2 和 b_3 是回归系数，a 是截距。第一节的模型中，回归系数 b_1，b_2，b_3 都是待估参数，而截距 a 不是。用 Amos Graphics 或 Amos Basic 建立的模型中，也没有对截距做任何说明。不过，AMOS 默认回归方程中的常数项为截距。一般情况下，对 AMOS 处理回归方程的截距的这种默认方式都不用过多地在意。但是，如果想得出截距确切估计值，或者检验截距的相关假设，就不得不做一些特殊处理。本节将结合例子向读者介绍与这一问题相关的知识。

三、数据

我们再次使用本章第一节中曾经用到的数据，也就是 Warren，White 和 Fuller（1974）研究职业相关知识、工作满意度、职业价值观三个变量与工作绩效之间的关系时使用的一组数据。数据以 Excel 文件格式存储（文件名为：UserGuide. xls，工作表名为 Warren5v）。图 6 - 17 为数据的样本矩，包括均值、方差和协方差。不过，本例中增加了一个变量，即"过去接受的培训"变量（past_training）。

	A	B	C	D	E	F	G	H	I	J
1	rowtype_	varname_	performance	knowledge	value	satisfaction	past_training			
2	n		98	98	98	98	98			
3	cov	performance	0.0209							
4	cov	knowledge	0.0177	0.0520						
5	cov	value	0.0245	0.0280	0.1212					
6	cov	satisfaction	0.0046	0.0044	-0.0063	0.0901				
7	cov	past_training	0.0187	0.0192	0.0353	-0.0066	0.0946			
8	mean		0.0589	1.3796	2.8773	2.4613	2.1174			
9										

图 6 - 17　数据样本矩

四、模型

（一）以 Amos Graphics 建立模型

这里我们可以直接调用第一节建立的回归模型，在此基础上稍作修改即可。具体操作如下：

打开第一节所建立的回归模型，点击工具栏中的 Title 图标 Title ，对模型的标题加以修改，改为：

Job Performance of Farm Managers

Regression with an explicit intercept

(\ format)

这里特殊说明一下，Title 中的文字只是对分析的一种标志性说明，目的是让我们在以后能够一眼就看出所做的是一个什么样的工作。上面的英语含义是：

农场管理人员的工作绩效

含截距的回归分析

当然，我们也可以用汉语标识。不过，AMOS 为英文版软件，我们通常建议多使用英语。其实作为一个研究人员，使用英语也更便于与国内外学者进行交流。

这时，模型如图6－18所示：

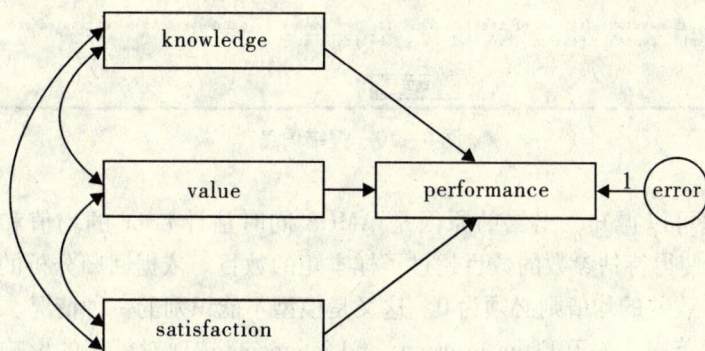

Job Performance of Farm Managers
Regression with an explicit intercept
（Model Specification）

图6－18 Amos Graphics 模型

点击工具栏中的 View/Set － > Analysis properties 命令，在弹出的窗口中点击 Estimation，选中 Estimate means and intercepts 选项。这时路径图就发生了一些变化，如图6－19所示：

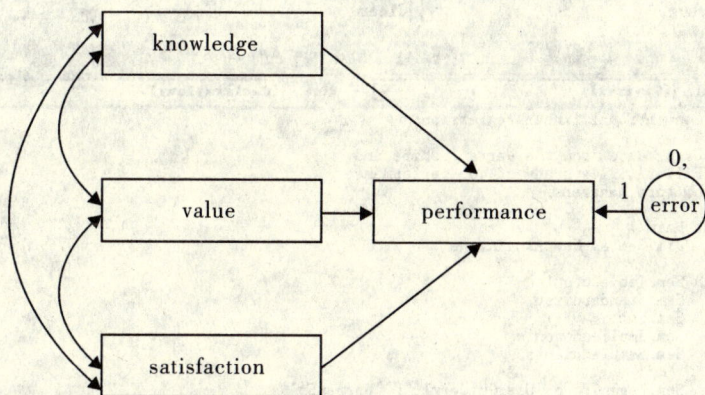

Job Performance of Farm Managers
Regerssion with an explicit intercept
（Model Specification）

图6－19 Amos Graphics 路径图

路径图的变化为，在 error 上边有字符"0,"，这一变化表示我们已经将残差项的均值设为 0，这也是线性回归模型的标准假设。Amos Graphics 也将 0 作为残差项均值的默认值。

如果改变残差项均值的默认值，将其作为待估参数，运行 Calculate and Estimates 时，AMOS 就会呈现一条报错信息：

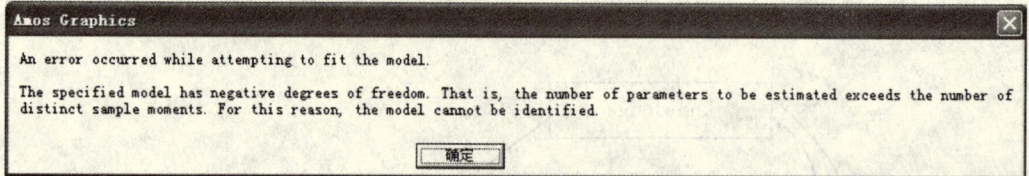

图 6 - 20　报错信息

从以上信息可以得知，出错的原因是 AMOS 同时估计 error 的均值和因变量 performance 的截距，使得待估参数的数目超过了样本矩的数目。依据回归分析的相关理论，如果存在截距项，残差的均值则必须为 0。这又是模型不能识别的一种情况。

在前面的章节中，关于 Estimate means and intercepts 选项对模型的影响已经做过一些介绍了。这里，为了估计与显示回归方程的截距和预测变量的均值，必须选择 Estimate means and intercepts 选项。不过，选中 Estimate means and intercepts 选项对于方差、协方差和回归系数没有影响。

(二) Amos Basic 建立和检验模型

图 6 - 21 为第一节的例子用 Amos Basic 以方程式命令语句建立的回归模型。

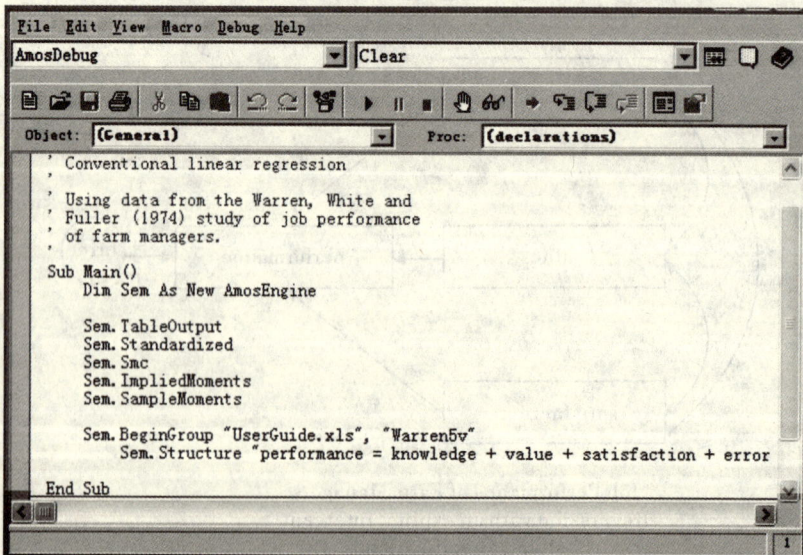

图 6 - 21　Amos Basic 回归模型

在上面的模型中添加均值和截距估计命令语句之后，输出的分析结果中除了第一节模型的全部分析结果之外，还会给出观测变量的均值以及回归方程的截距。添加均值和截距估计语句后的模型如图 6 – 22 所示：

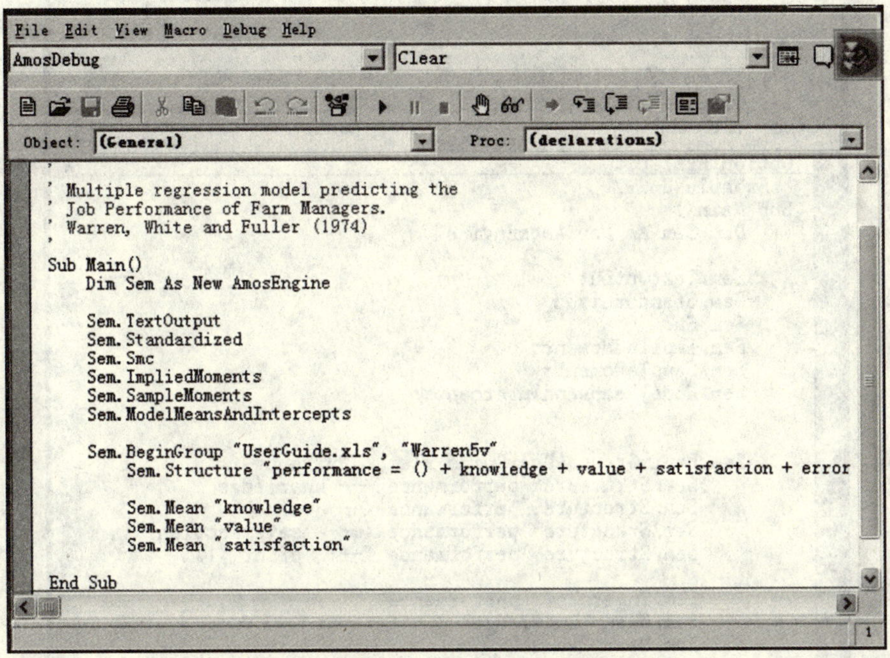

图 6 – 22　添加均值和截距估计语句后的模型

从图 6 – 22 看出，模型中添加了 Sem. ModelMeansAndIntercepts 命令语句后，Sem. Structure 命令语句引导的方程式也要做一些变化。要在方程右边增加一个空的双括号和一个 " + " 号。空的双括号表示回归方程式的截距，在分析结果中也会增加一个截距估计值。

以下 3 个以 Sem. Mean 引导的命令语句要求模型估计 knowledge，value 和 satisfaction 的均值：

Sem. Mean " knowledge"

Sem. Mean " value"

Sem. Mean " satisfaction"

对于所有均值不为 0 的外生变量都必须给予相应的以 Sem. Mean 引导的命令语句。如果一个变量没有给出相应的以 Sem. Mean 引导的命令语句，Amos Basic 将采用平均值的默认值，也就是说，所有相关的 Sem. Mean 命令语句的外生变量都默认其均值为 0 （前面章节已经做过详细介绍）。

在 Amos Basic 中，要将截距作为一个待估参数，有两种设置方法：一是在 Sem. Structure 命令语句中用一对圆括号代表截距（即在回归方程中加一个双括号和一个 " + " 号），另外一种方法是增加一个专门的 Sem. Intercept 语句。图 6 – 23 中专门用了一个命令语句 Sem. Intercept " performance"。

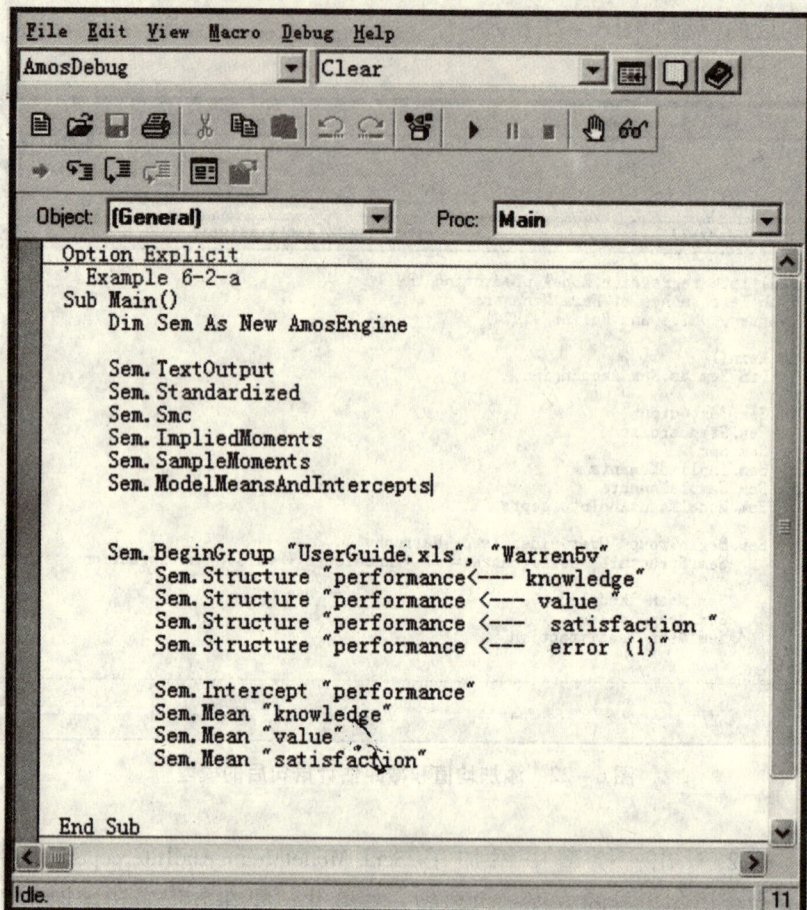

```
File Edit View Macro Debug Help
AmosDebug          ▼    Clear          ▼   ▣ ▢ ◆

▤ ▣ ▦ ▤  ✂ ▥ ▦  ↶ ↷  ▓  ▶ ‖ ■  ✋ ⮸

➡ ▦ ▦ ▦  ▣ ▦

Object: (General)          ▼    Proc: Main          ▼

  Option Explicit
  ' Example 6-2-a
  Sub Main()
      Dim Sem As New AmosEngine

      Sem.TextOutput
      Sem.Standardized
      Sem.Smc
      Sem.ImpliedMoments
      Sem.SampleMoments
      Sem.ModelMeansAndIntercepts|


      Sem.BeginGroup "UserGuide.xls", "Warren5v"
          Sem.Structure "performance<--- knowledge"
          Sem.Structure "performance <--- value "
          Sem.Structure "performance <---  satisfaction "
          Sem.Structure "performance <---  error (1)"

          Sem.Intercept "performance"
          Sem.Mean "knowledge"
          Sem.Mean "value"
          Sem.Mean "satisfaction"


  End Sub

Idle.                                              11
```

图 6 – 23　用 Sem. Intercept 语句添加均值和截距估计的语句模型

在前面的章节中曾专门介绍过关于均值的估计及假设检验的知识。除前面所介绍的有关知识，Amos Basic 建立均值和截距模型的规则还有：

（1）如果为一个内生变量设置了 Sem. Intercept 命令语句，那么在回归方程中将会自动增加一个截距。对于 Amos Basic 来说，用这种做法在建立估计均值和截距的路径模型时更为方便。

（2）当用方程式来建立回归模型时，建议在方程式中指定截距，只用 Sem. Mean 命令语句指定外生变量均值。这样，就可以非常清楚地看出模型中是哪一个部分要求模型估计截距的。

五、回归分析的结果

（一）文本形式结果

本例的分析结果除了另外给出了 3 个均值和 1 个截距的估计值以外，其他部分完全与

第一节的分析结果相同。本模型的自由度仍然是 0，但是计算略有不同。因为本模型要求分析估计样本的均值，所以待估参数增加了 3 个，但同时因为要估计均值，所以在样本矩中样本均值也算到样本矩中了。样本矩增加了 3 个，待估参数也增加了 3 个，所以自由度依然为 0。样本矩中包括 4 个样本均值、4 个样本方差和 6 个协方差，总数为 14。待估参数包括 3 个回归系数和 1 个截距，加上 3 个预测变量的 3 个均值、3 个方差和 3 个协方差、1 个误差方差，总数也为 14。图 6 – 24 为自由度的计算及结果：

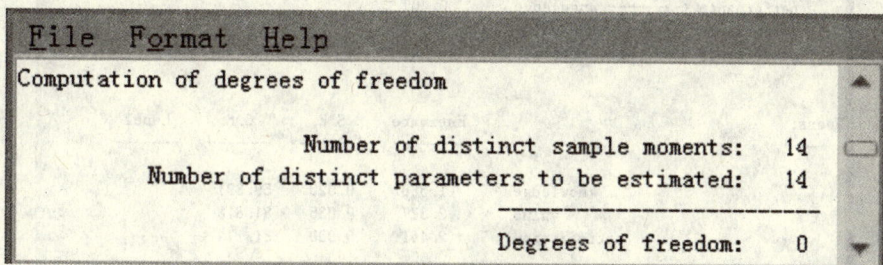

图 6 – 24　模型自由度的计算及结果

如图 6 – 25 所示，由于本模型的自由度为 0，所以不需要对模型的拟合程度加以检验。

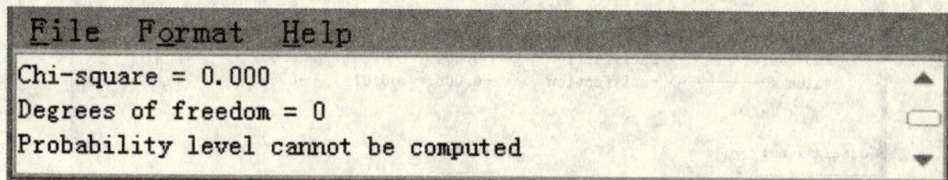

图 6 – 25　模型自由度为 0 的模型拟合结果

所有的回归系数、方差和协方差以及相应的估计标准误、临界比等的估计值与第一节中的例子所得结果完全相同。图 6 – 26 为详细结果。

从理论的角度看，平均数和截距并没有太大的意义。然而，如果我们借助回归方程式通过外源变量（本例中的职业知识、职业价值观以及工作满意度）来计算依存变量（工作绩效）的分数，就必须得知道截距值。本例的目的就是让读者了解如何得出回归方程式中的所有参数的值。

```
Regression Weights:                    Estimate    S.E.      C.R.     Label
————————————————————                   ————————   ————————  ————————  ————————

    performance <———————— knowledge      0.258     0.054     4.822
    performance <———————— value          0.145     0.035     4.136
    performance <————— satisfaction      0.049     0.038     1.274


Standardized Regression Weights:       Estimate
————————————————————————————————       ————————

    performance <———————— knowledge      0.407
    performance <———————— value          0.349
    performance <————— satisfaction      0.101


Means:                                 Estimate    S.E.      C.R.     Label
——————                                 ————————   ————————  ————————  ————————

                        knowledge        1.380     0.023    59.891
                            value        2.877     0.035    81.818
                     satisfaction        2.461     0.030    81.174


Intercepts:                            Estimate    S.E.      C.R.     Label
———————————                            ————————   ————————  ————————  ————————

                      performance       -0.834     0.140    -5.951


Covariances:                           Estimate    S.E.      C.R.     Label
————————————                           ————————   ————————  ————————  ————————

    knowledge <—————————> value          0.028     0.008     3.276
    knowledge <——————> satisfaction      0.004     0.007     0.632
    value <———————————> satisfaction    -0.006     0.011    -0.593


Correlations:                          Estimate
—————————————                          ————————

    knowledge <—————————> value          0.353
    knowledge <——————> satisfaction      0.064
    value <———————————> satisfaction    -0.060


Variances:                             Estimate    S.E.      C.R.     Label
——————————                             ————————   ————————  ————————  ————————

                        knowledge        0.051     0.007     6.964
                            value        0.120     0.017     6.964
                     satisfaction        0.089     0.013     6.964
                            error        0.012     0.002     6.964
```

图 6-26 回归系数、方差和协方差以及相应的估计标准误、临界比等的估计值

（二）以路径图形式呈现结果

图 6-27 是以路径图形式呈现的分析结果。图中呈现了所有参数的非标准化估计值。内生变量 performance 右上角所标出的数值 -.83 为这一内生变量的截距。

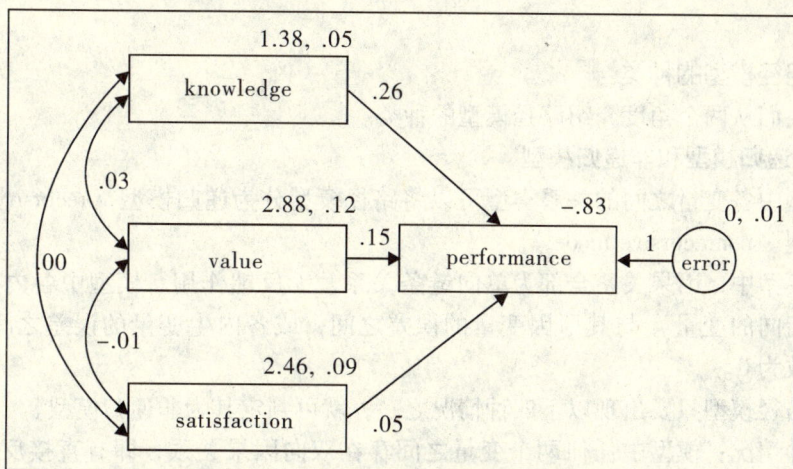

图 6 - 27　以路径图形式呈现的分析结果

第三节　路径分析

一、引言

科学研究的最终目的在于揭示事物变化的内在规律，因果关系是事物内在规律的一种基本形式。路径分析（path analysis）的主要工作是探讨一群观察变量之间的因果关系，用以推论出因果结论（causality）。

在前面的章节中介绍了普通的回归分析。回归分析也是因果关系模型中的一种，但它是一种较为简单的因果关系模型，因为其因变量只允许有一个，而且它所假设的因果关系不存在多环节的因果结构。尽管多元回归模型中可以包含多个自变量，但各个自变量之间的作用是假设为并列存在的，处于相同的地位。多元回归分析得到的回归系数表示在控制其他自变量的条件下每个自变量对于因变量的单独的净作用。且多元回归分析无法分析各变量之间复杂的传递过程，即一个变量对于某些变量可能是原因变量，而对于另外一些变量则可能是结果变量。遇到这种情况，路径分析就可以大显身手了。

与多元回归分析相比，路径分析是一种统计分析能力更强大的工具，它可以进一步揭示多元回归系数与简单回归系数之间的数量联系，对回归系数作进一步的分解，将回归系数分解成不同因果链上的作用，得到这一因果关系的更具体的形式，如一个变量对另一个变量的直接作用及各种形式的间接作用。

路径分析的原理是建立一套假设性的相关/因果关系模型，模型中存在因果关系，也有非因果关系，利用观察到的数据资料与理论数值进行对比，以评估假设出来的路径模型是否能够有效解释观察到的数据资料，如果差异过大，假设模型也就被推翻，如果没有被推翻，路径模型所假设的关系也就自动成立。其虚无假设与对立假设为：

H_0：观察数据支持理论模型。

H_1：观察数据不支持理论模型。

二、路径模型的种类

这里我们从两个角度介绍路径模型的种类。

(一) 递归模型和非递归模型

从模型中各变量之间的关系类型可以将路径模型分为递归模型（recursive model）和非递归模型（nonrecursive model）。

递归模型中，因果关系全部为单向链条关系，无反馈作用。模型中各内生变量（有单向箭头指向的变量）与其原因变量的误差之间、或各内生变量的误差之间相互独立，即相关系数为 0。

一个路径模型只要出现以下四种情况之一，就可判定其为非递归模型。

第一种情况：模型中任何两个变量之间存在双向因果关系，即有直接反馈作用，如图 6 - 28 所示：

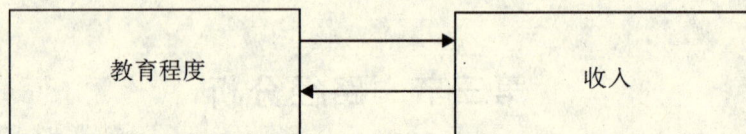

图 6 - 28　情况一模型

第二种情况：某个变量存在自身反馈作用，即该变量存在自相关，就是说该变量的每一个值都作用于同一变量的下一个值，如图 6 - 29 所示：

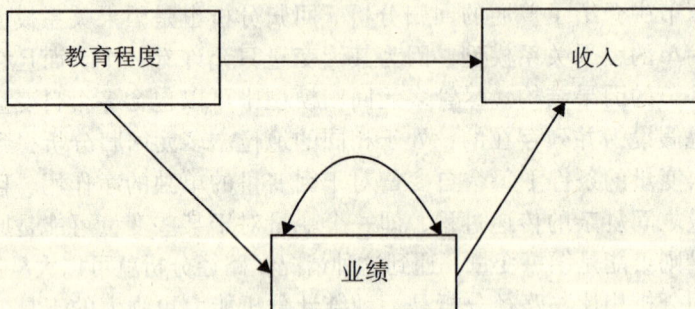

图 6 - 29　情况二模型

第三种情况：变量之间虽然没有直接反馈，但是存在间接反馈作用，即顺着某一变量及随后变量的通径方向循序前进，经过若干变量后，又能返回这一起始变量，如图 6 - 30 所示：

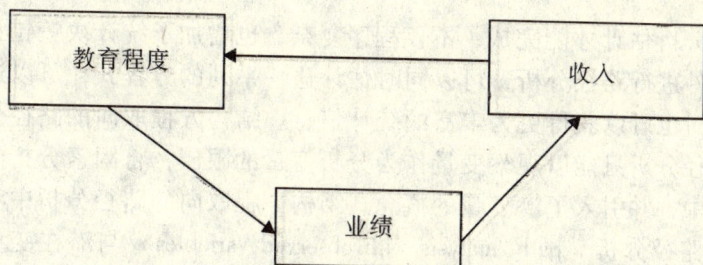

图6-30　情况三模型

第四种情况：内生变量的误差项与其他有关项目相关。这种情况有两种表现形式：①结果变量的误差项与其原因变量相关，如图6-31所示；②不同变量之间的误差项之间存在相关，如图6-32所示：

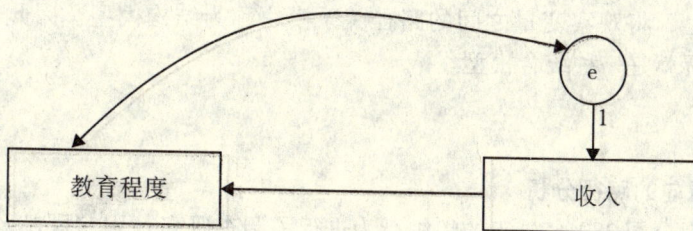

图6-31　情况四模型①

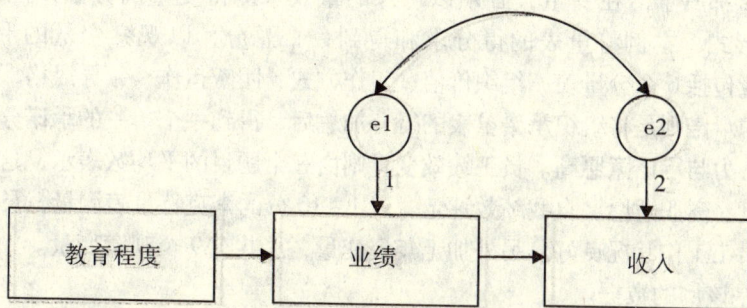

图6-32　情况四模型②

　　一般来说，非递归路径模型的参数估计过程非常复杂，有时可能无解。所以，研究工作中用得不是太多。通常可以通过明确设置共同的原因变量使得模型转换为递归路径模型，称为模型的递归化。本节只介绍递归模型。

（二）回归取向的路径分析和结构方程模式的路径分析
　　以路径分析的方式来说，可以将路径分析模型分为回归取向的路径分析和结构方程模式的路径分析。根据邱皓政的观点（参见邱皓政《结构方程模式——LISREL的理论、技术与应用》），回归取向的路径分析模型中只涉及观察变量，它与传统的路径分析在思想上并无差异，只是它以结构方程分析软件进行分析。不过，这与以传统的统计分析软件所做的分析已经有了较大的差异。传统上利用回归分析进行路径分析的参数估计，必须以多次的回归分析估计才能完成，不仅程序复杂，也增加了统计决策错误的概率。以结构方程分析软件进行路径分析，可以同时估计这一系列的方程式，可以避免多次决策带来的错误，同时也可以获得更为丰富的统计信息。结构方程取向的路径分析模型进一步超越了过去路径分析只能以观察变量作为分析变量的限制，将因素分析的概念与技术融合到路径分析中，并引入了潜变量的概念。结构方程取向的路径分析中有两种应用模型：观察变量的路径分析（path analysis with observed variables）与潜在变量的路径分析（path analysis with latent variables）。也就是说，结构方程取向的路径分析同时将验证性因素分析与路径分析融合在一起。验证性因素分析中的潜变量分析及其对误差的处理解决了检验研究人员的测验构想的问题；路径分析可以灵活地处理因果关系结构。这样结构方程取向的路径分析兼具了验证性因素分析与路径分析的优势，不论是潜在变量还是观察变量，测量误差都可以得到有效的估计，并且可以十分方便地对路径因果关系进行估计与检验。在结构方程取向的路径分析中，我们将验证性分析（潜在变量的路径分析）模块称为测量模型，将观察变量之间的路径关系模块称为结构模型。因此，结构方程取向的路径分析实际就是一种统合模型。

三、实例

(一) 回归取向的路径分析

某上市公司对公司 289 名员工的组织行为进行了调查研究（引自邱皓政的研究）。调查中，测量的变量包括组织气氛的知觉、组织承诺与员工绩效。虽然组织气氛的知觉与组织承诺的测量都属于潜在变量，必须以特殊的量表来测得变量的分数，但是为了要符合路径分析的形式，本例将量表的得分求和得到一个总分，以观察变量的形态来呈现。组织气氛的测量包括 6 个分量表：组织价值、工作方式、团队运作、领导风格、学习成长和环境气氛。组织承诺则是将组织承诺量表的得分加总后，得到一个单一的承诺分数，分数高代表员工的向心力与承诺意愿高。员工绩效变量则由三个题目的平均数表示，这三个题目分别为工作满意度、离职意愿、自我绩效评定，以 1~10 分的李克特量表测量，员工绩效变量分数高，显示员工工作状况良好。另外加上年资变量，总共有 9 个观察变量。

图 6-33 是该例的数据。

rowtype_	varname	员工绩效	组织承诺	组织价值	工作方式	团队运作	领导风格	学习成长	环境气氛	年资
1	n		298.00	298.00	298.00	298.00	298.00	298.00	298.00	298.00	
2	cov	员工绩效	.4370								
3	cov	组织承诺	.4520	2.6260							
4	cov	组织价值	.2280	.7150	.7330						
5	cov	工作方式	.1690	.7170	.3410	.9720					
6	cov	团队运作	.1500	.5740	.2750	.4460	.6890				
7	cov	领导风格	.1840	.5200	.2720	.2980	.2930	.6590			
8	cov	学习成长	.2080	.7160	.3370	.4150	.3710	.3830	.7830		
9	cov	环境气氛	.1940	.6520	.4010	.2610	.3420	.2410	.3050	.7840	
10	cov	年资	1.6920	3.2080	1.3530	.3100	.4610	.5370	.4680	1.5370	80.726

图 6-33　研究数据

图 6 - 34 是该研究的模型。

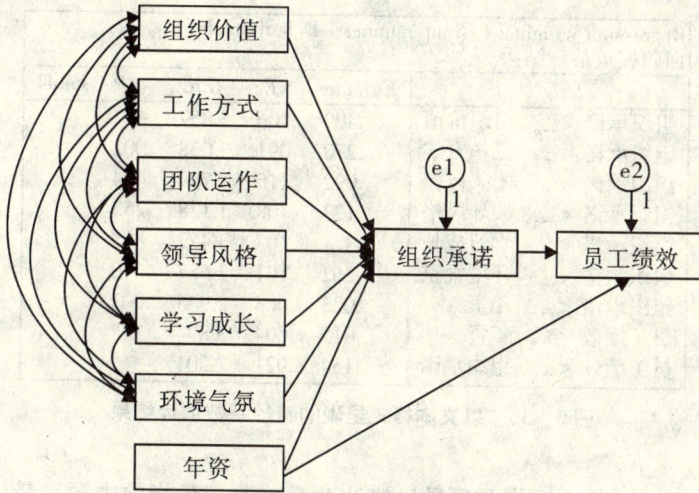

图 6 - 34　研究模型

参数估计结果：前面章节已经介绍，AMOS 软件分析结果既可以以路径图方式呈现（图 6 - 35），也可以以文本文件格式呈现（图 6 - 36）。这里需要说明的是，在回归取向的路径分析中，不显示内源变量的变异解释率，如果对这两个值感兴趣，只有看以文本格式呈现的分析结果。本例中有两个内源变量（员工绩效、组织承诺），由图 6 - 37 所示的结果可以看出其变异解释率分别为 0.413 和 0.203。另外，AMOS 分析软件采用结构方程模式，所以不能对这两个参数估计值的显著性加以检验，取而代之的是对整个模型的拟合程度进行检验。这一点与传统的回归分析不同。

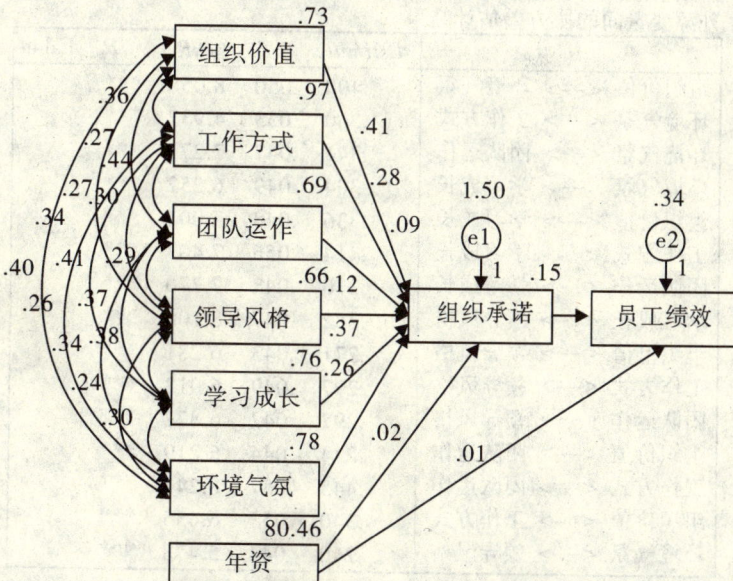

图 6 - 35　以路径图方式呈现的分析结果

图 6-36 为本例分析结果的文本格式，我们先看模型的参数估计结果：

Regression Weights:（Group number 1-Default model）回归权重估计结果		Estimate	S.E.	C.R.	P	Label
组织承诺 <--- 组织价值		.409	.106	3.857	***	
组织承诺 <--- 工作方式		.278	.091	3.038	.002	
组织承诺 <--- 团队运作		.092	.115	.799	.424	
组织承诺 <--- 领导风格		.123	.108	1.138	.255	
组织承诺 <--- 学习成长		.371	.107	3.472	***	
组织承诺 <--- 环境气氛		.262	.101	2.587	.010	
组织承诺 <--- 年资		.023	.008	2.945	.003	
员工绩效 <--- 年资		.015	.004	3.894	***	
员工绩效 <--- 组织承诺		.154	.021	7.201	***	

图 6-36　以文本格式呈现的路径系数估计结果

从图 6-36 可知，团队运作和领导风格这两个外源变量指向内源变量组织承诺的两个路径系数对应的 P 值均大于 0.05，说明这两个路径可能不具有实际意义。

Squared Multiple Correlations:（Group numbe 1-Default model）	Estimate
组织承诺	.413
员工绩效	.203

图 6-37　内源变量的变量解释率的估计结果

Covariances:（Group number 1-Default model）外源变量间的协方差估计结果	Estimate	S.E.	C.R.	P	Label
组织价值 <--> 环境气氛	.400	.050	8.058	***	
环境气氛 <--> 工作方式	.260	.053	4.937	***	
环境气氛 <--> 团队运作	.341	.047	7.271	***	
环境气氛 <--> 学习成长	.304	.049	6.252	***	
组织价值 <--> 学习成长	.336	.048	7.004	***	
工作方式 <--> 学习成长	.414	.056	7.403	***	
团队运作 <--> 学习成长	.370	.048	7.770	***	
学习成长 <--> 领导风格	.382	.047	8.108	***	
组织价值 <--> 领导风格	.271	.043	6.281	***	
工作方式 <--> 领导风格	.297	.049	6.013	***	
团队运作 <--> 领导风格	.292	.042	6.872	***	
组织价值 <--> 团队运作	.274	.044	6.219	***	
工作方式 <--> 团队运作	.445	.054	8.247	***	
组织价值 <--> 工作方式	.340	.053	6.455	***	
环境气氛 <--> 领导风格	.240	.044	5.478	***	

图 6-38　外源观察变量间的协方差估计结果

Standardized Residual Covariances（Group number 1-Default modle）
标准化残差

	年资	领导风格	学习成长	团队运作	工作方式	环境气氛	组织价值	组织承诺	员工绩效
年资	.000								
领导风格	1.269	.000							
学习成长	1.014	.000	.000						
团队运作	1.065	.000	.000	.000					
工作方式	.603	.000	.000	.000	.000				
环境气氛	3.330	.000	.000	.000	.000	.000			
组织价值	3.031	.000	.000	.000	.000	.000	.000		
组织承诺	1.573	.155	.119	.128	.072	.400	.355	.294	
员工绩效	.579	3.393	2.904	1.979	1.570	2.905	3.706	.444	.213

图6-39　标准化残差估计结果

Model Fit Summary
模型拟合指标
CMIN

Model	NPAR	CMIN	DF	P	CMIN/DF
Default model	33	43.437	12	.000	3.620
Saturated model	45	.000	0		
Independence model	9	845.470	36	.000	23.485

RMR，GFI

Model	RMR	GFI	AGFI	PGFI
Default model	.389	.970	.888	.259
Saturated model	.000	1.000		
Independence model	.710	.463	.329	.371

Baseline Comparisons

Model	NFI Delta 1	RFI rho 1	IFI Delta 2	TLI rho 2	CFI
Default model	.949	.846	.962	.883	.961
Saturated model	1.000		1.000		1.000
Independence model	.000	.000	.000	.000	.000

图6-40　模型拟合结果1

RMSEA

Model	RMSEA	LO 90	HI 90	PCLOSE
Default model	.094	.065	.125	.008
Independence model	.275	.259	.291	.000

图6-41　模型拟合结果2

Modification Indices（Group number 1-Default model）
模型修正指数
Covariances:（Group number 1-Default model）

	M.I.	Par Change
环境气氛 <--> 年资	4.767	.799
e2 <--> e1	8.873	−.124

Variances:（Group number 1-Default model）

	M.I.	Par Change

Regression Weights（Group number 1-Default model）

	M.I.	Par Change
员工绩效 <-- 领导风格	12.123	.146
员工绩效 <-- 学习成长	9.135	.116
员工绩效 <-- 环境气氛	5.546	.090
员工绩效 <-- 组织价值	11.326	.133

图 6-42　模型修正指数的估计结果

残差分析：利用残差分析，可以得到路径模型中的个别参数的估计状况。从图 6-39 的标准残差来看，有 6 个参数的残差明显较大。分别为组织价值与员工绩效（3.706）、领导风格与员工绩效（3.393）、年资与环境气氛（3.330）、年资与组织价值（3.031）、学习成长与员工绩效（2.904）、环境气氛与员工绩效（2.905）。本例中，这些参数均为非估计参数（即在路径图中没有画出这些路径），由这些残差值来看，这些参数均达到了显著水平（这种残差符合标准正态分布，一般来说标准分数大于 1.96 即可视为显著）。这些参数均可以考虑纳入路径模型中。

模型优化：由图 6-40 的模型拟合结果得知，本模型的拟合度指标为：卡方值为 43.4，自由度为 12：NFI = 0.949，CFI = 0.961，GFI = 0.970。整体而言，本模型的拟合度是理想的。一般认为，如果 RMSEA 在 0.08 以下，（越小越好），NNFI 和 CFI 在 0.9 以上（越大越好），所拟合的模型是一个"好"模型[①]。但从 RMSEA = 0.094 看，模型依然有进一步优化的空间。

根据模型修正指数与标准化残差估计结果，结合问题本身的合理性，将路径图做以下修正：

（1）允许组织承诺与员工绩效两个内源变量的误差项之间存在相关；

（2）增加领导风格与员工绩效之间的路径；

（3）增加组织价值与员工绩效之间的路径；

（4）增加学习成长与员工绩效之间的路径；

（5）增加环境气氛与员式绩效之间的路径；

修正后的模型如图 6-43 所示：

---

① 侯杰泰．结构方程模型及其应用．北京：教育科学出版社，2004

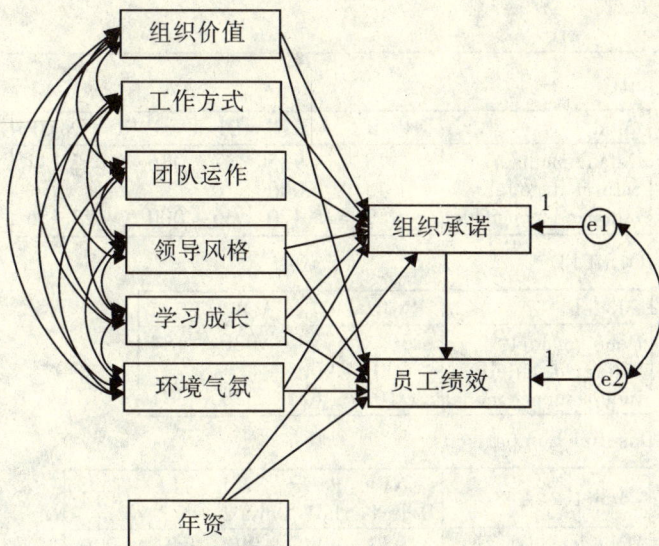

图 6 - 43　修正后的模型

修正后的模型分析结果如图 6 - 44 所示：

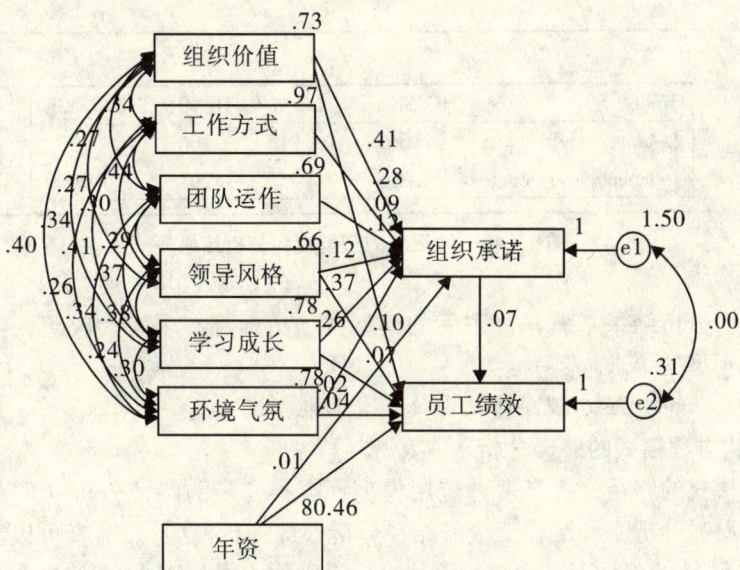

图 6 - 44　修正后的模型分析结果

191

修正后的模型拟合情况如图6－45、图6－46所示：

CMIN

Model	NPAR	CMIN	DF	P	CMIN/DF
Default model	38	14.985	7	.036	2.141
Saturated model	45	.000	0		
Independence model	9	845.470	36	.000	23.485

RMR,CFI

Model	RMR	GFI	AGFI	PGFI
Default model	.391	.989	.930	.154
Saturated model	.000	1.000		
Independence model	.710	.463	.329	.371

Baseline Comparisons

Model	NFI Delta1	RFI rho1	IFI Delta 2	TLI rho 2	CFI
Default model	.982	.909	.990	.949	.990
Saturated model	1.000		1.000		1.000
Independence model	.000	.000	.000	.000	.000

图6－45　修正后的模型拟合情况

RMSEA

Model	RMSEA	LO 90	HI 90	PCLOSE
Default model	.062	.015	.106	.279
Independence model	.275	.259	.291	.000

图6－46　修正后的模型拟合分析结果

从模型拟合分析结果来看，修正后的模型各项指标都有了较大改善，各项拟合指标都达到了良好模型的要求。

注：本例的 Amos Basic 程序建议由读者自己来尝试完成。

（二）结构方程模式的路径分析

结构方程模式的路径分析有两种应用模型：观察变量的路径分析（即前面所说的回归方程模式的路径分析）和潜在变量的路径分析（即测量模型）。前者可以说是传统的路径分析，仅以 SEM 的分析工具去进行分析。后者则加入了 SEM 独有的概念与技术，即应用统合模型的概念与技术，将潜在变量引入模型，对变量之间的关系加以探讨，在这一点上超越了传统路径分析的功能。观察变量的路径分析模型相当于结构模型、含潜在变量的模型相当于测量模型。

有研究[1]欲探讨教师的创意教学行为是否受教师自身对于执行创意教学的胜任感的自

① 邱皓政.结构方程模型的原理及其应用.北京：中国轻工业出版社

我评价影响问题，也就是说，是否教师的创意教学效能感越强，就越有可能展现出创意教学的行为。研究中，还考虑到教师的个人性格特点与生活经验（即教师的社会化程度）也可能会影响教师创意教学行为与创意教学效能感。

研究中涉及 10 个测量变量和 4 个潜变量（个人性格特点、社会化水平、创意教学行为和创意教学胜任感）。per1，per2，per3 为测量教师性格特点的变量，soc1 和 soc2 为测量教师社会化水平的变量，crea 为测量教师创意教学行为的变量，seff1，seff2，seff3，seff4 为测量教师创意教学胜任感的变量。通过调查 250 名被试得到如下协方差矩阵（这里我们用 SPSS 管理数据）。

	rowtype_	varname_	creat	seff1	seff2	seff3	seff4	per1	per2	per3	soc1	soc2	
1	n		250.0	250.0	250.0	250.0	250.0	250.0	250.0	250.0	250.0	250.0	
2	cov	creat	17.71	.	.	.	.	.	.	.	.	.	
3	cov	seff1	1.843	.404	.	.	.	.	.	.	.	.	
4	cov	seff2	.801	.146	.374	.	.	.	.	.	.	.	
5	cov	seff3	1.243	.227	.110	.589	.	.	.	.	.	.	
6	cov	seff4	1.692	.226	.115	.208	.393	.	.	.	.	.	
7	cov	per1	7.518	1.074	.301	.531	.741	7.565	.	.	.	.	
8	cov	per2	7.585	1.062	.538	.609	.806	5.202	7.046	.	.	.	
9	cov	per3	6.499	.906	.388	.434	.664	4.530	4.626	6.335	.	.	
10	cov	soc1	3.020	.369	.237	.322	.196	1.947	1.524	1.649	4.482	.	
11	cov	soc2	2.663	.318	.307	.335	.326	2.092	1.824	1.662	2.335	2.982	

图 6 - 47　协方差矩阵

从图 6 - 47 可以看出，数据所构成的矩结构中有 55 个元素。这是因为本研究共涉及 10 个观察变量，其协方差结构中的元素应该是 $10 \times (10 + 1) / 2$，即 55 个。

以 Amos Graphics 绘制路径图如图 6 - 48 所示：

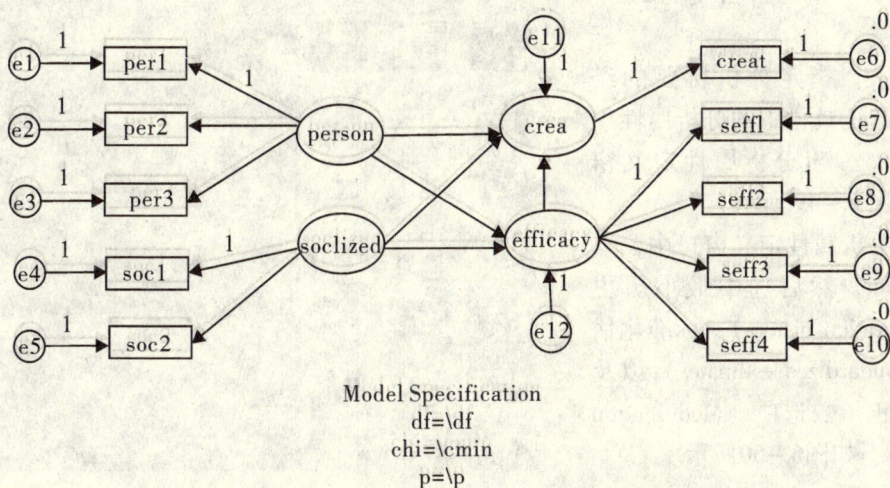

Model Specification
df=\df
chi=\cmin
p=\p

图 6 - 48　以 Amos Graphics 绘制的路径图

从以上模型中可以看出，测量教师性格特点（person）的观察变量有 3 个，分别为"多角度推理（per1）"、"兴趣广泛（per2）"、"乐于工作（per3）"；测量创意教学效能感（efficacy）的观察变量有四个，分别为"自我肯定（seff 1）"、"自我防卫（seff 2）"、"社会支持寻求（seff 3）"、"外在压力抗衡（seff 4）"；测量社会化水平（soclized）的观察变量有两个，分别为"组织融入（soc 1）"、"工作熟练度（soc 2）"。另外，本例中测量教师创意教学行为（crea）的量表采用的是吴静吉等编制的教师创意教学行为量表，量表包含 9 个项目，经加总后得到 1 个总分作为测量教师创意教学行为（crea）的唯一观察变量（creat）。

需要说明的是，这里要将误差项 e6 的变异限制为 0。因为从路径图看，观察变 creat 为潜变量 crea 的单一标志变量，潜变量包含误差项 e11，意味着 creat 变量没有测量误差。

我们还可以看出，路径图中有 10 个观察变量的路径系数要估计，有 10 个观察变量的误差方差要估计，有 2 个内源潜变量（crea，efficacy）的方差要估计，有 5 个连结潜变量的路径系数要估计，还有 2 个潜变量的内源潜变量的方差以及 2 个相应的误差方差要估计，这样共有 31 个待估参数，为了使得模型能够识别，我们限定了 4 个路径系数为 1，一个误差方差为 0，这样就只剩下 24 个待估参数了。前面已经提到，数据所提供的样本矩中包含 55 个元素，由此我们可以算出，该模型的自由度为 55 − 24 = 31。

现在，指定分析所要的结果。点击工具栏中的分析属性工具按钮，弹出分析属性定义窗口，如图 6 - 49 所示。

在分析属性定义窗口中，点击 Output，然后选中最小历史（Minimization history）、标准化估计（Standardized estimates）以及模型修正指数选项（Modification indices），如图6 - 50所示。

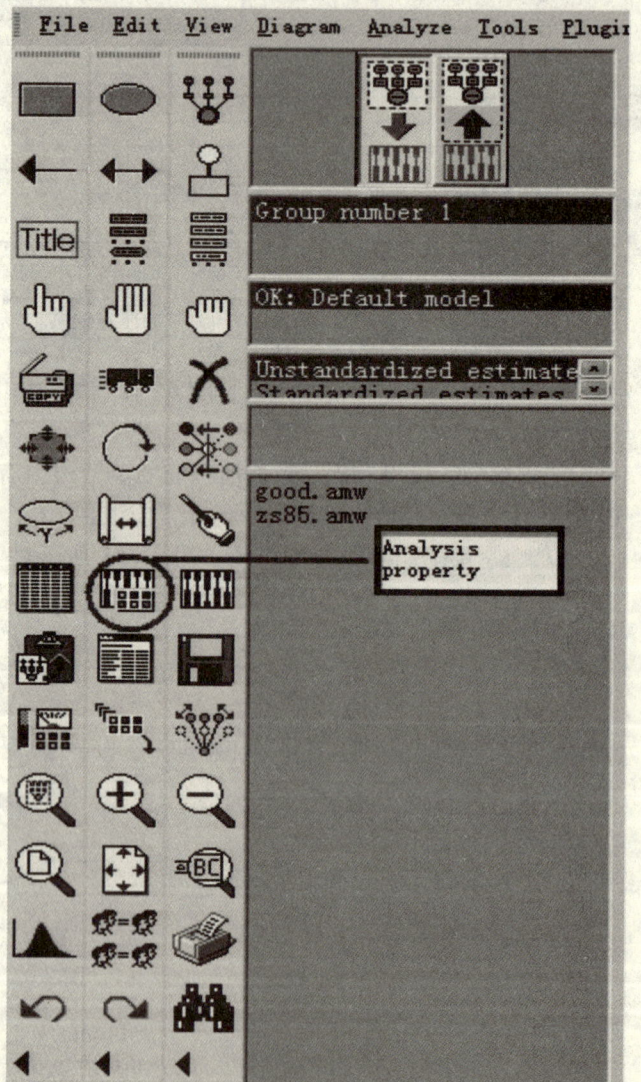

图 6 - 49　点击分析属性工具按钮

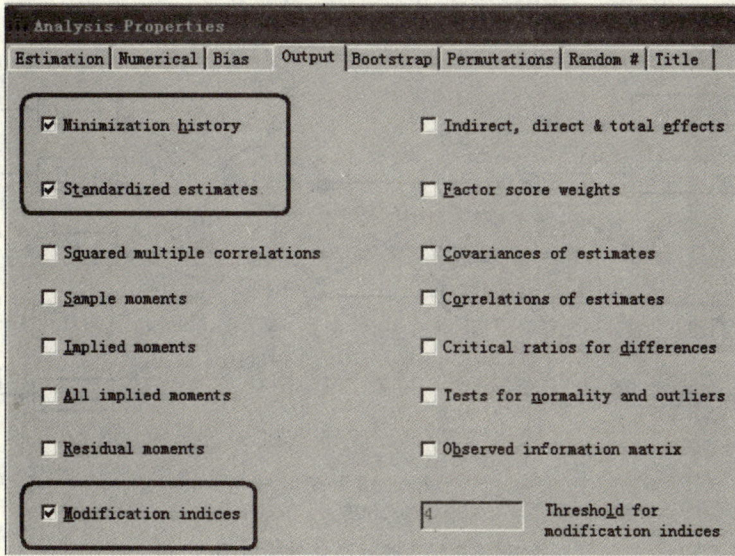

图 6 – 50　分析属性定义窗口

然后点击工具栏中的运算按钮（Calculate estimates），如图 6 – 51 所示：

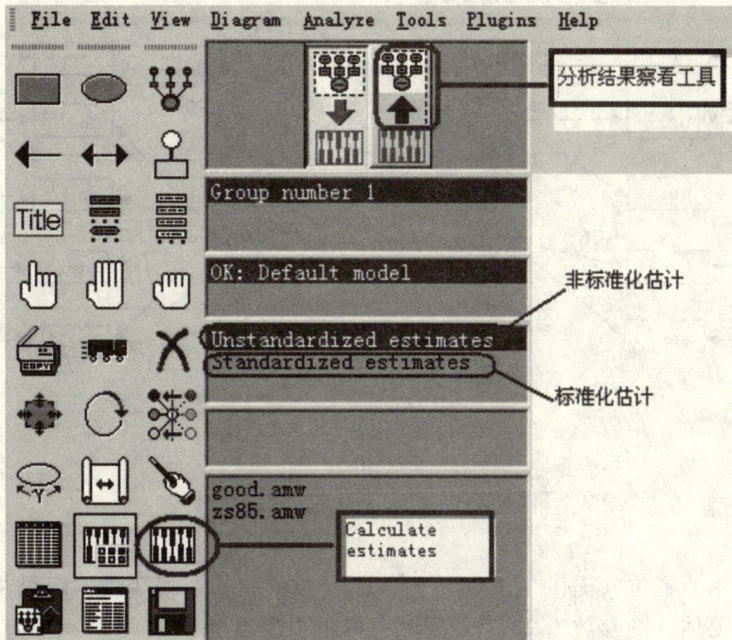

图 6 – 51　点击运算按钮

运行后，分析结果查看工具中的上向箭头就变成红色，如果将工具栏中的结果类型 Unstandardized estimates 选中，再点击分析结果察看工具，如图 6 – 51 所示，就可以查看非标准化分析结果了，如图 6 – 52 所示：

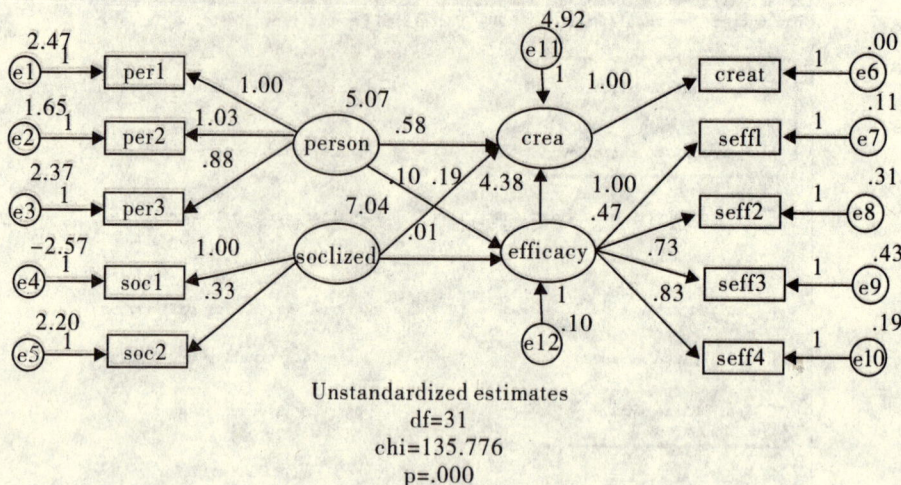

Unstandardized estimates
df=31
chi=135.776
p=.000

图 6－52 非标准化分析结果

如果将工具栏中的结果类型 Standardized estimates 选中，再点击分析结果查看工具，如图 6－51 所示，就可以查看标准化分析结果了，如图 6－53 所示：

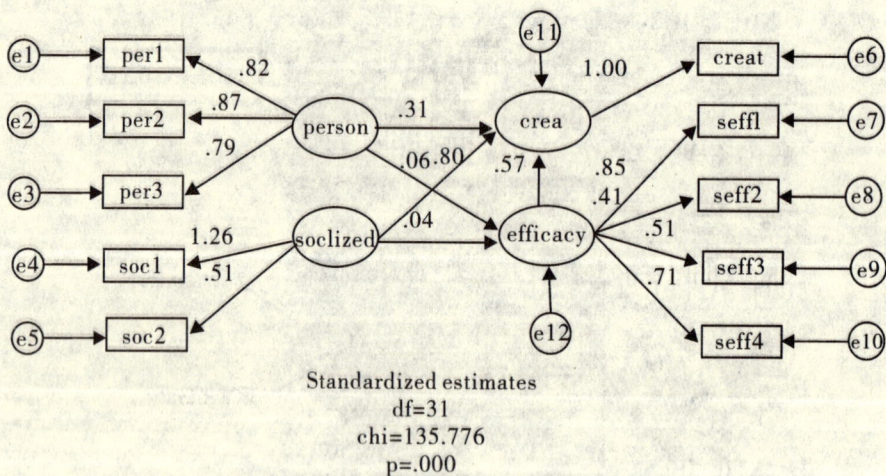

Standardized estimates
df=31
chi=135.776
p=.000

图 6－53 标准化分析的详细信息

在该模型中，数据共提供了 10 个观察变量，16 个非观察变量，矩结构中包含了 55 个数据，模型要估计的参数为 24 个，因此，模型自由度为 31。图 6－54 为模型自由度的详细信息。

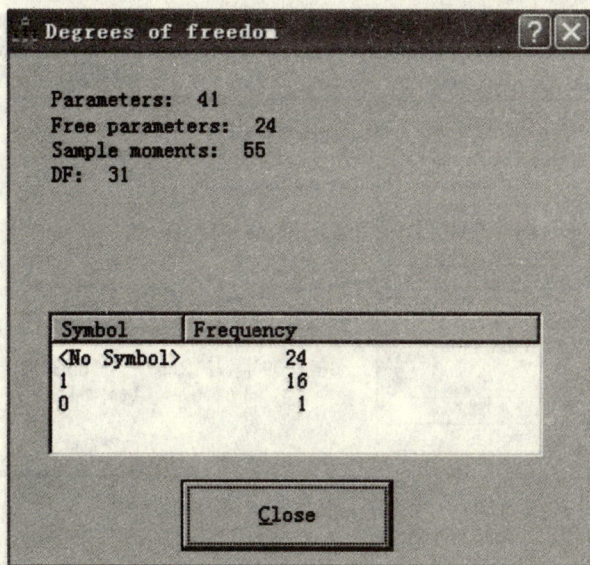

图 6-54　模型自由度的详细信息

接下来看一看模型拟合情况。从图 6-53 所显示的拟合指标看，卡方值为 135.776，P 值小于 0.001，说明模型还有必要加以修正。点击工具栏中的文本结果查看工具（View Text），如图 6-55 所示：

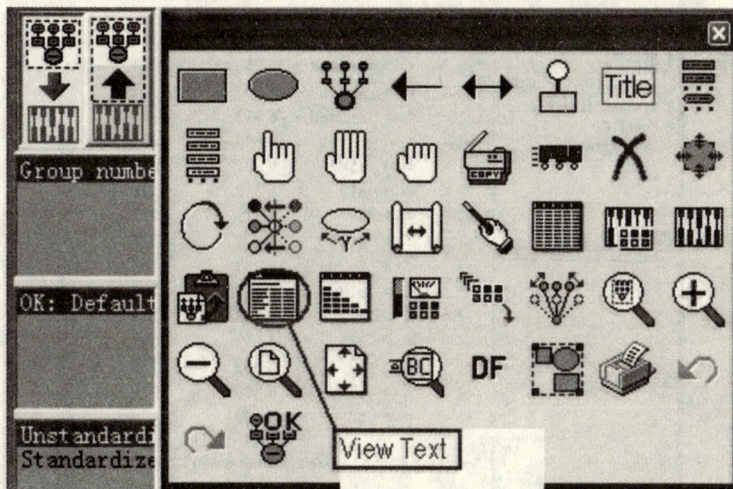

图 6-55　工具栏中的文本结果查看工具

点击文本结果查看工具后，就弹出以文本方式呈现的分析结果，如图 6-56 所示：

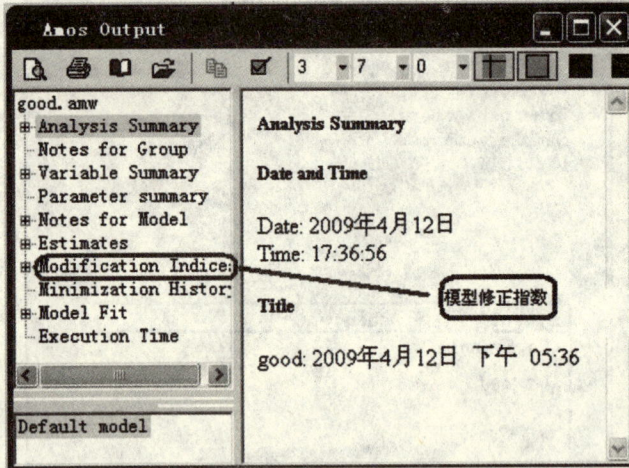

图 6 – 56   以文本形式呈现的分析结果

点击模型修正指数标题（Modification Indices）（如图 6 – 56 所示），弹出 AMOS 给出的模型修正建议，如图 6 – 57 所示：

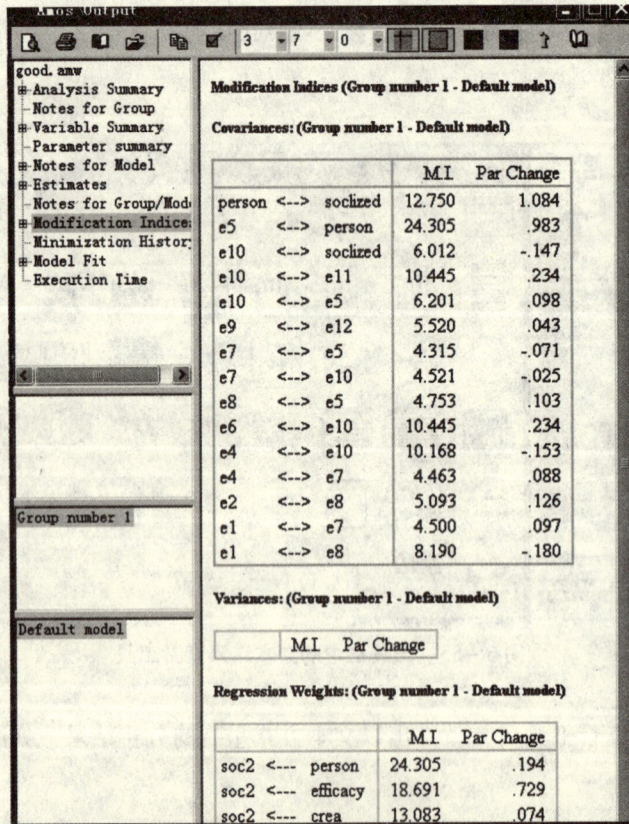

图 6 – 57   模型修正捐数

　　AMOS 的修正指数报告中包含协方差（Covariance）、方差（Variance）、回归系数（Regression Weights）3 个部分，如图 6 – 57 所示：

　　我们先看协方差部分（如图 6 – 58 所示）。在协方差部分包含外源潜变量之间的协方差以及测量误差变量与潜变量之间的协方差。从图 6 – 57 看，使得模型拟合改进程度最大，也就是使得卡方值下降（Par Change）幅度最大的为潜变量 person（性格特点）与 soclized（社会化水平）之间的协方差，也就是说，如果允许 person 与 soclized 相关的话，模型拟合将会有较大的改进。但在修正模型时，待估参数的增补，首先要考虑理论上的适当性。就本例来讲，教师的人格特点与其社会经历也应该有一定的关系，所以将这二者之间的相关系数作为自由参数是有道理的。我们在这两个变量之间添加一个双向箭头，以使模型拟合得以改进。

Covariances:（Group number 1-Default model）

		M. I.	Par Change
person <--> soclized		12. 750	1. 084
e5	<--> person	24. 305	.983
e10	<--> soclized	6. 012	-. 147
e10	<--> e11	10. 445	.234
e10	<--> e5	6. 201	.098
e9	<--> e12	5. 520	.043
e7	<--> e5	4. 315	-. 071
e7	<--> e10	4. 521	-. 025
e8	<--> e5	4. 753	.103
e6	<--> e10	10. 445	.234
e4	<--> e10	10. 168	-. 153
e4	<--> e7	4. 463	.088
e2	<--> e8	5. 093	.126
e1	<--> e7	4. 500	.097
e1	<--> e8	8. 190	-. 180

图 6 – 58　修正指数报告的协方差部分

　　再看回归系数部分（如图 6 – 59 所示）。这一部分主要包含观察变量与潜变量之间的路径系数。从图 6 – 59 来看，使得卡方值下降（Par Change）幅度最大的是 soc2 与 efficacy 之间的路径系数，但从理论上来讲，这个路径系数是没有意义的。另外，在修正模型时，增补一个待估参数后，再次分析所得的模型修正指数也会相应变化。因此，这里我们不增补此路径参数。

Regression Weights:（Group number 1-Default model ）

	M. I.	Par Change
soc2 <--- person	24.305	.194
soc2 <--- efficacy	18.691	.729
soc2 <--- crea	13.083	.074
soc2 <--- seff4	20.275	.607
soc2 <--- seff3	7.336	.297
soc2 <--- seff1	6.239	.332
soc2 <--- seff2	13.132	.499
soc2 <--- creat	13.083	.074
soc2 <--- per3	14.264	.126
soc2 <--- per2	21.186	.146
soc2 <--- per1	21.675	.142
seff4 <--- soclized	6.012	-.021
seff2 <--- soc2	5.574	.049
creat <--- seff4	4.589	.539
per2 <--- seff2	4.460	.345
per1 <--- soc2	7.565	.179
per1 <--- seff2	6.512	-.469
per1 <--- soc1	5.619	.126

图6-59　修正指数报告中回归系数部分

修正后的模型如图6-60所示：

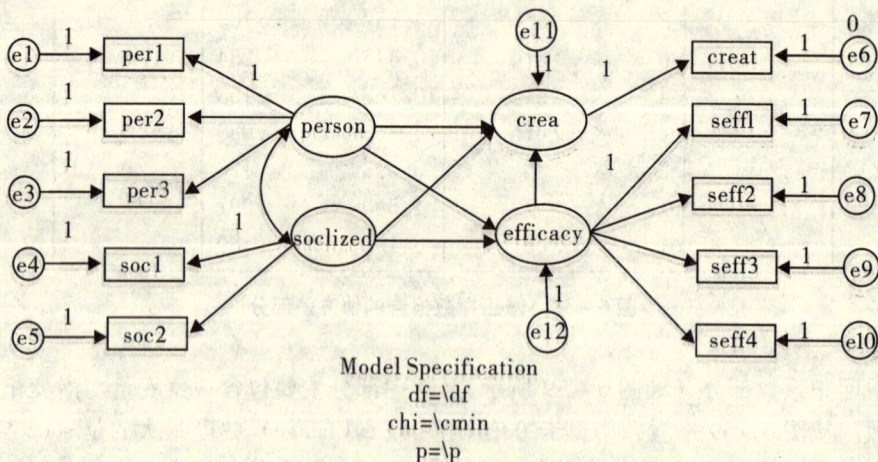

Model Specification
df=\df
chi=\cmin
p=\p

图6-60　修正后模型

运行修正后的模型，标准化输出结果如图 6-61 所示：

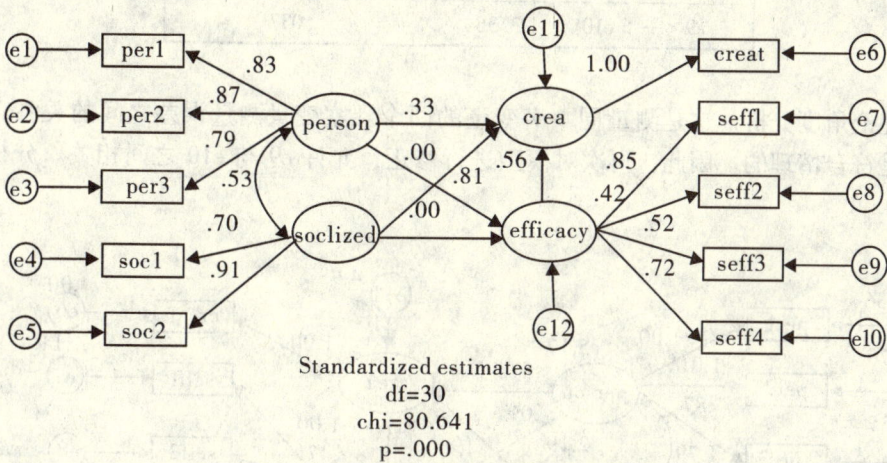

Standardized estimates
df=30
chi=80.641
p=.000

图 6-61　修正后模型的标准化输出结果

从图 6-61 可以看出，修正后的模型自由度由修正前的 31 变成了 30，而卡方值却由修正前的 135.776 变成了 80.641。表明模型修正思路是可行的。但从图 6-61 看，新模型的 P 值依然是小于 0.01 的，表明模型拟合效果依然有待改进。再次查看修正指数（如表 6-4 所示），发现 e9 与 e10 之间的修正指数最大为 3.36。需要说明的是，在不做特殊限定的情况下，AMOS 只给出数值大于 4 的 M.I.，所以，要想查看所有的 M.I.，应该在分析属性窗口中将限定值改为 0。如图 6-62 所示：

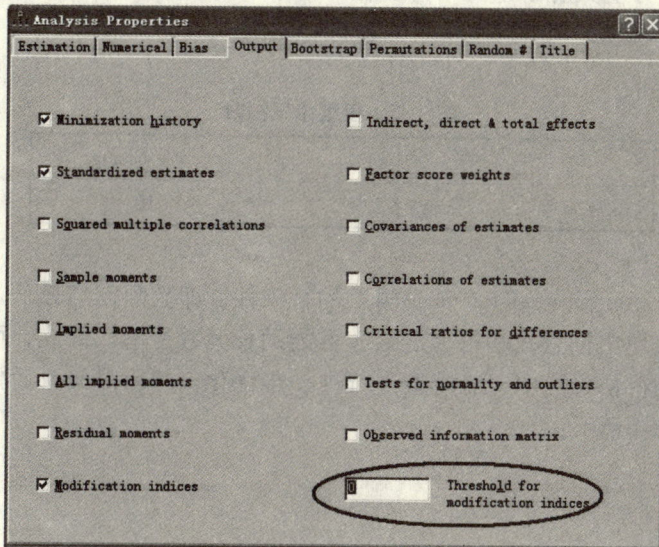

图 6-62　分析属性定义窗口

表6-4 模型修正指数

	M. I.	Par Change
e9 < — > e10	3. 364	.037

从理论角度分析，这是测量同一潜变量的两个观察变量测量误差之间的关系，允许其相关是符合情理的。因此，再次对模型进行修正，允许 e9 与 e10 之间相关。分析结果如下：

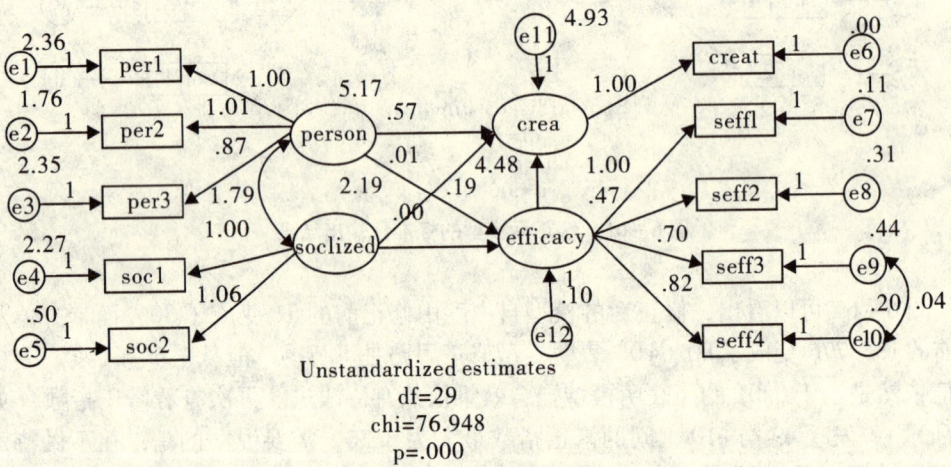

Unstandardized estimates
df=29
chi=76.948
p=.000

图6-63 模型分析结果

从结果看，卡方值又有了部分下降，但 P 值依然小于 0.001。再次查看模型修正指数，得知 creat 与 seff 4 之间的修正指数如表6-5所示：

表6-5 模型修正指数

	M. I.	Par Change
seff4 < – – – > creat	2. 051	.010

以本例来说，crea 影响 seff4 有其逻辑上的合理性，即教师创意教学行为影响了自我效能感。当教师表现出创意教学行为之后，可能助长其效能感。因此，可以将二者之间的路径系数增补到待估参数中，对模型进行进一步优化。然后对修正后模型做进一步分析，结果如图6-64所示：

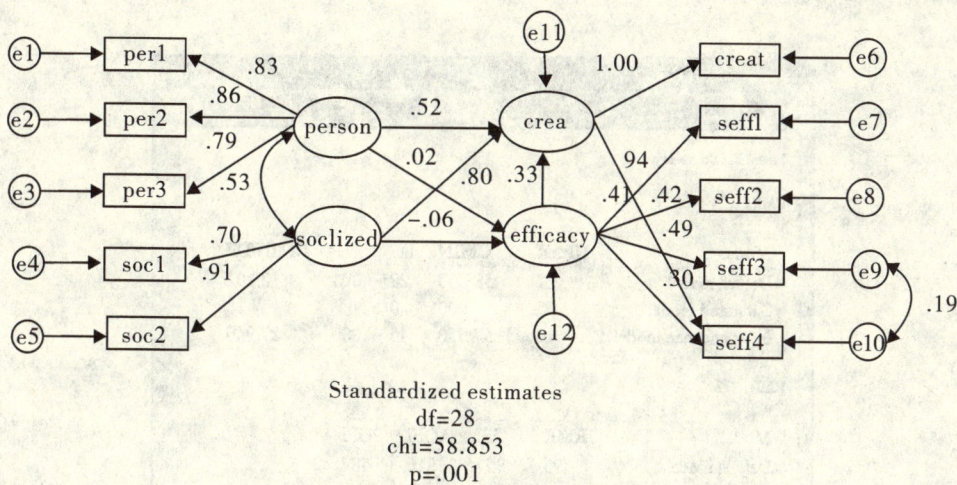

Standardized estimates
df=28
chi=58.853
p=.001

图 6 - 64　模型分析结果

可以看出，卡方值又有了较大幅度的下降（由 76.948 下降到了 58.853），模型得到进一步优化。但 P 值仍稍有偏大，我们从前面可以知道，一般认为当卡方值除以自由度的结果小于 3 就可以接受。另外，由于卡方检验指标的稳定性不如其他指标，所以，检验模型拟合情况还要综合看其他指标。点击工具栏中文本结果查看工具（如图 6 - 65 左图所示），在弹出的以文本方式呈现的分析结果中，点击左面标题栏中的 Model Fit，弹出以文本方式呈现的其他模型拟合指标。

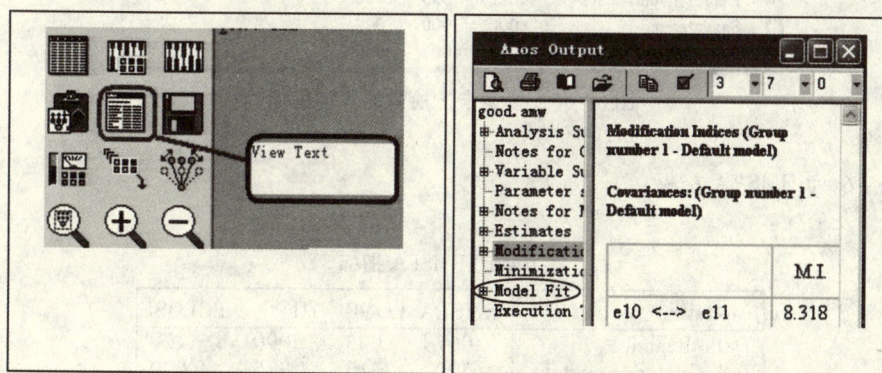

图 6 - 65　以文本方式呈现的模型拟合指标

图 6－66 为模型拟合的卡方检验的各种指标。

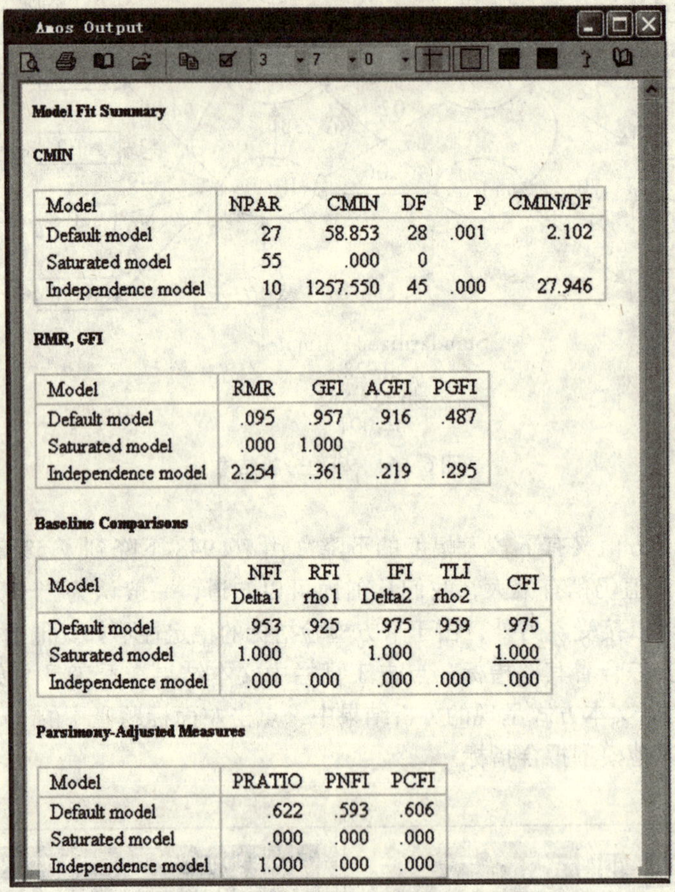
Amos Output

Model Fit Summary

CMIN

Model	NPAR	CMIN	DF	P	CMIN/DF
Default model	27	58.853	28	.001	2.102
Saturated model	55	.000	0		
Independence model	10	1257.550	45	.000	27.946

RMR, GFI

Model	RMR	GFI	AGFI	PGFI
Default model	.095	.957	.916	.487
Saturated model	.000	1.000		
Independence model	2.254	.361	.219	.295

Baseline Comparisons

Model	NFI Delta1	RFI rho1	IFI Delta2	TLI rho2	CFI
Default model	.953	.925	.975	.959	.975
Saturated model	1.000		1.000		1.000
Independence model	.000	.000	.000	.000	.000

Parsimony-Adjusted Measures

Model	PRATIO	PNFI	PCFI
Default model	.622	.593	.606
Saturated model	.000	.000	.000
Independence model	1.000	.000	.000

图 6－66　模型卡方检验的各种指标

表 6－6 为 RMSEA 指标：

表 6－6　RMSEA 指标

Model	RMSEA	LO 90	HI 90	PCLOSE
Default model	.067	.043	.090	.120
Independence model	.329	.313	.345	.000

前面我们已经提到，通常 RMSEA 的值小于 0.08 即可接受。不过，对于分析所得的各参数意义的解释，这里就不展开了，相信通过前面的例子，读者完全可以对之做出合理而全面的解释。

第七章 AMOS 关于缺失数据的
巧妙处理方法

在许多实际问题的研究中，有一些数据无法获得或缺失。当缺失比例很小时，可直接对完全记录进行数据处理，舍弃缺失记录。但在实际数据中，往往缺失数据占有相当的比重，尤其是多元数据。这时如果舍弃缺失数据就无法达到理想效果了，因为这样做不仅会丢失大量信息，并且会产生偏倚，使不完全观测数据与完全观测数据之间产生系统差异。AMOS 对于缺失数据处理除了可以采用传统的处理方法外，还有一些独到的方法，本章将就缺失数据的处理作全面介绍。

第一节 缺失数据及处理

一、目的
介绍在含有缺失值的数据中，如何进行全信息因子分析。

二、引言
是什么原因造成了预期的数据值得不到？也许是因为某个被试没有参加研究，或者是一些被试在填写问卷时漏掉了某些问题；或者是一些人避免回答他们的年龄和拒绝报告他们的收入。或者是在测量的那天，部分原本预定的被试放弃了。不管是哪种原因，如果数据中出现了大量缺失值，该怎么办？

处理不完整数据的一种标准方法就是剔除那些含有缺失值数据的被试。这种方法称为记录整体删除法（Listwise Deletion，LD）。例如，如果一些被试有一项内容不报告，则将该被试的整体信息剔除。这一做法的缺陷就是抛弃了那些被试的所有信息，包括其他有价值的信息，并且会使样本容量减少。当遇到含有大量缺失值的数据时，用这种方法就会丢掉巨大的样本量。

另外一种方法称为成对删除法（Pairwise Deletion，PD），要求分别计算样本矩。如果计算特定的矩时所需要的数据缺失，则淘汰此观测对象。例如，如果计算样本的收入均值，则要淘汰收入数据缺失的被试。同样地，如果计算样本年龄与收入之间的协方差，需要排除收入数据和年龄信息有缺失的被试。

第三种方法称为数据替代法（data imputation），即用多种方法得出的估计值代替缺失值。例如，均值替代法（Means Imputation，MI），即用均值代替缺失数据，如先计算已知的样本的平均收入，然后用均值代替未知的收入值。

AMOS 可以计算全部信息的极大似然估计值（FIML）（Anderson，1957），用这一结果去替代缺失数据，这是一种更为完善的数据分析方法。相对于 MI，PD 和 LD 方法，FIML 具有自己独到的优点，这里根据缺失数据的不同类型来介绍 FIML 的优点。

Rubin（1976），Little 和 Rubin（1987）对缺失值产生的过程进行了区分，并且对缺失数据所包含的信息做了研究。他们将随机变量数据的缺失分为完全随机缺失（MCAR）、随机缺失（MAR）和不可避免的缺失。

（1）完全随机缺失（MCAR）是指缺失值与所观察得到的数据完全不相关，是限制条件最多的一种缺失。在行为科学研究和社会调查中，把测验题本或大量的问卷随机分配给不同的被试，可能出现数据的完全随机缺失。

（2）随机缺失（MAR）不是一种很严格的数据缺失类型。从统计上来讲，缺失数据和数据值之间不相关，但这种不相关是相对于一组预测值或分层变量 X 来说的。

（3）第三种类型是不可避免的数据缺失，缺失数据本身也提供了所观察到数据的部分信息。也就是说，数据的缺失情况本身就携带了一些关于这些缺失值的观察值信息。

Arbuckle（1996），Brown（1983），Brown（1994），Graham（1997），Little 和 Rubin（1987），Little 和 Schenker（1995），Verleye（1996），Wothke（1999）研究了三种缺失数据类型的多种处理方法。对于 MCAR 型数据，FIML，PD 和 LD 的解决方法结果相一致，但在有效性上 PD 和 LD 都不如 FIML。MI 处理法会产生有偏的方差、协方差估计。而结构方程模型分析恰恰是建立在方差、协方差基础之上的，所以，MI 并不是处理缺失值的理想方法。

当缺失数据为 MAR 类型，而不是 MCAR 类型时，AMOS 中的 FIML 方法处理缺失数据的参数估计是准确有效的。相反，采用 MI，LD 和 PD 这三种方法会产生有较大误差的结果，即使是大样本也不例外。

如果数据缺失是不可避免的，那么所有标准化多元变量分析的结果就都是有偏差的。不过，有研究表明：与其他方法相比，FIML 方法的参数估计产生的误差较小（Little 和 Rubin，1989；Schafer，1997；Muth6n，Kaplan 和 Hollis，1987）。

换句话说，至少对于 MAR 类型的缺失数据，AMOS 所采用的 FIML 处理方法是值得推崇的，当数据缺失是不可避免类型时，也可以采用 FIML 方法。另一方面，LD 和 PD 要求缺失数据的类型为 MCAR，与 MAR 类型相比，其条件不易满足。所以，采用 LD 和 PD 处理缺失数据具有一定的难度。

三、数据

这里，我们对 Holzinger 和 Swineford（1939）的数据做一点改动，分析改动后的数据。原始数据（以 SPSS 格式保存，文件为 Grnt_fem. sav）是 73 个女生 6 次测验的得分，总共有 438 个记录。现在对数据进行改动，将每个变量的 438 个数值删除一部分，作为缺失值对待，令数据的缺失值为 30% 左右。

修改后的数据以 SPSS 格式保存为文件 Grant_x. sav，缺失数据以点"."的形式表示。图 7 –1 是文件中前部分被试的得分记录：

	visperc	cubes	lozenges	paragrap	sentence	wordmean
1	33.00	.	17.00	8.00	17.00	10.00
2	30.00	.	20.00	.	.	18.00
3	.	33.00	36.00	.	25.00	41.00
4	28.00	.	.	10.00	18.00	11.00
5	.	25.00	.	11.00	.	8.00
6	20.00	25.00	6.00	9.00	.	.
7	17.00	21.00	6.00	5.00	10.00	10.00

图 7 - 1　前部分被试得分记录

AMOS 能够识别 SPSS 数据文件的 "."，并且将其视为缺失数据。AMOS 也能够自动识别许多其他格式数据文件中的缺失数据标志。例如，ASCII 格式的文件中用连续的逗号 ",," 表示缺失数据，如图 7 - 2 所示：

```
visperc,cubes,lozenges,paragraph,sentence,wordmean
33,,17,8,17,10
30,,20,,,18
,,33,36,,25,41
28,,,10,18,11
,,25,,11,,8
20,25,6,9,,,
17,21,6,5,10,10
```

图 7 - 2　有缺失数据的 txt 格式文件

在文件 Grant_x. sav 中，大约有 27% 的数据缺失，只有 7 个被试的数据是完整的。若是采用记录整体删除法（LD）来处理缺失数据，剩余的样本容量太小。而对于样本较少的数据来说，即使分析很简单的多元变量模型，分析结果也会受到影响。然而，AMOS 采用全部信息方法根据所有收集到的数据对含有很多参数的模型，包括饱和模型进行分析。

四、建模与分析

（一）Amos Graphics 建立和检验模型

第五章第一节中，我们建立了如图 7 - 3 所示的因子分析模型，并分析了 Holzinger 和 Swineford（1939）的数据。现在，我们再次运用该因子分析模型来分析文件 Grant_x. sav 中的数据。不同之处是文件 Grant_x. sav 中包含 27% 的缺失数据。

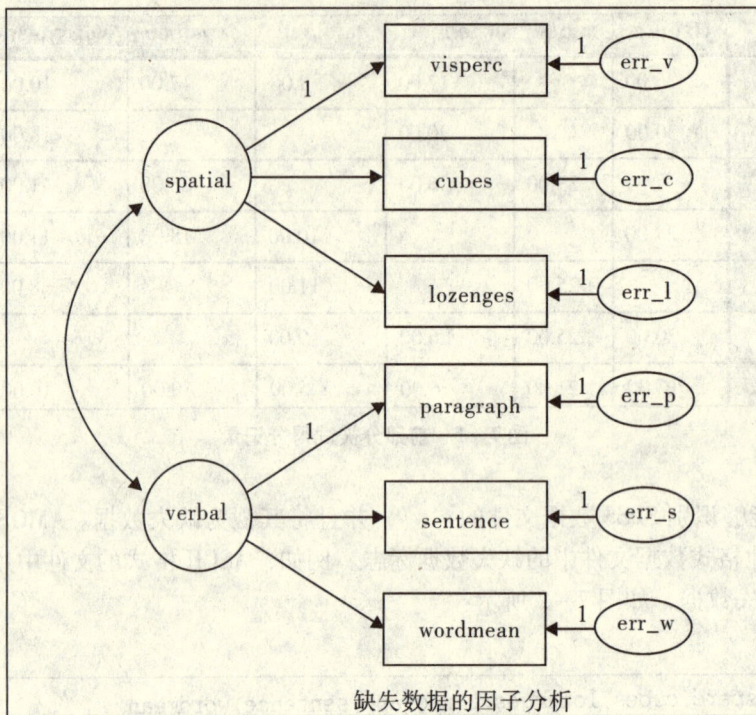

缺失数据的因子分析

图 7 - 3   缺失数据的因子分析模型

在对数据进行分析之前，需要做三个细小的调整。第一，按照以下路径操作：View/Set→Analysis Properties→Estimation，并确定选中 Estimate Means and Intercepts。第二，按以下路径打开数据文件：File→Data Files...→File Name→Grant_x. sav。

最后，因为 SPSS 变量名的限制条件是 8 个字符，所以变量名 paragraph 改为 paragrap。双击变量名，把 Variable name 改为 paragrap，把 Variable label 改为 paragraph，如图 7 - 4 所示。在这种模型中，AMOS 将会显示完整的变量名（paragraph）。

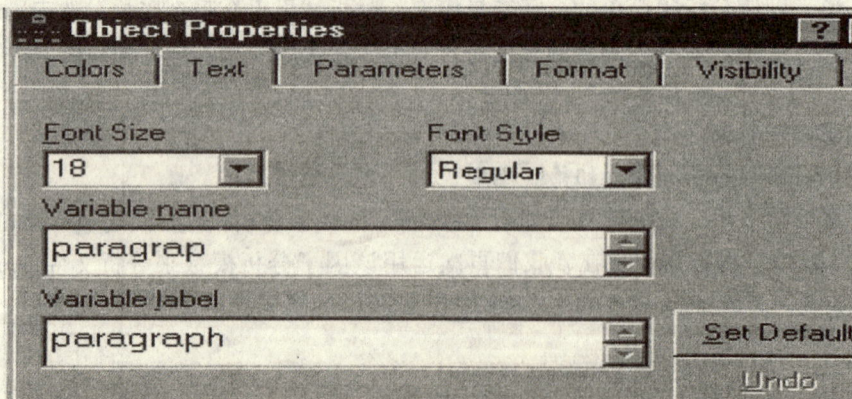

图 7 - 4   更改变量名

1. 饱和模型和独立模型的分析

从专业角度来讲，有缺失值的结构方程模型分析与完整数据的结构方程模型分析有细微差异。一方面，当计算量较大时，不完整数据的分析需要的时间较长。另一方面，为了计算卡方值和其他拟合指标，如 AIC 或 RMSEA，除了拟合指定的工作模型之外，AMOS 还需要拟合饱和模型。

观察变量越多，饱和模型越复杂，所要估计的参数数量也就越多。当有 p 个观察变量时，饱和模型的自由参数有 $p \times (p+3)/2$ 个。假如有 10 个观察变量，饱和模型就有 65 个自由参数，当有 20 个、40 个观察变量时，饱和模型则分别包括 230 个、860 个自由参数。如果样本容量较小，就没有足够的信息估计饱和模型参数，因为饱和模型包含大量的自由参数。一般来说，样本容量应该大于自由参数数量。

除了饱和模型和工作模型（研究者所构思的模型）之外，独立模型要求计算多种拟合指标，如 CFI 或 NFI。

2. 分析结果

用 Amos Graphics 建立模型分析不完整数据，程序同时自动拟合工作模型、独立模型和饱和模型。如果模型拟合成功，则计算所有恰当的拟合指标。图 7 – 5 是观察变量的标准化估计值和复相关系数平方的路径图：

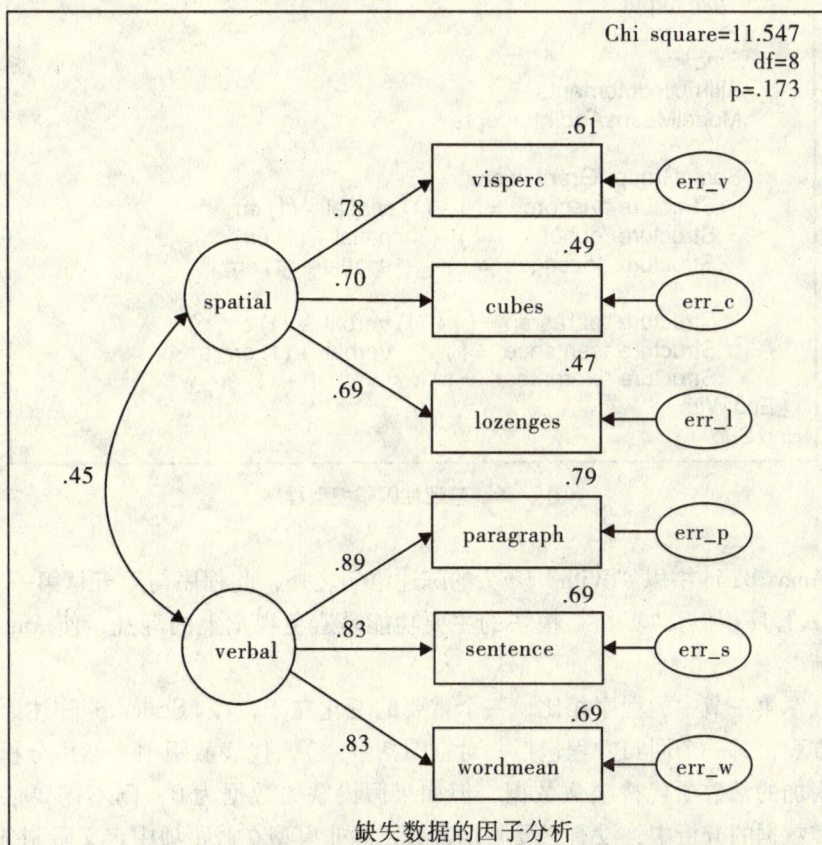

缺失数据的因子分析

图 7 – 5　观察变量的标准化估计值和复相关系数平方的路径图

此例中不完整数据的卡方值是 11. 547，第五章第一节完整数据的卡方值是 7. 853，差别不是很大，p 值都大于 0. 05，我们可以推断出模型与不完整数据同样拟合。（标准化的）不完整数据的参数估计值与第五章第一节完整数据的参数估计值相比较，它们的第一位小数都相同。文件 Grant_x . sav 中包含大比例的缺失数据，并且采用的是小样本（$N = 73$），模型与数据的拟合程度却依然与预期的结果相近。

（二）Amos Basic 建立和检验模型

用 Amos Basic 分析不完整数据时，必须对独立模型和饱和模型进行定义和估计。这里分三步介绍因子模型、饱和模型的建立以及如何计算卡方值和 p 值。然后，介绍如何把三个模型的主要组成部分整合为单一的、完整的 Amos Basic 程序。

1. 模型 A：验证性因子分析

文件 Ex7-1-a. AmosBasic 为以 Amos Basic 建立的验证性因子模型程序，如图 7 - 6 所示：

```
Sub Main()
   Dim Sem As New AmosEngine

   With Sem
      .TextOutput
      .Standardized
      .Smc
      .AllImpliedMoments
      .ModelMeansAndIntercepts

      .BeginGroup "Grant_x.sav"
      .Structure "visperc  = ( ) + (1) spatial + (1) err_v"
      .Structure "cubes    = ( ) +     spatial + (1) err_c"
      .Structure "lozenges = ( ) +     spatial + (1) err_l"

      .Structure "paragrap = ( ) + (1) verbal  + (1) err_p"
      .Structure "sentence = ( ) +     verbal  + (1) err_s"
      .Structure "wordmean = ( ) +     verbal  + (1) err_w"
   End With
End Sub
```

图 7 - 6 验证性因子模型程序

除了 Amos Basic 中以"With"开头的陈述语句之外，此程序与第五章第一节中 Amos Basic 的输入程序相似。"With"模块的主要功能是避免视觉上的混乱，使 Amos Basic 语言更为清晰。

与第五章第一节中的程序相比，一个重要的变化在于，在 . Structure 陈述语句后边有六个回归方程，每一个回归方程包括一对空圆括号 ( )，代表截距项，然后分析不完整的数据，用附加的常数项代替缺失数据，但如果假设缺失数据为 0，则不需要估计缺失数据。在完整数据的分析中，没有必要附加常数，除非模型在截距项中定义限制条件。

模型 A 的结果分析：不完整数据的参数估计、标准误和临界比与完整数据分析中的解释一样，如图 7 - 7 所示：

```
Regression Weights:              Estimate     S.E.      C.R.
-------------------              --------    -------   -------

       visperc <-------- spatial   1.000
       cubes   <---------- spatial  0.511     0.153     3.347
       lozenges <------- spatial    1.047     0.316     3.317
       paragraph <------- verbal    1.000
       sentence <-------- verbal    1.259     0.194     6.505
       wordmean <--------- verbal   2.140     0.326     6.572


Intercepts:                      Estimate     S.E.      C.R.
-----------                      --------    -------   -------

              visperc           28.885      0.913    31.632
              cubes             24.998      0.536    46.603
              lozenges          15.153      1.133    13.372
              paragraph         10.987      0.468    23.495
              sentence          18.864      0.636    29.646
              wordmean          18.097      1.055    17.146


Covariances:                     Estimate     S.E.      C.R.
------------                     --------    -------   -------

       verbal <--------> spatial   7.993     3.211     2.490


Variances:                       Estimate     S.E.      C.R.
----------                       --------    -------   -------

              spatial           29.563     11.600     2.549
              verbal            10.814      2.743     3.943
              err_v             18.776      8.518     2.204
              err_c              8.034      2.669     3.011
              err_l             36.625     11.652     3.141
              err_p              2.825      1.277     2.212
              err_s              7.875      2.403     3.277
              err_w             22.677      6.883     3.295
```

图 7 - 7　模型 A 的结果分析

模型 A 与数据拟合的情况如图 7 - 8 所示：

```
Function of log likelihood =   1375.133
Number of parameters =    19
```

图 7 - 8　模型 A 与数据拟合结果

完整数据的分析一般计算拟合优度的卡方值，而不完整数据的分析则采用极大似然估计函数的对数值表示。另外，在分析结果的 summary of models 部分，AMOS 给出了以下注意事项：

注意事项：至少有一组数据与相关模型不能拟合，因此，只输出了"function of log likelihood"，AIC 和 BCC，而没有输出其他的卡方统计量的似然比率和其他的拟合指标。

summary of models 中的 cmin 列的值与拟合优度卡方统计量不同，为了评估因子模型的拟合度，对数值的作用在于同那些较少限制的基准模型进行比较，如饱和模型等。

2. 模型 B：饱和模型

饱和模型的自由参数与一阶和二阶矩相同。分析完整数据时，饱和模型与样本数据完全拟合（chi-square = 0.00，$df = 0$）。由 6 个观察变量构成的结构方程模型要么与饱和模型相同，要么就是饱和模型附加限制条件所生成的模型。饱和模型与样本数据的拟合程度优于那些增加了限制条件的模型。它的对数似然函数值（function of log likelihood）较小，如果有兴趣，可以分析这个数值小到何种程度。

建立模型 B（Ex7-1-b. AmosBasic）的程序如图 7-9 所示：

```
Sub Main()
        Dim Saturated As New AmosEngine

        'Set up and estimate Saturated model:
        With Saturated
            .Title "Example 17 b: Saturated Model"
            .TextOutput
            .AllImpliedMoments
            .ModelMeansAndIntercepts

            .BeginGroup "Grant_x.sav"
                .Mean "visperc"
                .Mean "cubes"
                .Mean "lozenges"
                .Mean "paragrap"
                .Mean "sentence"
                .Mean "wordmean"
        End With
End Sub
```

图 7-9　模型 B 的程序

在 .BeginGroup 语句下有 6 个以 .Mean 开头的命令语句，用来估计外生变量的均值。以 .Mean 开头的命令语句的功能是：把所涉及的外生变量的方差、协方差，加到模型的自由参数中。因此，对于 p 个观察变量，饱和模型的程序包括 p 个陈述语句，而不是 $p \times (p+3)/2$ 个。模型 B 包含 6 个 .Mean 命令语句，详细解释了 27 个自由参数——6 个均值、6 个方差和 15 个协方差。随着观察变量数目的增加，用 Amos Basics 建立模型的便利就更加突出。

以下是模型 B 的非标准化参数的估计结果（均值、方差、协方差均没有约束条件）。估计值、标准误和临界比的解释与完整数据的分析相同。

```
Means:                                   Estimate      S.E.      C.R.
------                                   --------      ----      ----
                        visperc           28.883      0.910     31.756
                          cubes           25.154      0.540     46.592
                       lozenges           14.962      1.101     13.591
                       paragrap           10.976      0.466     23.572
                       sentence           18.802      0.632     29.730
                       wordmean           18.263      1.061     17.211

Covariances:                             Estimate      S.E.      C.R.
------------                             --------      ----      ----
        visperc <-------> cubes           17.484      4.614      3.789
        visperc <---> lozenges           31.173      9.232      3.377
          cubes <------> lozenges        17.036      5.459      3.121
        visperc <------> paragrap         8.453      3.705      2.281
          cubes <------> paragrap         2.739      2.179      1.257
       lozenges <---> paragrap            9.287      4.596      2.021
        visperc <----> sentence          14.382      5.114      2.813
          cubes <------> sentence         1.678      2.929      0.573
       lozenges <---> sentence           10.544      6.050      1.743
       paragrap <----> sentence          13.470      2.945      4.574
        visperc <----> wordmean          14.665      8.314      1.764
          cubes <------> wordmean         3.470      4.870      0.713
       lozenges <---> wordmean           29.655     10.574      2.804
       paragrap <----> wordmean          23.616      5.010      4.714
       sentence <----> wordmean          29.577      6.650      4.447

Variances:                               Estimate      S.E.      C.R.
----------                               --------      ----      ----
                        visperc           49.584      9.398      5.276
                          cubes           16.484      3.228      5.106
                       lozenges           67.901     13.404      5.066
                       paragrap           13.570      2.515      5.396
                       sentence           25.007      4.629      5.402
                       wordmean           73.974     13.221      5.595
```

图 7 – 10　模型 B 的非标准化参数估计结果

执行 Amos Basic 程序中 . AllImpliedMoments 命令语句，输出的参数估计结果（不包括标准误）如图 7 – 11 所示：

```
Implied (for all variables) Covariances

             wordmean  sentence  paragrap  lozenges  cubes    visperc
             --------  --------  --------  --------  -----    -------
wordmean       73.974
sentence       29.577    25.007
paragrap       23.616    13.470    13.570
lozenges       29.655    10.544     9.287    67.901
cubes           3.470     1.678     2.739    17.036   16.484
visperc        14.665    14.382     8.453    31.173   17.484   49.584

Implied (for all variables) Means

             wordmean  sentence  paragrap  lozenges  cubes    visperc
             --------  --------  --------  --------  -----    -------
               18.263    18.802    10.976    14.962   25.154   28.883
```

图 7 – 11　参数估计结果

此例中的参数估计结果与成对删除法和记录整体删除法的结果不同，包含均值的估计结果。例如，在视觉感知测验中，53 个被试的 visperc 的得分都是有效的，均值是 28.245，我们自然也会预期 AMOS 程序的输出结果应该是 28.245。然而，实际估计结果却是 28.883，而不是 28.245。这是因为 AMOS 不是单凭有效数据估计均值，而是利用了缺失数据的信息。

Amos Basic 输出了模型 B 与数据的拟合指标如图 7 – 12 所示：

```
Function of log likelihood =    1363.586
Number of parameters =    27
```

图 7 – 12　模型 B 与数据的拟合指标

对数似然值常用于比较两个或多个嵌套结构的模型拟合优度。模型 A（拟合对数值是 1375.133，19 个参数）在结构上可以嵌套在模型 B（对数值是 1363.586，27 个参数）中。在这种情况下，一个复杂模型（stronger model）与一个简单模型（weaker model）相比较，复杂模型的对数似然值较简单模型大。在此例中，模型 A 的对数似然值比模型 B 的大 11.547（1375.133 – 1363.586 = 11.547）。同时，模型 A 包括 19 个参数估计，而模型 B 包括 27 个参数估计，有 8 个参数估计的差别。这就是说，模型 A 的卡方值为 11.547，自由度为 8，可以通过查看统计表，检验其显著水平。

（三）模型 C：拒绝原假设的概率

其实，运用 Amos Basic 建立模型，有一个更便捷的方法来同时查看模型拟合卡方值及其显著水平。在一个因子模型拟合总体数据时，在 Amos Basic 程序中的添加 .ChiSquareProbability 语句即可确定卡方值为 11.547 或观察到更大数值的概率，即该卡方值的显著水平。

图 7 – 13 是计算并输出 p 值的 Amos Basic 程序（Ex7-1-c. AmosBasic）：

```
Sub Main()
    Dim ChiSquare As Double, P As Double
    Dim Df As Integer

    ChiSquare = 1375.133 - 1363.586
    Df          =    27    -    19

    Dim FitTest As New AmosEngine
    P = FitTest.ChiSquareProbability (ChiSquare, CDbl(Df) )
    FitTest.Shutdown

    Debug.Print "Fit of factor model:"
    Debug.Print "Chi Square = "; Format$(ChiSquare,"#,##0.000")
    Debug.Print "DF = "; Df
    Debug.Print "P = "; Format$(P,"0.000")
End Sub
```

图 7 – 13　模型 C 的 Amos Basic 程序

Amos Basic 程序包括以下 3 个部分：

（1）计算卡方值和自由度。

（2）Amos Engine 执行 FitTest 程序，应用 FitTest. ChiSquareProbability 方法计算卡方统计量的上限概率值。应用 FitTest. Shutdown 方法弥补 AMOS 的缺点，即没有一个模型是非常精确的。

（3）Amos Basic's Immediate 调试窗口输出结果，精确到三位小数。

注：在 Amos Basic 中，按路径 View →Always Split 操作，核对结果。

Amos Basic's Immediate 窗口输出的结果如图 7 - 14 所示：

```
Fit of factor model:
Chi Square = 11.547
DF =  8
P = 0.173
```

图 7 - 14 Amos Basic's Immediate 窗口的输出结果

P 值是 0.173，因此在 0.05 显著性水平接受原假设，即模型 A 是准确的。

为了检验不完整数据的模型，必须将其拟合优度与另外一个模型（参照模型）的拟合优度进行比较。这里为了检验模型 A，要将其拟合优度与模型 B 的拟合优度进行比较，把模型 B 作为标准的对比模型或称为参照模型。参照模型需要满足以下两个要求：第一，参照模型必须准确。这里，模型 B 肯定满足这一标准，因为在引用矩统计量上没有做任何限制。第二，与待检验的模型相比较，参照模型限制条件应该更加宽松。通过删除待检验模型参数中的一些限制，可以得到多个参照模型。若设计一个参照模型非常困难，可用饱和模型来代替，在没有限制条件的情况下估计所有的均值、方差和协方差。

（四）A—C 模型：检验模型的综合程序

Amos Basic 能够同时执行出三个子模型的运算。我们将三个模型整合成一个复合模型，将其保存为 Ex7-1-all . Amos Basic。通过该复合模型先拟合验证性因子模型，然后是饱和模型，最终计算拟合统计指标和 p 值。程序的前半部分是 Amos Basic 的子程序 FitSaturated，该语句用于设定并拟合任意复杂程度的饱和模型，如图 7 - 15 所示。

```
Sub FitSaturated(FileN, VarName, Converged, Admissible, Cmin, Nparms)

        Dim FirstVar As Integer, LastVar As Integer, ivar As Integer
        Dim Saturated As New AmosEngine

        FirstVar = LBound(VarName)
        LastVar = UBound(VarName)

        With Saturated
          .ModelMeansAndIntercepts

          .BeginGroup FileN

          For ivar = FirstVar To LastVar
            .Mean Trim(VarName(ivar))
        Next

          Converged = (.FitModel = 0)
          Admissible = .Admissible
          Cmin = .Cmin
          Nparms = .Npar
      End With
      Set Saturated = Nothing
      DoEvents
End Sub
```

图 7 - 15 饱和模型

　　FitSaturated 的程序后面的括号中以数据文件为 FileN，观察变量名 VarName，作为输入自变量。FitSaturated 调用 Amos Engine 程序对饱和模型进行拟合分析，通过 .BeginGroup命令打开数据文件，并执行 Amos Engine 程序里的 .Mean 语句分析 VarName 命令语句所指定的各观察变量的均值。.FitModel 语句适用于特定的模型，若运算过程收敛，其值返回 0。FitSaturated 将收敛及其可接受水平加以保存，并存储拟合函数值和参数个数，通过最后的 4 个子程序把这些值调入程序中。Amos Basic 通过陈述语句为 Set Saturated = Nothing，从操作系统中退出 Amos Engine 程序。在完成所有被调用的程序后，通过陈述语句 DoEvents 终止程序运行。

　　图 7 - 16 是主程序的部分程序代码：

```
Sub Main()
    Dim ObsVars As Variant, FileName As String, ChiSquare As Double
    Dim ModelAdmissible As Boolean, ModelConverged As Boolean
    Dim SaturatedAdmissible As Boolean, SaturatedConverged As Boolean
    Dim ModelCmin As Double, SaturatedCmin As Double, P As Double
    Dim ModelNparms As Integer, SaturatedNparms As Integer, Df As Integer

    FileName = "Grant_x.sav"
    ObsVars = Array("visperc", "cubes", "lozenges", _
            "paragrap", "sentence", "wordmean")
    Call FitSaturated(FileName,  ObsVars, SaturatedConverged, _
            SaturatedAdmissible, SaturatedCmin, SaturatedNparms)

    Dim Sem As New AmosEngine
    With Sem
        .Title "Example 17: Working Model"
        .TextOutput
        .ModelMeansAndIntercepts

        .BeginGroup FileName
        .Structure "visperc   = ( ) + (1) spatial + (1) err_v"
        .Structure "cubes     = ( ) +     spatial + (1) err_c"
        .Structure "lozenges  = ( ) +     spatial + (1) err_l"
        .Structure "paragrap  = ( ) + (1) verbal  + (1) err_p"
        .Structure "sentence  = ( ) +     verbal  + (1) err_s"
        .Structure "wordmean  = ( ) +     verbal  + (1) err_w"

        ModelConverged = (.FitModel = 0)
        ModelAdmissible = .Admissible
        ModelCmin = .Cmin
        ModelNparms = .Npar
    End With
    Set Sem = Nothing                       'Terminate AmosEngine objects
    DoEvents       'Let system unload AmosEngine objects before continuing

    If (ModelConverged And ModelAdmissible And _
        SaturatedConverged And SaturatedAdmissible) Then
        ChiSquare = ModelCmin - SaturatedCmin
        Df = SaturatedNparms - ModelNparms

        Dim FitTest As New AmosEngine
        P = FitTest.ChiSquareProbability (ChiSquare, CDbl(Df) )
        FitTest.Shutdown

        Debug.Print 'Fit of factor model:"
        Debug.Print 'Chi Square = "; Format$(ChiSquare, '#,##0.000")
        Debug.Print "DF = "; Df
        Debug.Print 'P = "; Format$(P,"0.000")

        Set FitTest = Nothing
        DoEvents
    Else
        Debug.Print "Sorry, one or both models did not converge to an admissible solution."
    End If
End Sub
```

图 7 - 16　部分程序代码

　　本书第一章已经提及，Amos Basics 编程用的是 VB 语言。在 VB 语言中，命令关键字 Dim 用于定义变量。图 7 - 16 的程序命令中，开始是定义各变量的类型。接下来是以 File

Name 和 ObsVars 开头的命令语句。这样，在运行程序时，计算机首先通过 Dim 命令语句识别各变量的类型，然后调用 FileName 和 ObsVars 开头的命令语句，并运行以 FitSaturated 开头的程序。接下来，执行以 Sem 开头的另外一组 AMOS 程序命令（Amos Engine），在上面的程序中，将验证性因子模型设为工作模型（working model），并且计算各参数的估计值。在检验工作模型和饱和模型都收敛后，拟合卡方值被计算出来，并继续执行下一组 AMOS 程序命令（Amos Engine），这个过程就是拟合检验（FitTest）过程。FitTest 计算拟合卡方值的上限概率，并在 Immediate 窗口显示其概率值。若其中一种模型或者两个模型不能收敛，将出现一条警告信息而不给出 P 值。

注：每用一个 Amos Engine 程序后，用 "Nothing" 来退出 Amos Engine 程序；陈述语句 DoEvents 使程序处于等待状态，直到清除了程序中被激活的对象。

第二节　缺失数据的其他处理方法

在科学研究中，出于收集数据的经济性原则，或受收集数据的难度太大等因素的影响，研究者往往无法收集到样本足够大的数据，在这种情况下，如果运用传统的分析方法，可能会导致分析结果的可信程度降低。由于 AMOS 可以同时估计多个模型的参数且能够对多个竞争模型进行比较，为克服这一困难提供了方便。有时，研究者可以以较大的样本收集任务较为简单的数据，然后用这一样本中的部分被试收集任务较难的数据，在分析数据时，借用任务较为简单的大样本数据，对样本较小的、任务较难的数据进行分析，以提高分析结果的可靠性。因为任务较难的数据只是来自部分被试，所以对于某些被试只有任务较简单的变量的数据，而没有任务较难的变量的数据，也就是说，任务较难的变量对于某些被试来说存在缺失数据。AMOS 借用其他变量信息分析含有缺失数据的这一方法对于科学研究设计具有很独特的价值。本节将运用实例介绍这一技术。

一、目的
（1）通过测量设计，介绍一些被试有缺失数据的数据分析。
（2）在有些研究中，由于条件限制，取得不完整数据比取得完整数据容易一些。

二、引言
一般情况下，研究人员不希望出现缺失数据，所以要尽可能避免数据缺失。但在实际的科学研究中，有时观测到每个变量并不容易，或者要付出很高的代价，或者收集的数据质量会受到影响。M. atthai（1951）和 Lord（1955）叙述了有缺失数据的设计。

基本原理：如果受各种条件影响，不可能取得某个变量的充足的观测资料，或者成本很高，不利于收集资料，那么可以通过分析其相关变量的观测资料，从而取得比较精确的估计值。

这种设计是非常有用的，但是，由于计算复杂，除了在很简单的情况下，研究人员在是很少运用这种设计的。在有些数据不能收集到时，有很多处理方法，本节以第三章第一节中所使用的例子来介绍另外一种较为独特的设计。

三、数据

这是一项关于记忆的研究，研究要求被试记忆广告的内容与广告在广告册中的位置（所在页码），并探讨练习对记忆成绩的影响。先给被试呈现广告，接着让被试回忆所看过的广告，以正确回忆的广告数目为记分标准；然后，给被试提供回忆线索，再要求被试对所看到的广告做尽可能多的回忆，同样以正确回忆的广告数目为记分标准；另一种情况是给被试呈现一个广告册，让被试回忆广告在广告册中的位置，以正确回忆的广告数目为记分标准。被试分为青年组与老年组，青年组被试为 40 名学生，其数据文件为 Attg_ yng. sav。部分数据如下：

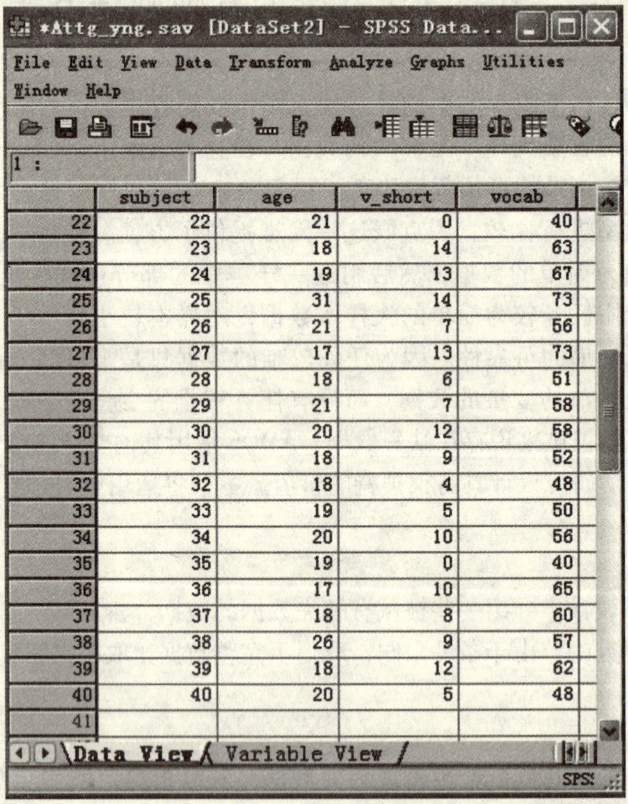

	subject	age	v_short	vocab
22	22	21	0	40
23	23	18	14	63
24	24	19	13	67
25	25	31	14	73
26	26	21	7	56
27	27	17	13	73
28	28	18	6	51
29	29	21	7	58
30	30	20	12	58
31	31	18	9	52
32	32	18	4	48
33	33	19	5	50
34	34	20	10	56
35	35	19	0	40
36	36	17	10	65
37	37	18	8	60
38	38	26	9	57
39	39	18	12	62
40	40	20	5	48
41				

图 7－17　部分被试数据

随机删除了 30 名被试在 vocab（词汇测验）变量的得分，将删除后的数据作为缺失数据，然后将数据文件另存为 Atty_mis . sav，数据如图 7－18 所示。从图中可以看出，一些被试的 vocab 得分缺失了。在 SPSS 数据文件中，“.”表示缺失数据。

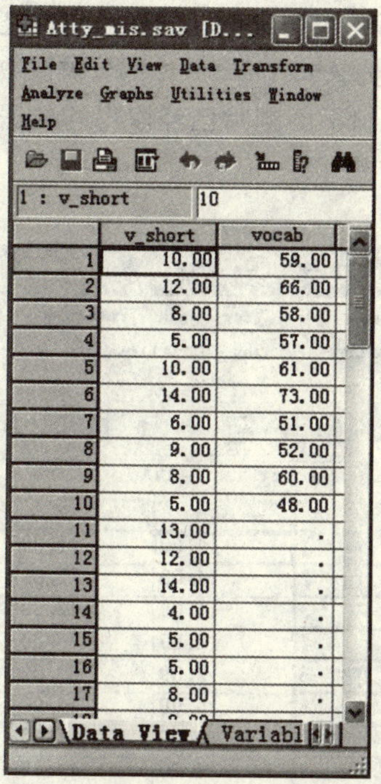

	v_short	vocab
1	10.00	59.00
2	12.00	66.00
3	8.00	58.00
4	5.00	57.00
5	10.00	61.00
6	14.00	73.00
7	6.00	51.00
8	9.00	52.00
9	8.00	60.00
10	5.00	48.00
11	13.00	.
12	12.00	.
13	14.00	.
14	4.00	.
15	5.00	.
16	5.00	.
17	8.00	.

图 7 – 18　有缺失数据的 SPSS 数据文件

变量 vocab 是被试在 WAIS（韦克斯勒智力测验）词汇测验上的得分，v_short 是 WAIS 词汇测验另外一个分测验的原始得分。

老年组也包括 40 名被试，测验得分的部分数据如图 7 – 19 所示：

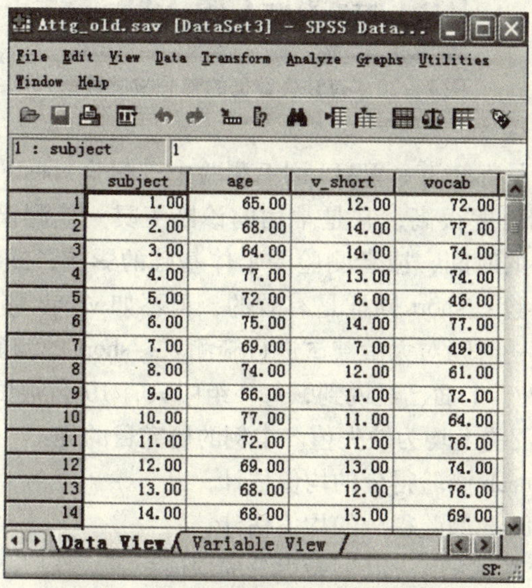

	subject	age	v_short	vocab
1	1.00	65.00	12.00	72.00
2	2.00	68.00	14.00	77.00
3	3.00	64.00	14.00	74.00
4	4.00	77.00	13.00	74.00
5	5.00	72.00	6.00	46.00
6	6.00	75.00	14.00	77.00
7	7.00	69.00	7.00	49.00
8	8.00	74.00	12.00	61.00
9	9.00	66.00	11.00	72.00
10	10.00	77.00	11.00	64.00
11	11.00	72.00	11.00	76.00
12	12.00	69.00	13.00	74.00
13	13.00	68.00	12.00	76.00
14	14.00	68.00	13.00	69.00

图 7 – 19　部分老年组被试得分数据

同样从 vocab 变量随机删除了 30 名被试的得分，并把它们作为缺失数据处理，将删除部分数据后的数据文件保存为 Atto_mis. sav，部分被试数据如图 7－20 所示：

当然，在实际研究中，我们不会删除已经取得的数据，这里只是举例，出于取数据方便才这样做。

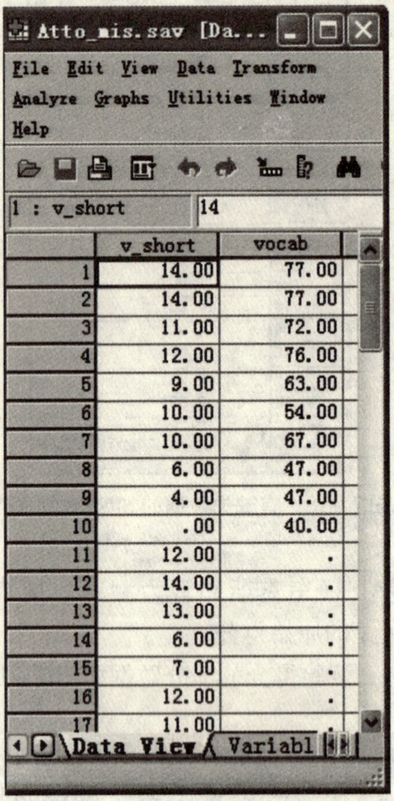

	v_short	vocab
1	14.00	77.00
2	14.00	77.00
3	11.00	72.00
4	12.00	76.00
5	9.00	63.00
6	10.00	54.00
7	10.00	67.00
8	6.00	47.00
9	4.00	47.00
10	.00	40.00
11	12.00	.
12	14.00	.
13	13.00	.
14	6.00	.
15	7.00	.
16	12.00	.
17	11.00	.

图 7－20　有缺失数据的部分被试数据

心理测量界研究人员都知道，WAIS 词汇测验中，测验 vocab 是词汇知识最好的测验之一，此测验的信度和效度很高，它是常用的诊断工具。该测验的缺陷就是成本较高，测验实施可能花费很长的时间，或者测验受个体基础的影响，或者需要由受过专业培训的人员计分。另一个测验 v_short 同样是有效的，但不如 vocab 那么好。然而，本测验实施成本低，很容易在同一时间对大量被试进行施测。v_short 的测验对象是 40 名青年被试和 40 名老年被试。另外，上面已经说到，每一组中只有 10 名被试有 vocab 测验的测验结果，其他被试在 vocab 测验上均为缺失值。本例的研究目的是：

（1）青年总体的 vocab 测验得分的均值估计；

（2）老年总体的 vocab 测验得分的均值估计；

（3）检验假设两个总体的 vocab 测验得分的均值相等。

通常研究人员对这种变量数据很少的统计分析都没有什么直接兴趣，但是，数据所包含的信息却可以对与 vocab 变量有关的研究问题提供较为有效的答案。而且，采用本例所介绍的方法，这种增益效率还是很大的。

四、建模与分析

（一）模型 A

这里在每个被试组中随机选取 30 个数据作为缺失数据，并不影响分析方法。模型 A 的目的是对两组被试的两个词汇测验的均值、方差和协方差进行估计。菜单 Critical ratio for differences 用来计算青年组被试和老年组被试 vocab 测验得分差异的临界比统计量。

1. Amos Graphics 建立和检验模型

Amos Graphics 建立的模型 A 分为青年和老年两组模型，如图 7-21 所示：

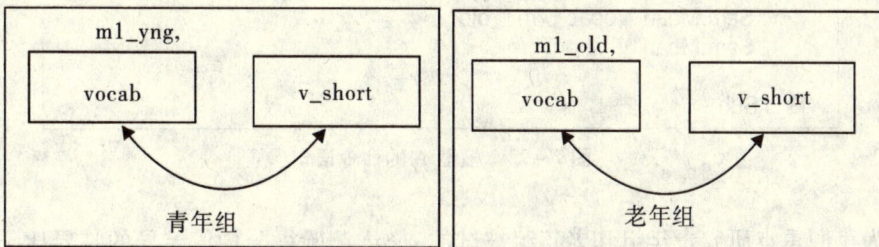

图 7-21　模型 A（青年组和老年组）

每个被试组模型的外生观察变量包括两个项目 vocab 和 v_short，它们由双箭头曲线（协方差）连接起来，在模型 A 中，两个被试组共有 10 个参数（每个被试组包括 2 个均值、2 个方差和 1 个协方差），这些参数没有约束条件。对于每个一阶矩和二阶矩都含有一个自由参数——该模型是饱和模型。

Amos Graphics 建立模型 A 的输入文件是 Ex7-2-a. amw，路径如下：File → Data Files...，注意 Data Files 对话框涉及青年组和老年组被试的数据文件，名为 Atty_mis. sav 和 Atto_mis. sav。因为有缺失数据，需要选择 Estimate means and intercepts，在菜单 Estimation 选项中，按 View/Set → Analysis Properties 路径操作。选中 Output 菜单中的 Critical ratios for differences 选项可以分析两个被试组的全部模型参数。输出的结果是 10×10 阶下半矩阵，表示的是任意两个参数估计值差异的临界比，共有 45 个。若提供参数标签，可以作为输出矩阵中行和列的标题。因为模型 A 重点分析 *vocab* 测验的组均值差异，所以可以用 m1_yng 和 m1_old 作为参数的标签。这些独特的标签便于区分矩阵中各组之间差异的临界值。

2. Amos Basic 建立和检验模型

若以 Amos Basic 建立模型，其命令语句如图 7-22 所示。我们将其命名为 Ex7-2-a. AmosBasic。该模型能计算两组被试两个词汇测验的均值、方差和协方差的估计值。

```
Sub Main()
    Dim Sem As New AmosEngine

    Sem.TextOutput
    Sem.Crdiff
    Sem.ModelMeansAndIntercepts

    Sem.BeginGroup "Atty_mis.sav"
        Sem.GroupName "young_subjects"
        Sem.Mean "vocab", "m1_yng"
        Sem.Mean "v_short"

    Sem.BeginGroup "Atto_mis.sav"
        Sem.GroupName "old_subjects"
        Sem.Mean "vocab", "m1_old"
        Sem.Mean "v_short"

End Sub
```

图 7 - 22   模型 A 的命令语句

因为我们重点研究青年组和老年组被试的 *vocab* 测验得分均值差异的临界比，所以程序包括 Sem. Crdiff 命令语句。在 Sem. Crdiff 命令产生的矩阵中，参数标签 m1_yng 和 m1_old 用来标定临界比。

3. 模型 A 的结果输出

（1）Amos Graphics 的结果输出。

以下是青年组和老年组被试的路径图，分别包括均值、方差和协方差。

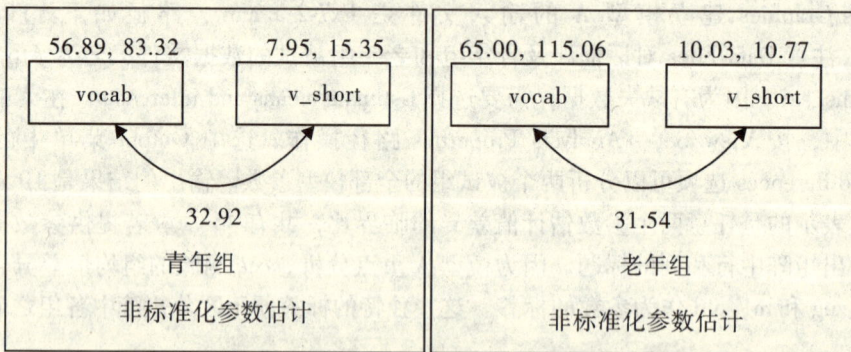

图 7 - 23   青年组和老年组被试路径图

（2）Amos Graphics 输出的模型的卡方拟合值如图 7 - 24 所示：

```
chi-square =            -.0.000
degrees of freedom =    0
```

图 7 - 24   模型 A 的卡方拟合值

（3）Amos Basic 的结果输出。

青年组被试的参数估计和标准误的结果如图 7 – 25 所示：

```
Means:                     Estimate      S.E.       C.R.      Label
------                     --------      ----       ----      -----
              vocab         56.891      1.765     32.232      m1_yng
            v_short          7.950      0.627     12.673      par-4

Covariances:               Estimate      S.E.       C.R.      Label
-----------                --------      ----       ----      -----
  vocab <-----> v_short     32.916      8.694      3.786      par-3

Correlations:              Estimate
-------------              --------
  vocab <-----> v_short      0.920

Variances:                 Estimate      S.E.       C.R.      Label
----------                 --------      ----       ----      -----
              vocab         83.320     25.639      3.250      par-7
            v_short         15.347      3.476      4.416      par-8
```

图 7 – 25　青年组被试结果

老年组被试的参数估计和标准误的结果如图 7 – 26 所示：

```
Means:                     Estimate      S.E.       C.R.      Label
------                     --------      ----       ----      -----
              vocab         65.001      2.167     29.992      m1_old
            v_short         10.025      0.526     19.073      par-6

Covariances:               Estimate      S.E.       C.R.      Label
-----------                --------      ----       ----      -----
  vocab <-----> v_short     31.545      8.725      3.616      par-5

Correlations:              Estimate
-------------              --------
  vocab <-----> v_short      0.896

Variances:                 Estimate      S.E.       C.R.      Label
----------                 --------      ----       ----      -----
              vocab        115.063     37.463      3.071      par-9
            v_short         10.774      2.440      4.416      par-10
```

图 7 – 26　老年组被试结果

vocab 词汇测验的均值估计为青年组 56.891，老年组 65.001。这与样本均值并不相同，因为样本均值只是从参加 vocab 测验的 10 个青年被试和 10 个老年被试中得来的。而 58.5 和 62 分别以样本完整数据对总体均值的估计值，但 AMOS 估计 vocab 词汇测验均值（56.891 和 65.001）时运用了 v_short 测验的得分信息，所以其值更加有效。

运用了 v_short 测验得分信息，其均值估计的精确度是否提高了呢？这一点可以通过分析估计的标准误值来考察。青年组被试样本均值是 58.5，标准误大约是 2.21，而总体的均值估计是 56.891，标准误大约是 1.765。老年被试组样本均值是 62，标准误大约是 4.21，而总体的均值估计是 65.001，标准误大约是 2.167。尽管标准误只是近似值，但它们仍然为比较样本均值与总体均值提供了一个合理的根据。在青年组中，由于运用了 v_short 测验得分的信息，其 vocab 测验均值估计的标准误降低了大约 21%。老年组被试的标准误则降低了 49%。

也可以从样本容量的角度考察运用 v_short 测验分数的信息估计两个组的总体均值精确度提高的程度。假设没有运用 v_short 测验分数的信息，那么还要多少个青年被试参与 vocab 测验，才能使均值的标准误降低 21%？同样地，还需要多少个老年被试参加 vocab 测验，才能使均值的标准误降低 49%？我们知道，均值的标准误与样本容量的平方根成反比，所以要求大约是 1.6 倍的当前青年被试样本容量和 3.8 倍的当前老年被试样本容量。即要求 16 个青年被试和 38 个老年被试参加 vocab 测验，而不是 10 个青年被试和 10 个老年被试参加 vocab 测验，并且要求 30 个青年被试和 30 个老年被试单独参加 v_short 测验。当然，这种推断把估计的标准误看成是精确的标准误，这也只是为了粗略地推算一下运用 v_short 测验分数的信息，对于提高总体均值估计值的精确度大约能起到多大的作用。

下面看青年组和老年组总体的 vocab 测验得分均值的差异。这两组总体的估计均值差为 8.11（65.001 - 56.891 = 8.11）。通过 Sem. Crdiff 命令语句得出两组总体均值差异的近似临界比如图 7 - 27 所示：

```
Critical Ratios for Differences between Parameters

            ml_yng    ml_old    par-3     par-4     par-5     par-6     par-7
            -------   -------   -------   -------   -------   --------  ------
ml_yng       0.000
ml_old       2.901     0.000
par-3       -2.702    -3.581     0.000
par-4      -36.269   -25.286    -2.864     0.000
par-5       -2.847    -3.722    -0.111     2.697     0.000
par-6      -25.448   -30.012    -2.628     2.535    -2.462     0.000
par-7        1.028     0.712     2.806     2.939     1.912     2.858     0.000
par-8      -10.658   -12.123    -2.934     2.095    -1.725     1.514    -2.877
par-9        1.551     1.334     2.136     2.859     2.804     2.803     0.699
par-10     -15.314   -16.616    -2.452     1.121    -3.023     0.300    -2.817

            par-8     par-9     par-10
            -------   -------   -------
par-8        0.000
par-9        2.650     0.000
par-10      -1.077    -2.884     0.000
```

图 7 - 27　两组总体均值差异的近似临界比

前两行、前两列的标签是 ml_yng 和 ml_old，指的是青年组和老年组的 vocab 测验均值。两组均值差异的临界比是 2.901，上面提到的两组均值估计值青年组为 56.891，老年组为 65.001，其均值之差为 8.11，这一差值大于两组均值差异临界比 2.901，因此，两组均值估计值在 0.05 水平上差异显著。

还有另外一种通过对模型加以限定进行均值差异检验的方法。该方法在前面的章节中已经用过，这里再简要提一下其原理。这种方法是在模型中限定两组均值相等，然后看模型与数据的拟合程度，如果模型与数据拟合，说明两组均值是相同的，没有显著差异，如果模型不拟合，则认为两组均值存在显著差异。

　　下面我们通过这一种方法对两组 vocab 测验得分均值进行差异显著性检验，将增加了两组 vocab 测验得分均值相同这一限定条件的模型称为模型 B。在使用这一方法时，运用 Amos Graphics 建立模型与 Amos Basic 建立模型的方法稍有不同。Amos Graphics 建立的模型 AMOS 自动计算两个模型的卡方值，在应用 Amos Basic 时，我们必须比较模型间的对数似然值，如图 7-28 所示：

```
Function of log likelihood = 429.963
Number of parameters = 10
```

图 7-28　模型的对数似然值

（二）模型 B

模型 B 增加一个限制，那就是青年组和老年组总体的 vocab 测验均值相同。

1. Amos Graphics 建立和检验模型

限定两组被试 vocab 测验得分均值相同，有两种方法。一是两组使用相同的参数标签；另一个方法是在 AMOS 的 Model Manager 中限定两个参数标签 m1_yng 和 m1_old 相等。这里我们采用后一种方法，即模型 A 没有任何限制条件，而模型 B 的一个限制就是 m1_yng = m1_old。将增加了这一限定条件的模型称为 Ex7-2-b. amw。这里我们采用多个模型（模型 A 与模型 B）同时分析数据，这是 AMOS 的一种颇具特色的做法。

　　采用多模型分析数据的优点是：AMOS 可以比较多个模型的卡方值和 p 值。

2. Amos Basic 建立和检验模型

Amos Basic 建立的模型 B，我们命名为 Ex7-2-b. AmosBasic，模型中两个被试组 vocab 测验均值使用相同的参数标签（mn_vocab），程序如图 7-29 所示：

```
Sub Main()
    Dim Sem As New AmosEngine

    Sem.TextOutput
    Sem.Crdiff
    Sem.ModelMeansAndIntercepts

    Sem.BeginGroup "Atty_mis.sav"
        Sem.GroupName "young_subjects"
        Sem.Mean "vocab", "mn_vocab"
        Sem.Mean "v_short"

    Sem.BeginGroup "Atto_mis.sav"
        Sem.GroupName "old_subjects"
        Sem.Mean "vocab", "mn_vocab"
        Sem.Mean "v_short"

End Sub
```

图 7 – 29 模型 B 的参数标签

模型 B 的结果分析：Amos Graphics 输出的模型 B 的拟合度如图 7 – 30 所示：

```
Chi-square  =        7.849
Degrees of freedom =    1
Probability level =     0.005
```

图 7 – 30 Amos Graphics 输出的模型 B 的拟合度

如果模型 B 是准确的（青年被试和老年被试总体的 vocab 测验得分均值相同），7.849 是一个随机变量的观测值，服从自由度为 1 的卡方分布。因为概率水平非常小（$p = 0.005$），所以模型 B 被拒绝，而赞成模型 A——青年被试和老年被试的 vocab 测验得分均值不同。

Amos Basic 输出的模型 B 的拟合度如图 7 – 31 所示：

```
Function of log likelihood =     437.813
Number of parameters =     9
```

图 7 – 31 Amos Basic 输出的模型 B 的拟合度

模型 B 与模型 A 的拟合度之间的差异是 7.85（437.813 – 429.963 = 7.85），它们的参数数量差异是 1（10 – 9 = 1），此结论与 Amos Graphics 得出的结论相同。

这里顺便解释一下，为什么模型 B 的参数个数变成了 9 呢？因为在模型 B 中我们限定了两个被试组的 vocab 测验均值相同，那么估计出一个组的均值另一个组也就知道了，这样待估参数就少了一个，所就比模型 A 少了一个，成了 9。

第八章　Bootstrapping 技术及其巧妙运用

Bootstrapping 有人将其称为自举法，也有人称其为拔靴法。为了避免混乱，我们就称其为 Bootstrapping。Bootstrapping 是一种抽样技术，是对 1 个样本资料进行复置抽样以产生一系列"新"样本的一种方法，也是现代统计学研究中应用领域极广的一种复置抽样技术。目前，这一技术在国内也有人做了很多研究，通过维普论文数据库截至 2010 年 7 月 30 日搜到 23 条记录。通过中国知网截止 2009 年共搜到 85 条记录。这些研究有的对其原理做了深入分析与探讨，也有的对其在各种领域中的应用做了分析研究。

在 AMOS 软件中，对该技术有一些巧妙运用。本章分三节分别介绍如何运用 Bootstrapping 技术估计参数标准误、如何运用 Bootstrapping 进行模型比较及选优、如何运用 Bootstrapping 技术对不同的参数估计方法进行比较分析与评价。

第一节　运用 Bootstrapping 技术估计参数标准误

一、目的
举例说明运用 Bootstrapping 技术估计参数标准误。

二、引言
在第三章第一节中，我们已经介绍过，AMOS 计算参数估计值的默认估计法是极大似然估计法。极大似然估计法是一种比较成熟的参数估计方法，在一些常见的统计学著作中都有关于这种方法的详细讲解，这里不作解释。需要注意的是，除非根据特殊需要做另外设定，不然 AMOS 在进行参数估计时所使用的方法均为极大似然估计法。

因为 AMOS 对参数估计所使用的方法为极大似然估计法，所以要求输入的数据符合特定分布。首先被试样本必须相互独立。例如，就本例中的 40 个被试来说，这些被试必须是从年轻人这个群体中通过独立抽样的方式获取的。其次，观察变量也要符合特定分布的要求。比如，变量符合多元正态分布才满足 AMOS 分析的要求。所有观察变量的多元正态分布是很多结构方程模型和因子分析模型所要求的标准分布。

很多人都熟悉正态分布与观察独立性的要求，因为这是很多传统统计分析技术的一种常见要求。不过，对于 AMOS 来说，满足这些条件得到的只是渐近性结论（即所得结论与使用真实的大样本数据所得分析结论相近）。在 AMOS 程序中，还有另外一种备选方法，即 Bootstrapping 技术，可以在已有数据中抽取大量的 Bootstrap 样本，以确定样本参数估计量的分布形态，在某些条件下，可以使得估计结果更为精确。

Bootstrapping（Efron，1982）是确定样本参数估计量经验分布的通用方法，特别是 Bootstrapping 可以估计模型参数的经验标准误。在 AMOS 程序中使用这一技术，克服了 AMOS 程序自身的一些局限。首先，AMOS 不包括计算标准误的全部公式，例如，复平方相关系数的标准误。另外，采用 Bootstrapping 计算标准误的近似值不受参数是否满足正态分布这一条件的限制。当然，Bootstrapping 也有缺点。例如，由于需要采用大样本，计算时耗费的时间相对较长。不过，随着计算机技术的飞速发展，这已经得到克服。

本节将应用因子分析模型介绍 Bootstrapping 在估计参数标准误方面的优势，需要强调的是，Bootstrapping 可以应用于任何模型。

三、数据

本节所用的数据是 Holzinger 和 Swineford（1939）的数据，即第五章第一节引用的数据。数据文件是 Grnt_fem.sav。

四、因子分析模型

Amos Basic 建立和检验模型。图 8-1 所示的是输入程序，除了 Sem. Bootstrap 命令语句之外，其他程序与第五章第一节中的程序相同。

计算 Bootstrapped 标准误的命令语句是 Sem.Bootstrap 500。通过这一语句，可以得到 500 个 Bootstrap 样本。

```
Sub Main()
    Dim Sem As New AmosEngine

    Sem.TextOutput

    Sem.Bootstrap 500
    Sem.Standardized
    Sem.Smc

    Sem.BeginGroup "Grnt_fem.sav"

        Sem.Structure "visperc  = (1) spatial + (1) err_v"
        Sem.Structure "cubes    =     spatial + (1) err_c"
        Sem.Structure "lozenges =     spatial + (1) err_l"

        Sem.Structure "paragrap = (1) verbal  + (1) err_p"
        Sem.Structure "sentence =     verbal  + (1) err_s"
        Sem.Structure "wordmean =     verbal  + (1) err_w"

End Sub
```

图 8-1　输入程序

也可以附加 Sem. Seed ＜number＞命令语句，为生成随机算子指定初始的种子值。如果要生成多组独立的 Bootstrap 样本，则执行多个 AMOS 任务且指定不同的种子值。也就是说，如果运用不同的种子值，应该执行多个 AMOS 任务，且每次指定不同的初始种子值，这样才能生成多组相互独立的 Bootstrap 样本。如果要在多个 AMOS 任务中生成完全相同的 Bootstrap 样本，则各 AMOS 任务中必须指定相同的初始种子值。本例中，因为仅有一个 AMOS 任务，也就是只要求生成一组 Bootstrap 样本，Sem. Seed 命令语句的种子值是缺省的。

（一）Amos Graphics 建立和检验模型

此例的模型路径图与第五章第一节中的相同，如图 8－2 所示：

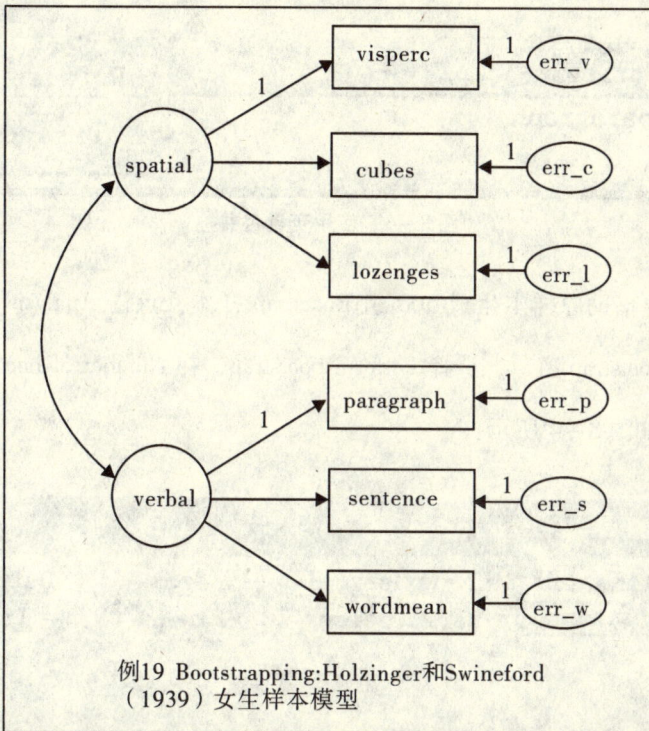

例19 Bootstrapping:Holzinger和Swineford
（1939）女生样本模型

图 8－2　Bootstrapping：Holzinger 和 Swineford（1939）女生样本模型

如果以 SPSS 格式存储数据，变量名为 8 个字符。此例的变量名变为 paragrap，变量标签为 paragraph，在模型中，显示的是完整的变量名，如图 8－3 所示。

这里需要说明一点，SPSS 的早期版本对于变量名长度有所限制，一般要求变量名长度不超过 8 个字符，如果超过 8 个字符将自动去除第 8 个字符之后的字符，这样，若以 SPSS 建立数据库，常会使 AMOS 模型中的变量名与数据库中的变量名不一致，导致分析任务不能顺利执行。所以，当使用早期的 SPSS 版本时，常使用变量名标签这一方法。不过，SPSS15.0 等高版本，已经克服了这一局限。

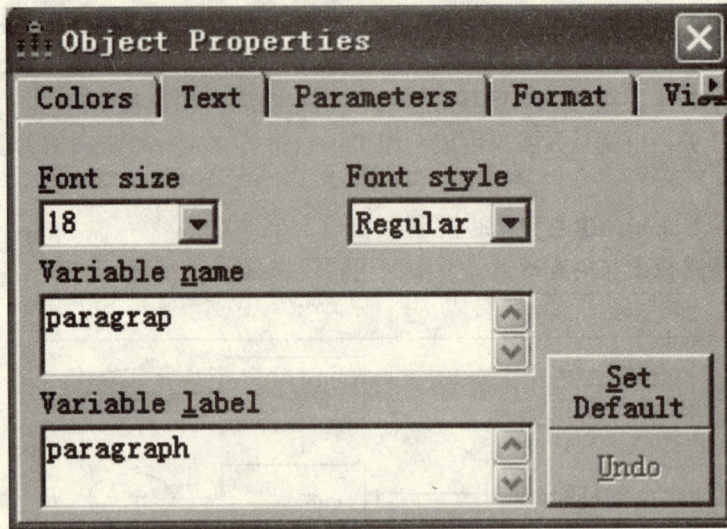

图 8-3　使用变量名书签

然后，如果要借助原样本生成 500 组 Bootstrap 样本，点击 Analysis Properties 选项图标 ，进入 Bootstrap 窗口，选择 Perform bootstrap，在 Number of bootstrap 左边的空格内键入"500"，如图 8-4 所示：

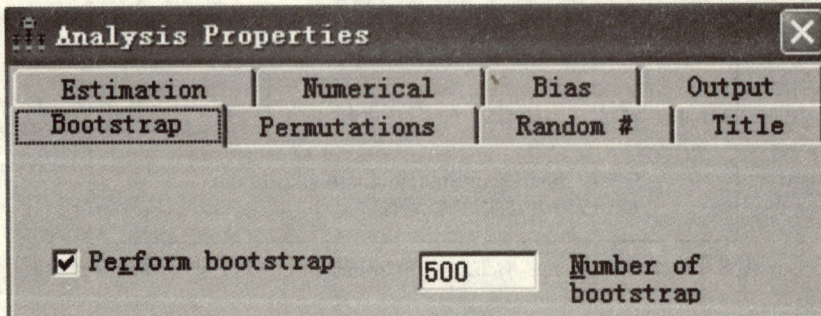

图 8-4　Bootstrap 窗口

此例中的程序输入文件是 Ex8-1-a. amw，路径图不能过多地反映 Bootstrap 的特点——Bootstrap 以文本的形式输出结果。

（二）计算分析的速度

AMOS 执行 Bootstrap 模拟程序的速度有很大不同，这取决于样本容量的大小和模型与每个 Bootstrap 样本重新拟合的速度。计算速度受多种因素综合作用的影响。浮点计算的速度受计算机的硬件、模型中参数的数量和参数定义的准确性影响。然而，多数奔腾处理系统可以在 15 秒或者更短的时间内拟合 500 个 Bootstrap 样本。Amos Graphics 在 Computation summary 中输出的 Bootstrapping 的结果如图 8-5 所示：

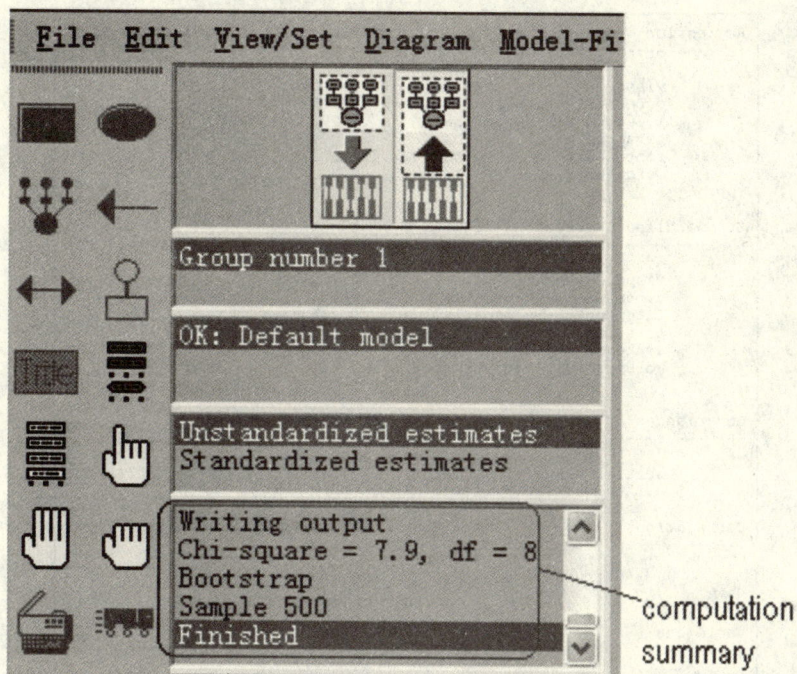

图 8-5 Bootstrapping 结果

（三）结果分析

与第五章第一节例子相同，模型拟合的结果如图 8-6 所示：

图 8-6 模型拟合结果

非标准化的参数估计与第五章第一节中的分析相同，然而，此例着重分析正态理论极大似然比计算出的标准误，并将此与 Bootstrapping 得到的标准误作比较。

图 8-7 是参数的极大似然参数估计值和标准误：

```
Regression Weights:                    Estimate    S.E.      C.R.
-------------------                    --------    ----      ----

         visperc <------ spatial        1.000
         cubes <-------- spatial        0.610     0.143     4.250
         lozenges <----- spatial        1.198     0.272     4.405
         paragrap <----- verbal         1.000
         sentence <------ verbal        1.334     0.160     8.322
         wordmean <------ verbal        2.234     0.263     8.482


Standardized Regression Weights:       Estimate
--------------------------------       --------

         visperc <------ spatial        0.703
         cubes <-------- spatial        0.654
         lozenges <----- spatial        0.736
         paragrap <----- verbal         0.880
         sentence <------ verbal        0.827
         wordmean <------ verbal        0.841


Covariances:                           Estimate    S.E.      C.R.
------------                           --------    ----      ----

         spatial <------> verbal        7.315     2.571     2.846


Correlations:                          Estimate
-------------                          --------

         spatial <------> verbal        0.487


Variances:                             Estimate    S.E.      C.R.
----------                             --------    ----      ----

                 spatial              23.302     8.124     2.868
                 verbal                9.682     2.159     4.485
                 err_v               23.872     5.986     3.988
                 err_c               11.601     2.584     4.490
                 err_l               28.275     7.891     3.583
                 err_p                2.834     0.868     3.263
                 err_s                7.967     1.869     4.262
                 err_w               19.925     4.951     4.024

Squared Multiple Correlations:         Estimate
-----------------------------         --------

                 wordmean              0.708
                 sentence              0.684
                 paragrap              0.774
                 lozenges              0.542
                 cubes                 0.428
                 visperc               0.494
```

图8-7　参数的极大似然参数估计值和标准误

　　Bootstrap 输出的结果开头部分是重组样本（即生成的 Bootstrap 样本）的即时的诊断程序（summary diagnostics of the resampling process）。为了解释任何 Bootstrap 标准误或置信区间，知道是否存在模型估计不能计算的 Bootstrap 样本是很重要的，若存在不能计算的 Bootstrap 样本，则会遇到特殊情况。本例中没有不能计算的 Bootstrap 样本，图8-8 以简明的方式报告相关信息：

```
  0 bootstrap samples were unused because of a singular covariance matrix.
  0 bootstrap samples were unused because a solution was not found.
500 usable bootstrap samples were obtained.
```

图8-8　没有不能计算的 Bootstrap 样本的信息报告

　　如果选用的是小样本或者是不连续分布的样本，那么一个 Bootstrap 样本或多个 Bootstrap 样本可能是奇异协方差矩阵。同样，AMOS 可能没有解决多个 Bootstrap 样本的方案——至少在极小化算法的限制条件下，不会找到合理的解决方案（如 Sem. Iterations，Sem. Critl 和 Sem. Crit2 命令语句）。当存在这种样本时，将会在 AMOS 的结果中输出，但不会输出标准误和 Bootstrap 的分布图。如果结果显示样本中存在着问题，那么 Bootstrapping 程序将不能执行。

采用 Bootstrap 方法估计参数的标准误，结果如图 8-9 所示：

```
Bootstrap Standard Errors
-------------------------
                                        S.E.
Regression Weights:             S.E.    S.E.     Mean     Bias    S.E.
-------------------             ------  ------   ------   ------   Bias
                                                                  ------
visperc <------ spatial         0.000   0.000    1.000    0.000   0.000
cubes <-------- spatial         0.140   0.004    0.609   -0.001   0.006
lozenges <----- spatial         0.373   0.012    1.216    0.018   0.017
paragrap <------ verbal         0.000   0.000    1.000    0.000   0.000
sentence <------ verbal         0.176   0.006    1.345    0.011   0.008
wordmean <------ verbal         0.254   0.008    2.246    0.011   0.011

                                        S.E.
Standardized (Beta) Weights:    S.E.    S.E.     Mean     Bias    S.E.
---------------------------     ------  ------   ------   ------   Bias
                                                                  ------
visperc <------ spatial         0.123   0.004    0.709    0.006   0.005
cubes <-------- spatial         0.101   0.003    0.646   -0.008   0.005
lozenges <----- spatial         0.121   0.004    0.719   -0.017   0.005
paragrap <------ verbal         0.047   0.001    0.876   -0.004   0.002
sentence <------ verbal         0.042   0.001    0.826   -0.000   0.002
wordmean <------ verbal         0.050   0.002    0.841   -0.001   0.002

                                        S.E.
Covariances:                    S.E.    S.E.     Mean     Bias    S.E.
-----------                     ------  ------   ------   ------   Bias
                                                                  ------
    spatial <------> verbal      2.393   0.076    7.241   -0.074   0.107

                                        S.E.
Correlations:                   S.E.    S.E.     Mean     Bias    S.E.
-----------                     ------  ------   ------   ------   Bias
                                                                  ------
    spatial <------> verbal      0.132   0.004    0.495    0.008   0.006

                                        S.E.
Variances:                      S.E.    S.E.     Mean     Bias    S.E.
----------                      ------  ------   ------   ------   Bias
                                                                  ------
            spatial             9.086   0.287   23.905    0.602   0.406
            verbal              2.077   0.066    9.518   -0.164   0.093
            err_v               9.166   0.290   22.393   -1.479   0.410
            err_c               3.195   0.101   11.190   -0.411   0.143
            err_l               9.940   0.314   27.797   -0.478   0.445
            err_p               0.878   0.028    2.772   -0.062   0.039
            err_s               1.446   0.046    7.597   -0.370   0.065
            err_w               5.488   0.174   19.123   -0.803   0.245

                                        S.E.
Squared Multiple Correlations:  S.E.    S.E.     Mean     Bias    S.E.
-----------------------------   -----   ------   ------   ------   Bias
                                                                  ------
            wordmean            0.083   0.003    0.709    0.001   0.004
            sentence            0.069   0.002    0.685    0.001   0.003
            paragrap            0.081   0.003    0.770   -0.004   0.004
            lozenges            0.172   0.005    0.532   -0.010   0.008
            cubes               0.127   0.004    0.428    0.000   0.006
            visperc             0.182   0.006    0.517    0.023   0.008
```

图 8-9　Bootstrap 方法估计参数的标准误

图 8-9 中，第一列为 S. E.，表示的是采用 Bootstrap 方法估计的参数的标准误，是参数估计值的标准离差，是按照 500 个 Bootstrap 样本来计算的，这些数据需要与采用极大似然法估计的标准误的近似值相比较。第二列是 S. E. (S. E.)，给出的是采用 Bootstrap 方法估计的参数标准误自身的标准误，即参数标准误的标准离差。从图 8-9 可以看出，S. E. (S. E.)的值都比较小，表明用 Bootstrapping 方法估计得出的参数标准误是较为精确

的，其标准离差很小，表示其分布范围很小。

标为 Mean 的一列数值代表的是 Bootstrap 样本参数估计值的均值，Bootstrap 样本参数估计值的均值没有必要与原始的估计值相等。相反，由此可以证明 Bootstrap 样本参数估计值的均值与原始估计值有很大差异。第四列是 Bias，表示的是 Bootstrap 样本参数估计值的均值与原始估计值的差异。如果 Bootstrap 样本参数估计值的平均数高于原始的估计值，那么 Bias 是正值，反之为负值。最后一列是 S. E.（Bias），表示的是偏差估计值的近似标准误。

此例采用 Bootstrap 方法计算的参数的标准误与采用极大似然法计算的参数的标准误大致相同，但也有 3 个参数例外，它们与 lozenges 和 visperc 空间测验相关。采用 Bootstrap 方法计算的 lozenges 对于 spatial 因子的回归权重的标准误是 0.373，与采用极大似然法计算的标准误相比，标准误高出了 37%。从前面的图中得知以极大似然法计算 lozenges 对于 spatial 因子的回归权重的标准误是 0.272。另外两个参数涉及变量 visperc 和 lozenges 的回归权重的标准误，这两个标准误相对于极大似然法的结果分别高出了 53% 和 26%，这两个方差残差的估计值也有较大的偏差。总之，与假设参数估计值的分布呈正态分布相比，spatial 公共因子的参数估计值的分布较广。

在此例中，Bootstrap 和 normal-theory 标准误不同，在这里我们不讨论其原因。我们重点讨论三个空间测验的联合分布统计量和边缘分布统计量，其数据中可能包含奇异数据，或者标准误呈偏态分布。在这种特殊情况下，Bootstrap 模拟是分析数据是否出现分布问题和分析参数估计效应的有力工具。

因为输入程序中包含 Sem. Standardized 和 Sem. Smc 命令语句，Bootstrap 程序输出了标准路径系数、因子相关系数和复平方相关系数（standardized path coefficients，factor correlations and squared multiple correlations）的标准误和估计值的偏差。AMOS 不提供估计值的 normal-theory 标准误。因此，采用 Bootstrap 可以很容易地计算经验估计区间。

第二节　运用 Bootstrapping 方法进行模型比较

一、目的
通过例子介绍如何运用 Bootstraping 技术进行模型之间的比较。

二、引言
Bootstrapping 方法并不是以绝对的标准对单个模型做出评价，而是通过对两个或更多模型的比较，从而选择最优模型。Bollen 和 Stine（1992），Bollen（1982）和 Stine（1989）等多位学者对运用 Bootstrapping 方法分析矩结构并选取最优模型的可能性提出颇具创新性的思想。Linhart 和 Zucchini 在 1986 年介绍了 Bootstrapping 的使用方法，并且提出它适用于在包括结构方程模型在内的诸多数据分析模型中进行模型选优，也对具体的做法提出了很多建议。本节将借助具体例子介绍如何使用 Bootstrapping 技术对一组模型进行比较，从中选择最佳模型。

模型比较的 Bootstrap 方法可以归纳为以下四个方面：

（1）从初始的样本中进行放回抽样产生多个 Bootstrap 样本，换句话说，初始样本作为 Bootstrap 样本的总体，Bootstrap 样本是通过放回式抽样获取的。

（2）每一个待选取的模型与每一个 Bootstrap 样本拟合，通过分析，计算通过 Bootstrap 样本获得的模型引申矩和 Bootstrap 样本总体（即获取 Bootstrap 样本的初始样本）的模型引申矩之间的偏差。

（3）对于每一个模型，根据第二个步骤计算出的偏差，计算各个 Bootstrap 样本模型引申矩与总体模型引申矩之间偏差的均值。

（4）根据第三步的结果，选取偏差均值最小的模型。

三、数据

1939 年，Holzinger 与 Swineford 在芝加哥的两所学校对 301 个七八年级的学生进行了 26 个心理测验，这里我们使用该研究中的数据。样本是 Grant-White 的高中生，包括男生和女生，第五章第一节以及其他章节都曾经使用过此数据，并且使用了相同的 6 个心理测试，Grant. sav 文件中包括 145 个观察数据。表 8－1 为数据变量名称及其解释：

表 8－1　数据变量名称及其解释

Test（测验）	解　释
Visperc	视知觉分数
Cubes	空间想象得分
Lozenges	空间定向得分
Paragraph	段落理解得分
Sentence	完成句子得分
Wordmean	词语理解得分

该数据与第五章的数据相同。样本数据是以 SPSS 建立的数据文件，存储为 Grant_ fem. sav。

四、5 个模型

6 个心理测验应用了以下 5 个测量模型，模型 1 是单因子分析模型，不包含任何限制条件，如图 8－10 所示：

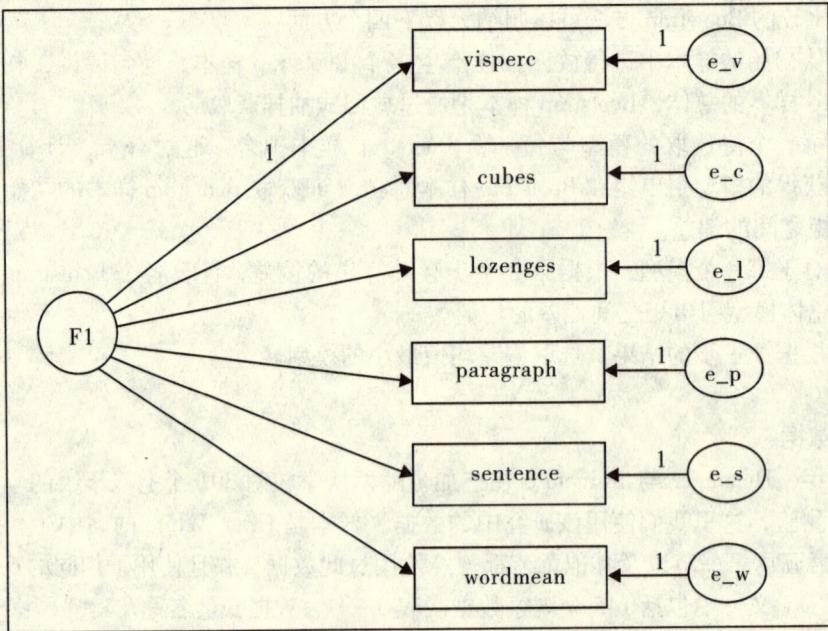

图 8 - 10　单因子分析模型

　　模型 2 是双因子分析模型，不包含任何限制条件。值得注意的是，模型图中有两个路径系数被指定为 0，这不是对模型进行的限制，只是通过这种方式为因子指定任意方向，目的是使模型可以识别。如图 8 - 11 所示：

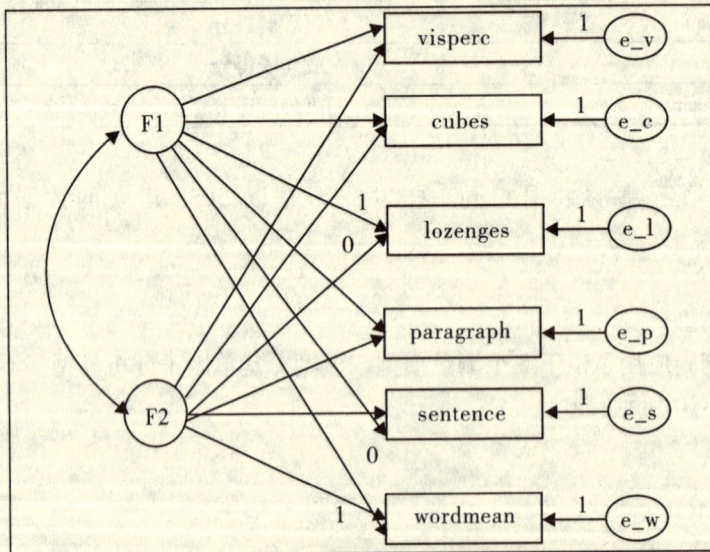

图 8 - 11　双因子分析模型

　　模型 2R 是包含一个限制条件的双因子分析模型，包括 2 个因子，前 3 个测验仅仅依赖其中一个因子，而其他的 3 个测验依赖于另一个因子，如图 8 - 12 所示：

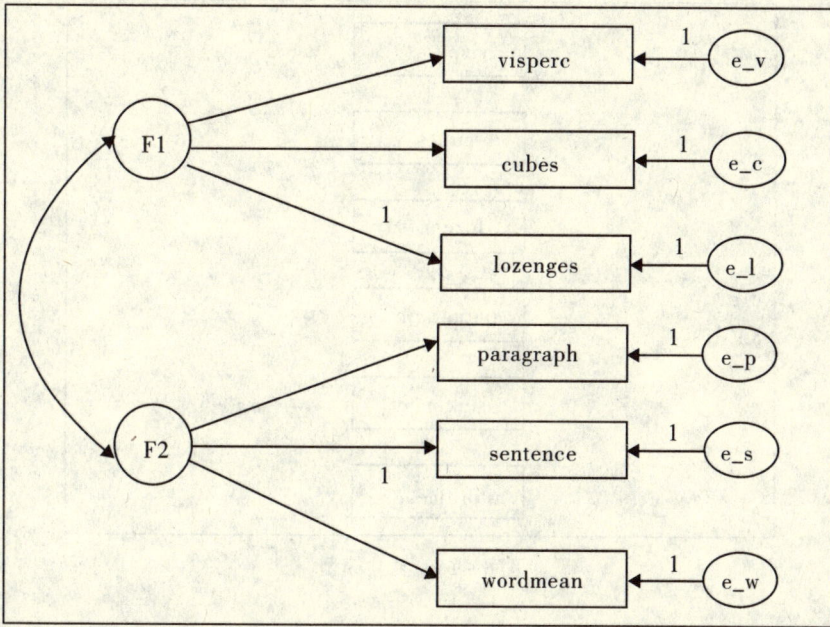

图 8 – 12　包含一个限制条件的双因子分析模型

　　另外两个模型为前面各个模型与样本数据的拟合情况之间的比较提供了参照点，相关模型（saturated model）重述了协方差的结构，如图 8 – 13 所示：

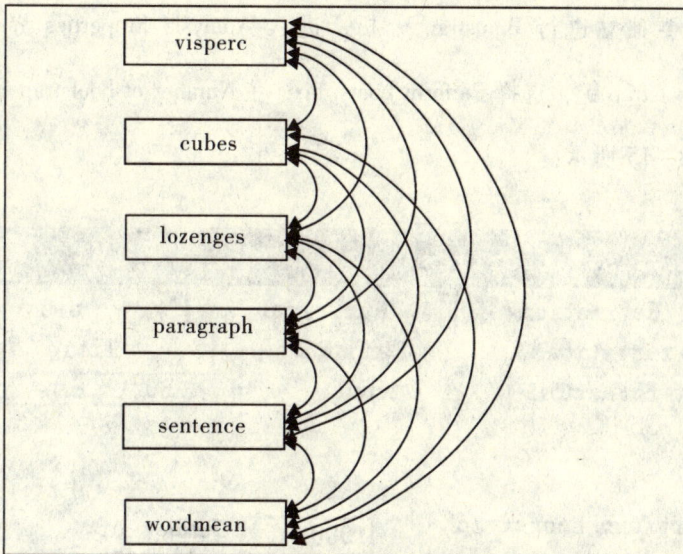

图 8 – 13　相关模型

独立模型假设 6 个变量是互不相关的，如图 8 – 14 所示：

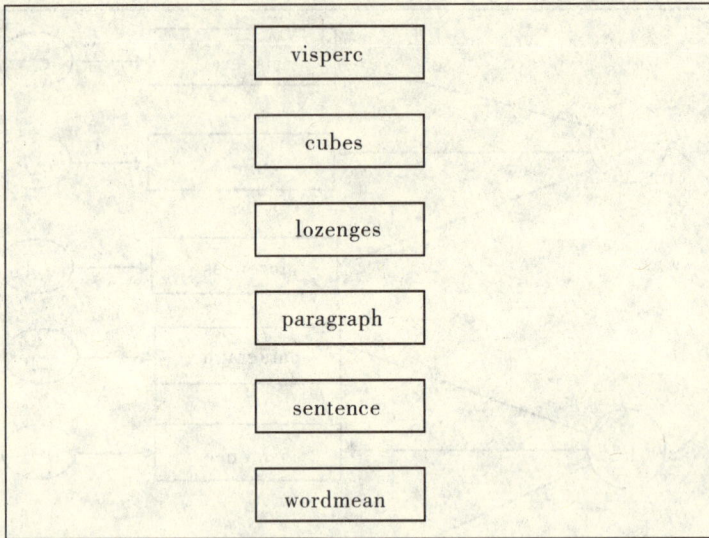

图 8 – 14　独立模型

一般说来，在分析时不会专门分别指定并拟合相关模型和独立模型，因为 AMOS 在分析过程中会自动地输出这两个模型的拟合度。不过，为了得到这两个模型的 Bootstrap 的分析结果，这里才专门指定相关模型和独立模型。

五、分析的限定

5 个模型需要独立进行 Bootstrap 分析，进入 Analysis Properties 界面（点击图标），点击 Bootstrap 键，选择 Perform bootstrap，在 Number of bootstrap 前面的方框内键入 1 000，如图 8 – 15 所示：

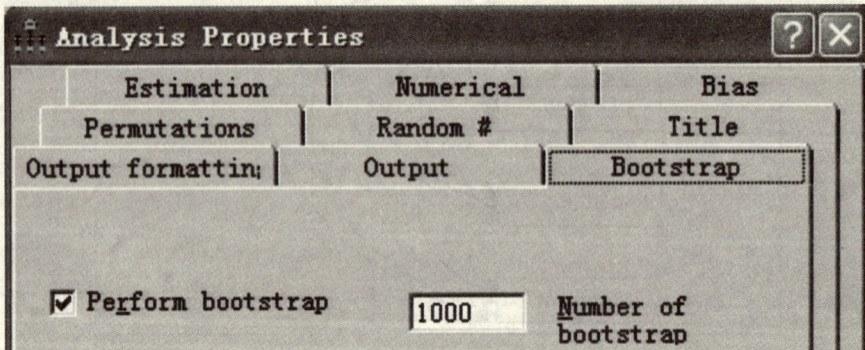

图 8 – 15　分析属性定义窗口

然后，点击 Random #选项，在 Seed for random numbers 前面的方框内填入所需要的随机种子的值。虽然种子的值的大小并没有很大影响，但是为了每次 AMOS 分析的 Bootstrap

样本完全相同，所以每一次输入的种子值必须相同，在此例中，我们选择的种子值是 3，
如图 8 - 16 所示：

图 8 - 16　Random# 选项窗口

在执行 Bootstrapping 的过程中，偶尔会遇到计算过程不收敛的样本。为了控制总体的
计算次数，点击 Numerical 键，在 Iteration limit 前面的方框内填入迭代的限制次数（如
40），如图 8 - 17 所示：

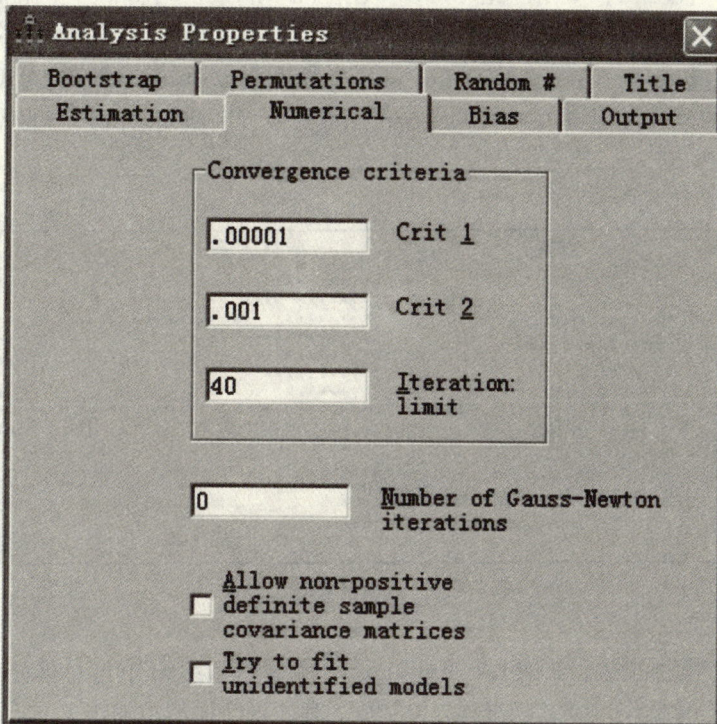

图 8 - 17　Numerical 窗口

5个模型的 Amos Graphics 输入文件分别为 Ex8-2-1. amw、Ex8-2-2. amw、Ex8-2-2r. amw、Ex8-2-sat. amw 和 Ex8-2-ind. amw。Amos Basic 的输入文件名与以上的文件相同，但是由 . AmosBasic 扩展名替代 . amw。

六、文本输出

从模型 1 的分析结果来看，下面的输出文本表明没有运算中不收敛的 Bootstrap 样本。全部应用 1 000 个 Bootstrap 样本的数据，如图 8 – 18 所示：

> 0 bootstrap samples were unused because of a singular covariance matrix.
> 0 bootstrap samples were unused because a solution was not found.
> 1 000 usable bootstrap samples were obtained.

图 8 – 18   没有不收敛的 Bootstrap 样本时的输出文本

上面的 5 个模型，每一个都运用 1 000 个 Bootstrap 样本进行分析，并与每一个 Bootstrap 样本进行拟合，计算出每个 Bootstrap 样本的模型引申矩与总体矩（即前面所说的初始样本矩）之间的差异，并计算出每个模型所对应的一个差异结果的平均值和标准误等。下面的公式表示的是 Bootstrap 样本的模型引申矩与总体矩之间的差异分布。

$$C_{ML}\ (\hat{\alpha}_b,\ a)\ =C_{KL}\ (\hat{\alpha}_b,\ a)\ -C_{KL}\ (a,\ a),\ b=1,\ \cdots\cdots,\ 1000,$$

公式中 a 为初始样本矩（即总体矩），$\hat{\alpha}_b$ 为第 b 个 *Bootstrap* 样本的模型引申矩。C_{ML} $(\hat{\alpha}_b,\ a)$ 表示的是总体矩与第 b 个 Bootstrap 样本的模型引申矩之间差异的大小。如图 8 – 19 所示：

```
                              --------+-------------------------
                              48.268|**
                              52.091|*********
                              55.913|**************
  ML discrepancy              59.735|********************
  (implied vs pop)            63.558|******************
                              67.380|**************
                              71.202|********
     N = 1000                 75.024|******
  Mean = 64.162               78.847|****
  S. e. = 0.292               82.669|*
                              86.491|**
                              90.313|*
                              94.136|*
                              97.958|*
                             101.780|*
                              ------+--------------------
```

图 8 – 19   差异分布输出结果

对于第一个模型来说，1 000 个 Bootstrap 样本的模型引申矩与总体矩之间差异 C_{ML} $(\hat{\alpha}_b,\ a)$ 的平均值是 64. 162，标准误是 0. 292。其他 4 个模型也输出了与此模型相同的柱状图、均值和标准误，但是此结果在这里就不一一呈现。表 8 – 2 集中呈现了 5 个模型

Bootstrap 样本的模型引申矩与总体矩之间差异的均值以及以 BCC，AIC 和 CAIC 方法计算的差异结果。

表 8 - 2　5 个模型 Bootstrap 样本的模型引申矩与总体矩之间差异的均值以及以 BCC，AIC 和 CAIC 方法计算的差异结果

Model	Failures	Mean discrepancy	BCC	AIC	CAIC
1	0	64. 16 (. 29)	68. 17	66. 94	114. 66
2	19	29. 14 (. 35)	36. 81	35. 07	102. 68
2R	0	26. 57 (. 30)	30. 97	29. 64	81. 34
Sat.	0	32. 05 (. 37)	44. 15	42. 00	125. 51
Indcp.	0	334. 32 (. 24)	333. 93	333. 32	357. 18

表中，Failures 列表示的是在 1 000 个 Bootstrap 样本中出现的计算时不能收敛的样本数据。可以看出，模型 2 有 19 个 Bootstrap 样本数据不能取得极大似然函数值，至少在迭代次数限制在 40 次以内时不能收敛。在模型 2 中，为了使 Bootstrap 样本总数达到 1 000，另外生成了 19 个 Bootstrap 样本。对于模型 2，19 个 Bootstrap 样本不能收敛，得不出拟合结果，不会影响其他 4 个模型与 Bootstrap 样本的拟合，因此，5 个模型共有 981 个共同的 Bootstrap 样本。

对于模型 2 不能估计 19 个 Bootstrap 样本的极大似然函数值的原因，这里不做深入分析。作为一般规律，当样本与模型拟合程度很差时，会导致 AMOS 执行运算失败。相反，如果可以运用其他算法，比如，运用精选初始值法或更先进的计算方法，也可以计算出这些样本的拟合结果，但通常来说，样本模型引申矩与总体矩之间的差异会很大。根据这种情况可以推知，删除不能计算估计值的样本，将会降低样本模型引申矩与总体矩的差异均值。因此，在运用 Bootstrap 技术检验哪个模型的模型引申矩与总体矩的差异最小时，应该对出现不能计算估计值样本特别注意。

本例中，模型 2R 样本模型引申矩与总体矩之间差异分布的均值最小，为 26. 57，以 BCC，AIC 和 CAIC 为基础计算的拟合结果也是最理想的，拟合结果的数值均为 4 个模型中最小的。

七、小结

Bootstrapping 技术在模型选择中对矩结构分析是特别有帮助的。Linhart 和 Zucchini（1986）的方法是应用引申矩统计量和总体矩统计量之间的期望差异作为模型之间比较的基础。这种方法的概念易懂并且应用简单，不使用任何基于随机变量概率分布的"幻数"，如显著性水平等。不过，Bootstrap 程序并不考虑几个待比较模型的理论上的合理性和相关参数估计的合理性，所以在对模型选优时，除了参考 Bootstrap 分析结果外，还要考虑这些因素。

第三节　运用 Bootstrapping 方法
比较不同的估计方法

一、目的

介绍如何使用 Bootstrapping 方法选择恰当的估计值标准。

二、引言

总体矩与模型矩之间的差异大小不仅取决于模型自身的优劣，也与估计方法有关。在上一节中使用的技术可以用来比较不同的模型和不同的估计方法。这一效用在对多种备选估计方法做出恰当选择时尤其有用，对不同的估计方法做比较，最大的困难是必须首先确定采用何种方法来估计模型矩与总体矩之间的差异。在没有客观评价一种估计方法显著优于其他估计方法的标准时，要确定用哪种方法来计算模型矩与总体矩之间差异是非常困难的。当然，如果运用几种不同的估计方法所计算出的差异结果相同，那么用哪个方法最恰当就是一个值得深入研究的学术问题了。本节将运用一个典型的例子介绍 Bootstrapping 方法在比较计算模型矩与总体矩之间差异的不同方法方面的应用。

三、数据

再次使用第二节中使用的数据资料 Grant. sav，也就是 Holzinger 和 Swineford（1939）研究中收集的数据。

四、模型

本例使用 4 种不同的方法对模型的参数进行估计，4 种方法为：接近自由分布方法（Asymptotically Distribution-Free，ADF），极大似然估计法（Maximum Likelihood，ML），广义最小二乘法（Generalized Least Squares，GLS），以及非加权最小二乘法（Uweighted Least Squares，ULS）。要对这 4 种估计方法做比较，需要用 AMOS 分别对这 4 种方法做 4 次分析。每次分析过程中，模型中的因子不变，并且既可以用 Amos Graphics 分析，也可以用 Amos Basic 分析。

图标 ▦ 为分析属性定义按钮。如果使用 Amos Graphics 程序，在工具栏中点击该图标按钮，指定估计方法以及 Bootstrap 参数。然后点击 Random# 图标并选择一个随机种子值。在本章第二节中已经提到，选择任何一个随机种子值都无关紧要，但为了使得每次分析所使用的样本相同，每一次我们必须使用相同的随机种子值。在此，我们选择 3 作为随机种子值。如图 8-20 所示：

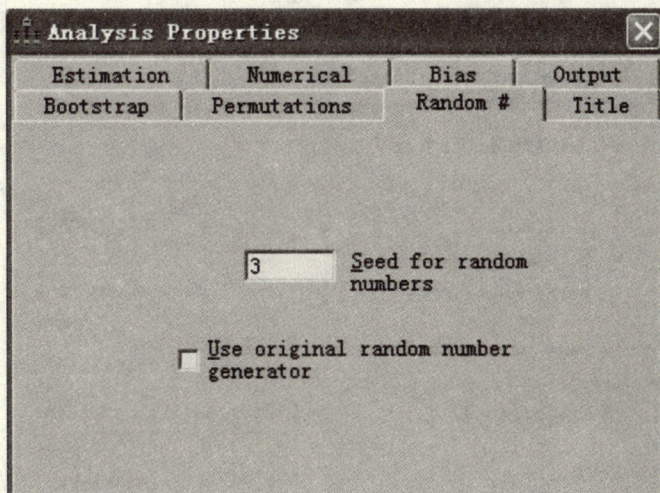

图 8 – 20　Random# 窗口

接下来，点击 Estimation（估计方法）按钮选择 Asymptotically distribution-free。这个选择是指定 AMOS 用 ADF 方法来估计模型与每一个 Bootstrap 样本的拟合程度。如图 8 – 21 所示：

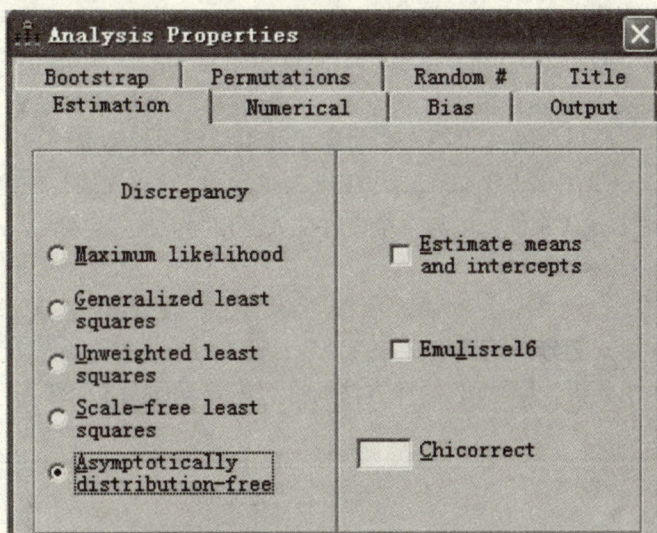

图 8 – 21　Estimation 窗口

最后，选择 Bootstrap 按钮，选中 Perform bootstrap 备选框，并输入 Bootstrap 样本的容量（Number of bootstrap samples）。这里我们输入 1 000，并在输出选项中选择所要的分析结果。这里我们感兴趣的是 Bootstrap ADF，Bootstrap ML，Bootstrap GLS 和 Bootastrap ULS。如图 8 – 22 所示：

243

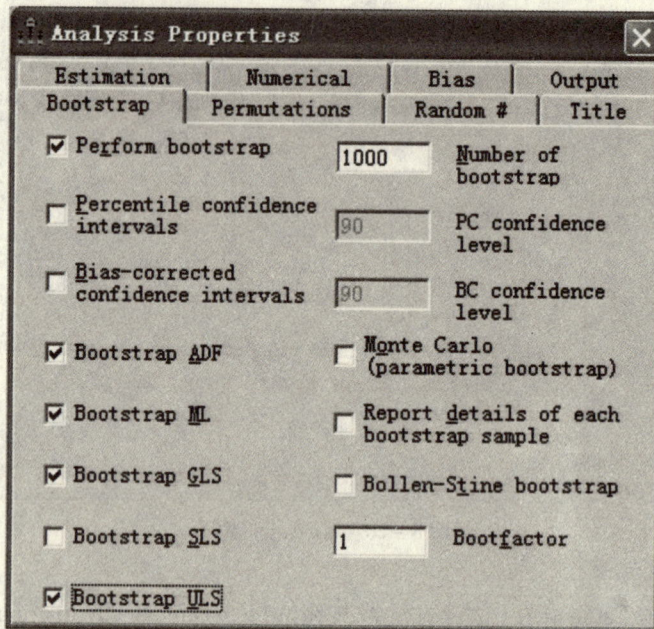

图 8 - 22　Bootstrap 窗口

这样，AMOS 将使用 ADF 的估计方法对第二节中的例子生成 1 000 个 Bootstrap 样本，并对样本参数进行估计。被选中的 Bootstrap ADF, Bootstrap ML, Bootstrap GLS 和 Bootstrap ULS 指定 C_{ADF}，C_{ML}，C_{GLS} 和 C_{ULS} 被用于测量原始样本的样本矩和每一个 Bootstrap 样本的样本引申矩之间的差异。为了评估 ML、GLS 和 ULS 等估计方法，还得重复三次分析，检验此三种方法所得出的样本引申矩与原始样本矩之间的差异结果。

在这里，我们分别用 Ex8-3-adf. amw、Ex8-3-ml. amw、Ex8-3-gls. amw 和 Ex8-3-uls. amw 作为 Amos Graphics 的输入文件。以与 4 个文件文件名相同但扩展名为 . AmosBasic 的 4 个文件作为 Amos Basic 的输入文件。

五、文本文件形式的分析结果

对于前面的 4 个分析，以 ADF 估计方法所计算的差异如图 8 - 23 所示：

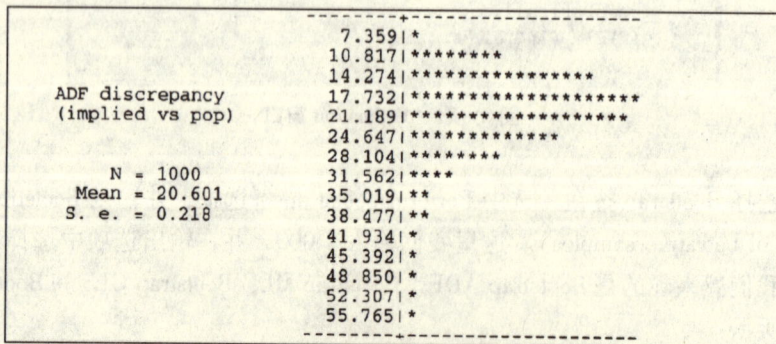

图 8 - 23　以 ADF 估计法计算的差异图

　　这一部分分析结果呈现的是由 1 000 个 Bootstrap 样本所得出的 Bootstrap 样本引申矩与 Bootstrap 样本矩之间的差异 C_{ADF} ($\hat{\alpha}_b$, a) 的总体分布，$\hat{\alpha}_b$ 包含使得 C_{ADF} ($\hat{\alpha}_b$, a_b) 取最小值得出的 1 000 个 Bootstrap 样本的引申矩，a 表示的是 Bootstrap 样本矩，其下标 b 表示的是 Bootstrap 样本。1 000 个 Bootstrap 样本模型引申矩与样本矩之间的差异 C_{ADF} ($\hat{\alpha}_b$, a) 的平均值为 20.601，标准误为 0.218。

　　本例的分析结果中也会给出 Bootstrap ML，Bootstrap GLS 以及 Bootstrap ULS 的分布图如图 8 - 24 所示：

　　表 8 - 3 中第一行是对上面报告的 4 种分布的总结，其余三行为分别使得 C_{ML}，C_{GLS} 以及 C_{ULS} 取最小值的条件下得出的估计结果。

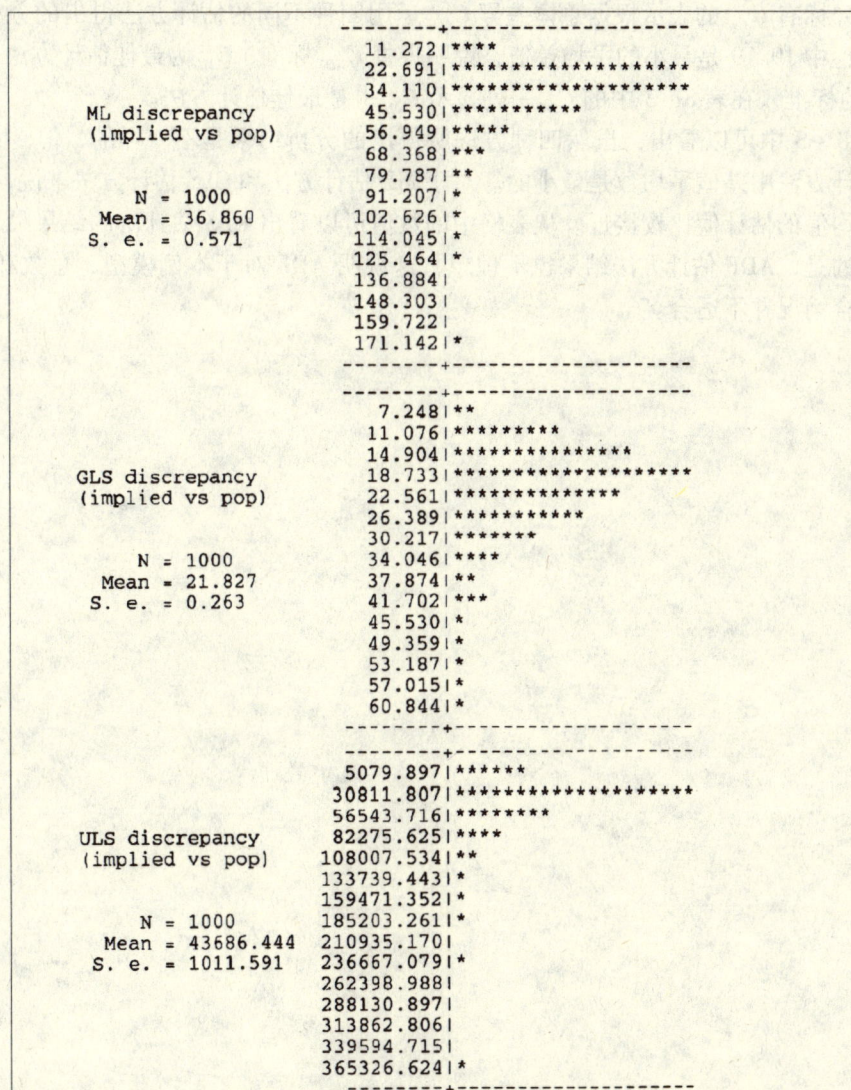

```
                          --------+--------------------
                          11.272|****
                          22.691|********************
                          34.110|********************
ML discrepancy            45.530|**********
(implied vs pop)          56.949|*****
                          68.368|***
                          79.787|**
       N = 1000           91.207|*
    Mean = 36.860        102.626|*
    S. e. = 0.571        114.045|*
                         125.464|*
                         136.884|
                         148.303|
                         159.722|
                         171.142|*
                          --------+--------------------

                          --------+--------------------
                           7.248|**
                          11.076|*********
                          14.904|***************
GLS discrepancy           18.733|*********************
(implied vs pop)          22.561|**************
                          26.389|***********
                          30.217|*******
       N = 1000           34.046|****
    Mean = 21.827         37.874|**
    S. e. = 0.263         41.702|***
                          45.530|*
                          49.359|*
                          53.187|*
                          57.015|*
                          60.844|*
                          --------+--------------------

                          --------+--------------------
                        5079.897|******
                       30811.807|*********************
                       56543.716|********
ULS discrepancy        82275.625|****
(implied vs pop)      108007.534|**
                      133739.443|*
                      159471.352|*
       N = 1000       185203.261|*
    Mean = 43686.444  210935.170|
    S. e. = 1011.591  236667.079|*
                      262398.988|
                      288130.897|
                      313862.806|
                      339594.715|
                      365326.624|*
                          --------+--------------------
```

图 8 - 24　ML, GLS, ULS 差异图

表 8 - 3　由 1 000 个 Bootstrap 样本得出的
差异分布 C_{ADF} ($\hat{\alpha}_b$, a) 的平均值 (括号内为标准误)

		Population discrepancy for evaluation: C ($\hat{\alpha}_b$, a)			
		C_{ADF}	C_{ML}	C_{GLS}	C_{ULS}
Sample discrepancy for estimation C ($\hat{\alpha}_b$, a_b)	C_{ADF}	20.60 (.22)	36.86 (.57)	21.83 (.26)	43686 (1012)
	C_{ML}	19.19 (.20)	26.57 (.30)	18.96 (.22)	34760 (758)
	C_{GLS}	19.45 (.20)	31.45 (.40)	19.03 (.21)	37021 (830)
	C_{ULS}	24.89 (.35)	31.78 (.43)	24.16 (.33)	35343 (793)

　　第一列标有 C_{ADF} 的表示根据总体差异 C_{ADF} 运用四种不同的估计方法得出的分析结果。在 C_{ADF} 一栏中 19.19 是最小的平均差值，说明根据 C_{ADF} 标准，C_{ML} 为最佳估计方法。同样，根据 C_{ML} 的标准，在表 8 - 3 中的 C_{ML} 一列显示 C_{ML} 也是最佳估计方法。

　　从表 8 - 3 中可以看出，虽然四种方法所得出的分析结果是不一样的，但是，ML 是所有的估计方法中差值平均数是最小的。对于 ML 估计方法和 GLS 估计方法来说，有些样本的差异均值的估计值比较接近。从表格中的数值可以看出 ULS 估计法的结果最不理想。值得注意的是，ADF 估计方法结果也不理想，这说明 ADF 对于本例模型、总数和样本的数量的综合情况并不适合。

参考文献

［1］ Small Waters Corporation：*Amos* 4. 0 *Users' Guide*. Chicago，USA. 2004

［2］ Anderson，J.，Gerbing，D. Structural Equation Modeling in Practice：A Review and Recommended Two-Step Approach. *Psychological Bulletin*，1988，103（3）：pp. 411 – 423.

［3］ Dess，G.，Robinson，R. Measuring Organizational Performance in the Absence of Objective Measures. *Strategic Management Journal*，1984，5（3）：pp. 265 – 273.

［4］ B. L. King-Kallimanis，F. J. Oort & G. J. A. Garst. Using Structural Equation Modelling to Detect Measurement Bias and Response Shift in Longitudinal Data，AStA. *Advances in Statistical Analysis*，2010，94（2）：pp. 139 – 156.

［5］ M. T. Barendse，F. J. Oort & G. J. A. Garst. Using Restricted Factor Analysis with latent Moderated Structures to Detect Uniform and Nonuniform Measurement Bias；a simulation study，AStA. *Advances in Statistical Analysis*，2010，94（2）：pp. 117 – 127.

［6］ Richard A. Baldwin & Eric Neufeld. The Structural Model Interpretation of the NESS Test. Lecture Notes in Computer Science，2004，Volume 3060，*Advances in Artificial Intelligence*，pp. 292 – 307.

［7］ Confirmatory Factor Analysis. Handbook of Disease Burdens and Quality of Life Measures，2010，p. 4，p. 4176.

［8］ James C. Fisher. Participation in Educational Activities by Active Older Adults. *Adult Education Quarterly*，Dec 1986，36：pp. 202 – 210.

［9］ Mckee J. Mcclendon and Duanf F. Alwin. No-Opinion Filters and Attitude Measurement Reliability. *Sociological Methods Research*，May 1993，21：pp. 438 – 464.

［10］ Gregory C. Elliott. Components of Pacifism：Conceptualization and Measurement. *Journal of Conflict Resolution*，Mar 1980，24：pp. 27 – 54.

［11］ 张林泉. 多样本分析及在 AMOS 上的实现. 现代计算机（下半月版），2009（9）

［12］ 赵必华. 测量等值性检验及 AMOS 的实现. 中国卫生统计，2007，24（6）

［13］ 林小鹏，孔丹莉等. 结构方程模型的研究进展. 中国医学创新，2010

［14］ 牛丽红，陈兵等. 结构方程模型在管理研究中的应用. 大众科技，2010（1）

［15］ 张军. 结构方程模型构建方法比较. 统计与决策，2007（18）

［16］ 张学军. 结构方程建模应用中的十大问题. 统计与决策，2007（9）

［17］ 张建平. 一种新的统计方法和研究思路：结构方程建模述评. 心理学报，1993（1）

［18］ 孟鸿伟. 模型构建方法与结构方程建模——与张建平同志商讨. 心理学报，

1994（4）

　　[19] 方平，熊瑞琴等．结构方程在心理学研究中的应用．心理科学，2001（4）

　　[20] 温忠麟，侯杰泰．结构方程模型检验：拟合指数与卡方准则．心理学报，2004（2）

　　[21] 陈琦，梁万年，孟群．结构方程模型及其应用．中国卫生统计，200（2）

　　[22] 刘军，富萍萍．结构方程模型应用陷阱分析．数理统计与管理，2007（2）

　　[23] 温忠麟，侯杰泰．结构方程模型中调节效应的标准化估计．心理学报，2008（6）

　　[24] 张厚粲，徐建平．现代心理与教育统计学（第2版）．北京：北京师范大学出版社，2004

　　[25] 郭志刚：社会统计方法——SPSS软件应用．北京：中国人民大学出版社，1999

　　[26] 侯杰泰．结构方程模型及其应用．北京：教育科学出版社，2004

　　[27] 邱皓政．社会与行为科学的量化研究与统计分析：SPSS中文视窗版资料分析范例解析．台北：五南图书出版公司，2000

　　[28] 张敏强．教育与心理统计（第1版）．北京：人民教育出版社，1993

　　[29] 李沛良．社会研究中的统计应用（第2版）．北京：社会科学出版社，2002

　　[30] 新智工作室．VB6.0中文版教程．北京：电子工业出版社，2000

　　[31] 孟庆茂，刘红云，赵增海．心理与教育研究方法、设计及统计分析．北京：高等教育出版社，2006

　　[32] 孟庆茂．心理学研究方法参考资料．北京：北京师范大学应用心理实验室，1996